广东省科技计划项目"华南技术转移中心建设(第一期、二期、三期)"
"广东创新驱动战略决策新型智库建设"(2017B070703005)成果

企业创新管理工具丛书

企业创新平台理论与实操

张振刚　莫唯　叶宝升　周海涛　编著

机械工业出版社
CHINA MACHINE PRESS

图书在版编目（CIP）数据

企业创新平台：理论与实操 / 张振刚等编著 . —北京：机械工业出版社，2024.7

（企业创新管理工具丛书）

ISBN 978-7-111-75893-8

I.①企… Ⅱ.①张… Ⅲ.①企业创新 – 研究 Ⅳ.① F273.1

中国国家版本馆 CIP 数据核字（2024）第 106241 号

机械工业出版社（北京市百万庄大街 22 号　邮政编码 100037）
策划编辑：吴亚军　　　　　　责任编辑：吴亚军　马新娟
责任校对：郑　雪　李　婷　　责任印制：郜　敏
三河市国英印务有限公司印刷
2024 年 8 月第 1 版第 1 次印刷
170mm×230mm · 18.25 印张 · 323 千字
标准书号：ISBN 978-7-111-75893-8
定价：79.00 元

电话服务　　　　　　　　　　网络服务
客服电话：010-88361066　　　机　工　官　网：www.cmpbook.com
　　　　　010-88379833　　　机　工　官　博：weibo.com/cmp1952
　　　　　010-68326294　　　金　书　网：www.golden-book.com
封底无防伪标均为盗版　　　　机工教育服务网：www.cmpedu.com

企业创新管理工具丛书编委会

主　任：张振刚　周海涛
副主任：李　奎　廖晓东

委　员：

叶世兵	赖培源	叶宝升	李云健	户安涛
余永进	赵晓玮	康亦琛	李沛伦	丘芷君
程琳媛	陈文悦	张蕙琳	卢欣雨	陈冠军
赖前程	张耀升	卢玉舒	邓海欣	吴懿轩
刘　青	刘文婧	蔡杭汐	赖斯琦	戴　川
闫永骅	孙晓麒	吴梦圈	陈华钊	张　跃
徐津晶	钱　钦	邱珊珊		

前　言

自熊彼特提出创新的概念以来，创新研究已有100多年的历史，创新成为各国经济发展以及大国竞争之间的关键动力。随着中国特色社会主义进入新时代，我国对于创新的重视达到了前所未有的高度：党的十八大报告提出"实施创新驱动发展战略"；党的十八届五中全会把"创新"放在五大发展理念之首，并提出"创新是引领发展的第一动力"；党的十九届五中全会提出"坚持创新在我国现代化建设全局中的核心地位"；党的二十大报告继续强调了"坚持创新在我国现代化建设全局中的核心地位"。这表明，创新在我国经济社会建设中的作用愈加凸显。而企业作为创新的主体，是推动创新创造的生力军。《中华人民共和国国民经济和社会发展第十四个五年规划和2035年远景目标纲要》提出，"强化企业创新主体地位，促进各类创新要素向企业集聚"，并在总结过去的发展经验和谋划"十四五"时期以及更长远阶段的发展时，始终将"创新"贯穿其中，作为一条明显的主线。

我国企业创新能力近年来得到了明显提升，2021年国家统计局公布的数据表明，我国企业研发投入占全社会研发投入比重达76.9%[一]。然而，与发达国家相比，我国企业创新仍然存在三个方面的不足。第一，关键共性技术供给不足。以我国海关总署发布的集成电路进出口数据为例，2021年我国集成电路出口3107亿个，

[一] 国家统计局. 2021年全国科技经费投入统计公报 [EB/OL].（2022-08-31）[2023-03-13]. https://www.stats.gov.cn/sj/zxfb/202302/t20230203_1901565.html.

出口金额为9929.6亿元人民币①，而集成电路进口6355亿个，同比增长16.9%，进口金额为27 934.8亿元人民币，同比增长15.4%②。目前，我国进口最多的是处理器和控制器类芯片，其次是存储器，这些处理器和控制器类芯片单价较高、消耗量大且自主生产能力较弱。第二，激励企业创新的机制不健全。例如，当前我国的激励机制还存在市场激励与政府激励相混同、物质激励与精神激励关系未理顺等问题。第三，研发投入还有待提高。欧盟发布的《2022年欧盟工业研发投资记分牌》显示，2021年全球研发投入前2500家企业中，包含822家美国企业，研发投入总额为4397亿欧元，占比达40.2%；中国企业有678家，但研发投入仅为1959亿欧元，占比为17.9%，中国企业的研发投入还有较大的提高空间③。

由于创新存在极大的不确定性、风险性，因此企业进行创新需要构建特定的环境支持。在此背景下，建设创新平台成为企业创新发展的新方向，是补齐我国关键核心技术短板、解决技术"卡脖子"问题的关键，有助于真正实现以"内循环"为主体，将经济命脉掌握在自己手中。但是，目前国内还有相当多的企业对创新平台的理解不够深入，构建创新平台时没有系统规划，平台定位不够准确，导致功能重复，造成资源浪费。与此同时，随着"云物大智链（云计算、物联网、大数据、人工智能、区块链）+5G"等技术的突破发展，生产要素经历了从二元论（劳动力+土地）到五元论（劳动力+土地+资本+技术+数据）的变革。数据作为一种生产要素被纳入市场化配置，数字创新平台的建设也是需要重点考虑的问题。因此，如何构建企业创新平台，需要系统性的方法论指导。

在这样的背景下，一方面，近两年我率领团队在广州市委、市政府的大力支持下，集中调研了20余家优秀企业，与企业高管和技术人员进行了深入座谈交流，积累了大量的一手资料。这些企业是白云电气集团、美的南沙智慧工厂（"灯塔工厂"）、广汽埃安智能生态工厂、广州数控、广州粤芯半导体技术股份有限公司、科大讯飞华南有限公司、树根互联股份有限公司、唯品会、欧派家居、TCL、广州明珞装备股份有限公司、瑞松科技、广州数说故事信息科技有限公司、广东三维家信息科技有限公司、广州酒家集团利口福食品有限公司、中国联通广州分

---

① 中华人民共和国海关总署. 2021年12月出口主要商品量值表（人民币值）[EB/OL].（2022-01-18）[2023-03-13]. http://gdfs.customs.gov.cn/customs/302249/zfxxgk/2799825/302274/302277/302276/4127886/index.html.

② 中华人民共和国海关总署. 2021年12月进口主要商品量值表（人民币值）[EB/OL].（2022-01-18）[2023-03-13]. http://gdfs.customs.gov.cn/customs/302249/zfxxgk/2799825/302274/302277/302276/4127968/index.html.

③ GRASSANO N, GUEVARA H H, FAKO P, et al. The 2022 EU industrial R&D investment scoreboard[R]. Luxembourg: Publications Office of the European Union, 2022.

公司、恒尼智造（青岛）科技有限公司、广州无线电集团、中国南玻集团、海尔集团、广州三星通信研究院、海格通信、京东方、广船国际等。

另一方面，我率领团队与一系列在创新平台建设方面表现突出的企业进行了深度项目合作。一是团队与格力电器开展合作将近10年，我也有幸长期担任格力电器的管理顾问。2021年11月—2022年7月，研究团队在与格力电器的产学研合作过程中，对格力电器的高层（副总裁）、中层（主要部门部长）、基层（对接的员工）进行了5次调研。二是与赛意信息科技有限公司合作，帮助对方开发了十个数字化转型的典型案例。三是指导和帮助广州地铁集团开展"富水岩溶发育条件下复合地层地铁盾构工程成套关键技术研究与应用"项目并获得了广东省科技进步奖一等奖。四是帮助金域医学构建了"两库一中心一基地"数字化转型方案。在这个过程中，我们获得了大量的一手资料，为本书中案例的编写奠定了扎实的基础。

在扎实的企业调研的基础上，团队结合前期理论积累，提出了企业创新平台建设的"三层次十维度"模型，试图构建出企业创新平台建设的方法论。三层次是指企业创新平台建设包括理念层、活动层、支撑层；十维度是指企业创新平台的定位、目标和战略、文化建设三维度（理念层），综合性创新平台、业务性创新平台、功能性创新平台、数字创新平台四维度（活动层），研发队伍、管理制度、协同创新三维度（支撑层）。"三层次十维度"之间的逻辑为：理念层的三个维度在企业创新平台建设中起到引领作用，决定着活动层与支撑层的建设内容；活动层的四个维度是理念层三个维度的具体体现，也是企业创新平台的具体表现形式，活动的开展离不开支撑层的保障；支撑层的三个维度是保障活动层顺利运行的人、财、物以及促进各要素间协调运转的体制机制的集合。

本书是国家社会科学基金重大项目"数据赋能激励制造业企业创新驱动发展及其对策研究（18ZDA062）"的成果，是在2013年出版的《创新平台：企业研究开发院的构建》一书的基础上，结合团队近几年在企业创新平台、企业数字化转型领域的研究成果总结与升华而成的，是集体智慧的结晶。我和莫唯、叶宝升、周海涛负责制定全书的详细写作提纲，提出编写思路，构建概念框架，以及确定具体内容和编写工作。叶宝升、户安涛、余永进、赵晓玮、卢玉舒、邓海欣、吴懿轩、程琳媛、陈文悦、张蕙琳、卢欣雨、陈冠军、赖前程、张耀升参加了本书的研究工作，康亦琛、李沛伦、丘芷君、刘青、刘文婧、蔡杭汐、赖斯琦协助收集资料并校对书稿。在此，向他们表示衷心感谢！同时，衷心感谢机械工业出版社的鼎力支持！

当今的世界，已经进入VUCA时代，充满着易变性（Volatility）、不确定性

（Uncertainty）、复杂性（Complexity）、模糊性（Ambiguity）。当今的中国，企业简单模仿国外先进经验的时代已经一去不复返，我们前方无先例参照。经验时代的结束意味着创新时代的来临，我们衷心希望能与众多读者一起拥抱创新，构建企业创新发展的平台，在世界创新的舞台上展现出更多"中国式企业创新"的力量！

张振刚
2024 年 3 月于华南理工大学

► 目 录 ◄

前 言

第 1 章 导 论 /1
开篇案例 格力电器的创新与创新平台 /1
1.1 创新与创新型企业 /3
 1.1.1 创新的含义 /3
 1.1.2 创新的类型 /5
 1.1.3 创新型企业的概念与特征 /12
1.2 研发的含义与演变历程 /14
 1.2.1 研发的含义 /14
 1.2.2 研发的演变历程 /16
 1.2.3 数据赋能背景下的研发 /22
1.3 企业创新平台 /26
 1.3.1 创新平台的概念与类型 /26
 1.3.2 企业建设创新平台的意义 /31
 1.3.3 创新平台建设的三大系统 /35

第 2 章　企业创新平台理念系统　/ 38

开篇案例　广汽研究院的理念系统建设　/ 38

- 2.1　什么是企业创新平台理念系统　/ 40
- 2.2　企业创新平台的定位　/ 42
  - 2.2.1　战略定位　/ 42
  - 2.2.2　关系定位　/ 44
  - 2.2.3　功能定位　/ 46
- 2.3　企业创新平台的目标和战略　/ 49
  - 2.3.1　制定目标和战略的方法　/ 49
  - 2.3.2　创新目标制定　/ 58
  - 2.3.3　创新战略选择　/ 62
- 2.4　企业创新平台的文化建设　/ 66
  - 2.4.1　精神文化　/ 66
  - 2.4.2　制度文化　/ 70
  - 2.4.3　行为文化　/ 74
  - 2.4.4　物质文化　/ 77

第 3 章　综合性创新平台　/ 79

开篇案例　美的集团的综合性创新平台　/ 80

- 3.1　什么是综合性创新平台　/ 81
- 3.2　企业重点实验室　/ 83
  - 3.2.1　企业重点实验室的主要功能　/ 87
  - 3.2.2　企业重点实验室的建设条件　/ 87
- 3.3　企业技术中心　/ 88
  - 3.3.1　企业技术中心的主要功能　/ 90
  - 3.3.2　企业技术中心的建设条件　/ 91
- 3.4　企业工程技术研究中心　/ 93
  - 3.4.1　企业工程技术研究中心的主要功能　/ 94
  - 3.4.2　企业工程技术研究中心的建设条件　/ 95
- 3.5　新型研发机构　/ 96
  - 3.5.1　新型研发机构的主要功能　/ 99
  - 3.5.2　新型研发机构的建设条件　/ 100

第 4 章 业务性创新平台 / 101

开篇案例　广州明珞的业务性创新平台建设　/ 101

4.1 什么是业务性创新平台　/ 104

4.2 技术研发平台　/ 104

  4.2.1 技术研发平台基本情况　/ 104

  4.2.2 技术研发平台建设要点　/ 110

4.3 产品开发平台　/ 113

  4.3.1 产品开发平台基本情况　/ 113

  4.3.2 产品开发平台建设要点　/ 117

4.4 产品设计平台　/ 122

  4.4.1 产品设计平台基本情况　/ 122

  4.4.2 产品设计平台建设要点　/ 127

4.5 工艺创新平台　/ 128

  4.5.1 工艺创新平台基本情况　/ 128

  4.5.2 工艺创新平台建设要点　/ 130

4.6 测试评价平台　/ 132

  4.6.1 测试评价平台基本情况　/ 132

  4.6.2 测试评价平台建设要点　/ 135

4.7 产品试制平台　/ 136

  4.7.1 产品试制平台基本情况　/ 136

  4.7.2 产品试制平台建设要点　/ 138

第 5 章 功能性创新平台 / 141

开篇案例　白云电气的功能性创新平台建设　/ 141

5.1 什么是功能性创新平台　/ 143

5.2 信息管理平台　/ 144

  5.2.1 信息管理平台简介　/ 144

  5.2.2 信息管理平台建设要点　/ 145

5.3 知识管理平台　/ 149

  5.3.1 知识管理平台简介　/ 150

  5.3.2 知识管理平台建设要点　/ 150

5.4 质量管理平台 / 157
  5.4.1 质量管理平台简介 / 157
  5.4.2 质量管理平台建设要点 / 158

第 6 章 数字创新平台 / 165

开篇案例 金域医学的数字创新平台建设 / 165

6.1 什么是数字创新平台 / 167
  6.1.1 数字创新平台的概念 / 167
  6.1.2 数字创新平台的特性 / 169

6.2 数字创新平台的整体架构与赋能逻辑 / 170
  6.2.1 数字创新平台的整体架构 / 170
  6.2.2 数字创新平台的赋能逻辑 / 174

6.3 数字创新平台建设要点 / 179
  6.3.1 构建数字创新平台概念模型 / 179
  6.3.2 重视数据挖掘和应用 / 180
  6.3.3 开展数字化业务创新 / 183
  6.3.4 构建数字创新生态系统 / 185

第 7 章 研发队伍 / 188

开篇案例 中国联通集团的研发队伍培育体系建设 / 188

7.1 什么是研发队伍 / 190

7.2 招聘与引进体系 / 191
  7.2.1 识别优秀的研发人才 / 191
  7.2.2 吸引优秀的研发人才 / 196
  7.2.3 招聘渠道与引进方式 / 198

7.3 培训与发展体系 / 202
  7.3.1 构建培训与开发体系 / 202
  7.3.2 建立晋升与发展体系 / 205

7.4 评价与激励体系 / 209
  7.4.1 明确价值分配依据 / 210
  7.4.2 构建利益分享长效激励机制 / 213
  7.4.3 丰富非薪酬激励手段 / 216

第 8 章　管理制度　/ 219

开篇案例　格力电器的创新平台制度体系　/ 220

8.1　什么是企业创新平台的管理制度　/ 221

8.2　企业创新平台的制度体系　/ 222

　　8.2.1　科研管理制度　/ 223

　　8.2.2　财务管理制度　/ 226

　　8.2.3　人事管理制度　/ 230

8.3　设计科学合理的管理制度　/ 234

　　8.3.1　现状调研　/ 234

　　8.3.2　系统设计　/ 238

　　8.3.3　检验反馈与稳步实施　/ 241

第 9 章　协同创新　/ 244

开篇案例　海尔——"世界就是我的研发部"　/ 245

9.1　什么是协同创新　/ 246

　　9.1.1　协同创新的内涵　/ 246

　　9.1.2　协同创新的参与主体　/ 247

9.2　协同创新的主要形式　/ 258

　　9.2.1　合作研发　/ 258

　　9.2.2　产学研合作　/ 261

　　9.2.3　研发外包　/ 268

9.3　协同创新的实施要点　/ 272

　　9.3.1　协同创新实施原则　/ 272

　　9.3.2　协同创新实施策略　/ 273

展望　创新平台赋能企业"四效"提升　/ 276

第 1 章

导 论

开篇案例

格力电器的创新与创新平台

格力电器成立于 1991 年，现已发展成为一个多元化、科技型的全球工业制造集团。格力电器产业覆盖家用消费品和工业装备两大领域，家用消费品领域产品涵盖家用空调、暖通空调、冰箱、洗衣机、热水器、厨房电器、环境电器等；工业装备领域产品涵盖高端装备、精密模具、压缩机、电机、工业储能、新能源客车、新能源专用车等。

回顾 30 多年的发展历程，格力电器取得的卓越成就离不开其对创新发展的高度重视。强大的创新能力推动格力在研发能力、创新机制、核心技术等方面获得显著成效，有力地推动了格力电器走向自主创新驱动的发展道路，创造了巨大的经济、社会、生态效益。

首先，格力电器大力推动技术创新。从最初的空调产品开始，格力电器就一直致力于技术的研发，率先引进了多项新技术，如变频技术、智能控制技术等，不断提升产品的性能和品质，为消费者提供更加智能、高效、节能的家电产品。2015 年，格力电器"基于掌握核心科技的自主创新工程体系建设"项目荣获 2014 年度"国家科学技术进步奖"。2021 年 4 月，格力电器"空气源热泵高效供热关键技术及产业化"科技成果荣获 2021 年度广东省科学技术奖一等奖，同时格力电器也是唯一获此奖项的家电企业。

其次，格力电器有力促进产品创新。格力电器一直以来都非常注重产品的品质和用户体验，不断推出新款产品来满足消费者的需求。例如，针对消费者对于健康饮水的需求，格力电器推出了智能净水器，针对消费者对于智能家居的需求，格力电器推出了智能家居系统。2018 年 3 月，格力电器在上海的中国家电及消费电子博览会上携家庭中央空调新品——格力 GMV[○]智睿家用多联机惊艳亮相，以"节能革命——用电省一半"的惊人实力，解决了传统多联机导致房间温度波动大、给消费者带来不舒适体验、对于体质差的儿童和老人易诱发疾病的性能缺憾，重新定义并确立了"中国造"家庭中央空调在节能技术上的领先地位和"中国标准"。

再次，格力电器着重加强绿色创新。格力电器积极推广节能减排的理念，采用高效节能的技术，研发和生产节能环保的产品，如智能空调、节能冰箱、太阳能空调等，以减少能源消耗和环境污染。同时，格力电器致力于推广绿色生产方式，通过优化生产流程，减少污染物的排放和废弃物的产生，实现生产过程的清洁化和环保化。2021 年 4 月，格力电器在光伏与储能技术研究的基础上创新推出"零碳源"空调技术，开创了绿色电器与零碳能源系统的新时代。格力电器联合清华大学研发"零碳源"空调技术，并获得了世界级技术创新大奖。在"零碳源"空调技术的加持下，格力电器在绿色新能源赛道上的布局进一步完善，不断为绿色发展助力。

格力电器创新发展的背后，离不开格力电器卓越的创新平台建设。格力电器具有全球最大的空调研发中心，拥有 4 个国家级研发中心和 1 个国家通报咨询中心研究评议基地，1 个院士控制站（电机与控制）、16 个研究院、152 个研究所、1411 个实验室、1.6 万名研发人员和 3 万多名技术工人。格力电器的 4 个国家级研发中心分别为"空调设备及系统运行节能国家重点实验室""国家节能环保制冷设备工程技术研究中心""国家认定企业技术中心"和"国家级工业设计中心"，同时，格力电器被认定为"国家级消费品标准化示范基地"和"国家高端装备制造业标准化试点"企业。2020 年，格力电器获批筹建"广东省高速节能电机系统企业重点实验室"。

经过长期的沉淀积累，截至 2022 年 10 月，格力电器累计申请专利 104 584 件，其中发明专利申请 54 196 件，累计发明专利授权 16 183 件。格力电器现拥有 35 项"国际领先"技术，累计获得国家科技进步奖 2 项、国家技术发明奖 2 项、中国专利金奖 3 项（包含"格力钛"1 项）、中国外观设计金奖 3 项、日内瓦发明展金奖 12 项、纽伦堡发明展金奖 9 项。

资料来源：2021 年 11 月—2022 年 7 月，研究团队与格力电器进行产学研合作过程中，进行了 5 次调研获得。

○ "GMV"的英文全称是"Gree Multi-VRF"，其中"VRF"是"Variable Refrigerant Flow"的缩写，指的是可变制冷剂流量。"GMV"是格力电器推出的一种多联机中央空调产品系列的名称。

1.1 创新与创新型企业

1.1.1 创新的含义

创新是人类特有的认识和改造世界的能力，是人类主观能动性的高级表现形式，是推动民族进步和社会发展的第一生产力。无论一个企业还是一个国家，要走在行业或时代的前列，就必须拥有创新的理论和思维，不断探索和创新。

从哲学的角度来看，创新是人的实践行为，是人类对于发现的再创造，是人类对于物质世界的矛盾再设立。人类通过物质世界的再创造，制造新的矛盾关系，提出新的解决方案，形成新的物质形态。由此可见，创新是物质发展的基本途径，矛盾是创新的核心，新生事物都是创新的结果[一]。黑格尔在他的《美学》第一卷里提出："生命的力量，尤其是心灵的威力，就在于它本身设立矛盾、忍受矛盾、克服矛盾。在各部分的观念性的统一和在实在界的部分之间建立矛盾而又解决矛盾，这就形成了继续不断的生命过程，而生命就是过程。"可见，生命的力量在于创新的力量，生命的过程就是创新的过程。

从社会学的角度来看，创新是指人们为了发展的需要，运用已知的信息，不断突破常规，发现或产生某种新颖、独特的有社会价值或个人价值的新事物、新思想的活动。创新的本质是突破，即突破旧的思维定式、旧的常规戒律。创新活动的核心是"新"，它或者是产品的结构、性能和外部特征的变革，或者是造型设计、内容的表现形式和手段的创造，或者是内容的丰富和完善[二]。

从经济学的角度来看，创新概念起源于奥地利经济学家约瑟夫·熊彼特，谈创新，不谈熊彼特，就像一部没有哈姆雷特的《王子复仇记》，它一定索然无味。在1912年出版的《经济发展理论》一书中，熊彼特指出，创新就是要"建立一种新的生产函数"，即"生产要素的重新组合"，就是要把一种从来没有的关于生产要素和生产条件的"新组合"引进生产体系，以实现对生产要素或生产条件的"新组合"。此外，创新的目的是最大限度地获取超额利润，创新是企业发展和经济增长的动力。在此基础上，熊彼特进一步明确指出"创新"的五种形式：

- 生产新产品或提供一种产品的新质量；

[一] PARNES S J. Idea-stimulation techniques[J]. Journal of creative behavior, 1976, 10(2): 126-129.
[二] 杨栩. 中小企业技术创新系统研究[M]. 北京：科学出版社，2007.

- 采用一种新的生产方法、新技术或新工艺；
- 开拓新市场；
- 获得一种原材料或半成品的新的供给来源；
- 实行新的企业组织方式或管理方法。

熊彼特认为，通过创新可以获得经济和社会运行中存在的潜在利益，这也是创新产生的根本原因和目的。在熊彼特看来，作为资本主义的"灵魂"，企业家的职能就是实现"创新"，引进"新组合"。在"创新"的驱动下，经济发展就成为来自内部自身创造性的关于经济生活的一种变动，而不是外部强加的因素。企业家之所以会进行创新活动，是因为他们看到了创新能给企业带来盈利的机会。

熊彼特的创新理论还有一个非常重要的内容就是创新活动的周期性。他认为，创新者在为自己带来盈利的同时，也为其他企业开辟了道路。其他企业一旦纷纷模仿，形成一种"创新浪潮"，之后，由这种创新带来的盈利机会就会趋于消失。"创新浪潮"刚刚出现时，对银行信用和生产资料的需求迅速扩大，引起经济高潮。而当这种浪潮已经拓展到较多企业时，盈利的机会就会逐步趋于消失，在此之后对银行信用和生产资料的需求又迅速下降，于是经济开始紧缩。这就是经济繁荣与萧条的交替，并且这种交替是在创新活动驱动下周期性进行的。

根据熊彼特的创新理论，创新具有如下几种特征：

第一，创新是生产过程中内生的。熊彼特曾经说过："我们所指的'发展'只是经济生活中并非从外部强加于它的，而是从内部自行发生的变化。"导致经济变化的因素有很多，比如投入的资本和劳动力数量的变化，但这种变化并不是唯一的经济变化，还有另一种经济变化，它是不能用从外部加于数据的影响来说明的，它是从体系内部发生的。

第二，创新是一种"革命性"变化。"革命"的对象是原来的产品、组织和企业。熊彼特提出过一个形象的比喻：不管你把多大数量的驿路马车或邮车连续相加，也绝不能得到一条铁路。这就要求进行一种革命性的变化，正是这种革命性的变化，才是我们所要涉及的问题。这就要求我们充分强调创新的突发性和间断性特点，对经济发展进行动态的分析和研究。

第三，创新同时意味着毁灭。"新组合并不一定要由控制创新过程所代替的生产或商业过程的同一批人去执行"，在高度竞争性的经济生活中，新组合不断出现，同时旧的组合不断在竞争中消亡。在完全竞争状态下，创新和毁灭往往发生在两个不同的经济实体之间,而随着经济发展、经济实体的扩大,创新更多地转化为一种经济实体内部的自我更新。

第四,创新必须能够创造出新的价值。发明与创新是一对非常相似的词,发明是新工具或新方法的发现,而创新是新工具或新方法的应用。"只要发明还没有得到实际的应用,那么它在经济上就是不起作用的。"因为新工具或新方法的使用在经济发展中起到作用,最重要的含义就是能够创造出新的价值。

第五,创新是经济发展的本质。熊彼特认为,可以把经济区分为"增长"与"发展"两种情况。经济增长是由人口和资本的增长而导致的,并不能称作发展。"因为它没有在质上产生新的现象,而只有同一种适应过程,像在自然数据中的变化一样。"他指出:"我们说的发展,可以定义为执行新的组合。"也就是说,创新是发展的本质。

第六,创新的主体是"企业家"。熊彼特把"新组合"的实现称为"企业",那么以实现这种"新组合"为职业的人就是企业家。因此,企业家的核心职能不是经营或管理,而是执行这种"新组合"。而这个核心职能又把真正的企业家活动和其他活动区分开来。

1.1.2　创新的类型

从不同的角度,可以将创新分为不同的类型。通常,创新包括多个方面,例如产品创新、工艺创新、设备创新、材料创新、生产创新以及管理创新。由于一个行业的材料及所用设备可看成另一个行业的产品,生产组织与管理也可以看成一种具有特殊含义的"绝妙"的工艺⊖,因此,本书根据创新对象的不同,将创新分为产品/服务创新与工艺/流程创新两大基本类型;根据创新的边界,将创新分为封闭式创新与开放式创新。

1. 产品/服务创新与工艺/流程创新

传统意义上的产品是指有形的、物理的物品或原材料,如我们日常所使用的办公桌、笔、电脑、打印机等。但是,近年来,服务行业所提供的服务也开始被称为"产品"。产品和服务具有许多共同的特性。因而,综合起来看,产品/服务创新,就是指创造某种新产品/服务或对某一新或旧产品/服务的功能进行创新,以满足顾客的需求或解决顾客的问题。苹果公司推出的 iPad 平板电脑、三星推出

⊖ 许庆瑞. 研究、发展与技术创新管理 [M]. 2 版. 北京: 高等教育出版社, 2010.

的 Galaxy Note Ⅱ 手机等，都是产品创新的典型例子。

在产品创新的具体实践中，主要有自主创新、合作创新两种方式。自主创新是指企业不是对外有技术被动依赖与购买，而是通过自身的努力和探索实现技术突破，达到预期的目标。合作创新是指企业间或企业、科研机构、高等院校之间的联合创新行为。当今全球性的技术竞争不断加剧，企业技术创新活动中面对的技术问题越来越复杂，技术的综合性和集群性越来越强，即使是技术实力雄厚的大企业也会面临技术资源短缺的问题，单个企业依靠自身能力实现技术突破越来越困难。合作创新通过外部资源内部化，实现资源共享和优势互补，有助于攻克技术难关，缩短创新时间，增强企业的竞争优势。企业可以根据企业自身的经济实力、技术实力选择适合的产品创新方式。

产品创新源于市场需求，也就是以市场需求为出发点，明确产品技术的研究方向，创造出适合这一需求的适销产品，使市场需求得以满足。在现实的企业中，产品创新总是在技术、需求两维之中，根据本行业、本企业的特点，将市场需求和本企业的技术能力相匹配，寻求风险收益的最佳结合点。产品创新从根本上说，是技术推进和需求拉引共同作用的结果。

工艺创新，又称流程创新（Process Innovation），是指对产品或服务的制造或传递过程进行的重大变革。这种创新可以涉及新的设备、新的工艺、新的管理方法、新的材料以及新的生产技术等方面，从而达到提高生产效率和产品质量的目的。产品创新与工艺创新都是为了提高企业的经济绩效，但是两者目的不同、途径不同、方式不同，区别产品创新和工艺创新是有意义的。产品创新的目的是提高产品设计与性能的独特性，工艺创新的目的是提高产品质量、降低生产成本、提高生产效率、降低消耗与改善工作环境等；产品创新侧重于活动的结果，而工艺创新侧重于活动的过程；产品创新的成果主要体现在物质形态的产品上，而工艺创新的成果既可以渗透到劳动者、劳动资料和劳动对象之中，还可以渗透在各种生产力要素的结合方式上；产品创新的生产者主要是为用户提供新产品，而工艺创新的生产者自身也是创新的使用者。

根据创新活动的目的及中心内容，工艺创新又可分为以下几种类型[⊖]：

（1）围绕提高产品质量等级品率的工艺创新。产品质量等级品率是表征质量水平和技术规格符合度的指标。为提高产品质量等级品率，企业必须在工艺技术、工艺管理和工艺纪律三个方面协调创新，忽视其中任一方面，都可能使产品质量

⊖ 刘玉红. 信息化条件下制造业企业工艺创新过程与模式研究 [D]. 哈尔滨：哈尔滨理工大学，2009.

和优等品产值率无法得到保证。

（2）围绕降低质量损失率的工艺创新。质量损失率是一定时期内企业内部和企业外部质量损失成本之和占同期工业总产值的比重，是表征质量经济性的指标。为降低废品数量、减少损失，企业工艺要在设计、工艺技术等软件方面和材料、设备等硬件方面进行协调配套创新。

（3）围绕提高工业产品销售率的工艺创新。工业产品销售率是一定时期内销售产值与同期现价工业产值之比，它反映了产品质量适应市场需要的程度。通过工艺创新，企业既能生产独具魅力的物化产品，又能提供优质的服务产品，这样就能吸引顾客、拓展市场、扩大销售。

（4）围绕提高新产品产值率的工艺创新。新产品产值率是一定时期内新产品产值与同期工业产值之比，它反映新产品在企业产品中的构成情况，体现企业技术进步状况和工艺综合性水平。现代企业的生产往往需要由多种学科、多种技术综合而成的工艺技术，尤其是技术密集型创新产品，需要荟萃机、电、光、化学、微电子、计算机、控制及检测等技术工艺，特别需要CIMS（Computer Integrated Manufacturing Systems，计算机集成制造系统）技术，以实现对产品寿命周期信息流、物质流与决策流的有效控制与协调，适应竞争市场对生产和管理过程提出的高质量、灵活反应和低成本要求。

（5）围绕节约资源、降低成本的工艺创新。传统自然资源日益匮乏，改进原有工艺，科学、合理、综合、高效地利用现有资源，或是采用新工艺、开发利用新的资源，可以使企业节约能源、降低物耗能耗、降低产品成本。

（6）围绕有益于环境的工艺创新。低污染或无污染成为社会、政府和人民对企业生产过程及其产品的越来越突出的要求，通过工艺创新，企业可以减少生产过程的污染，提供无污染的产品。

产品创新和工艺创新经常交替出现。首先，新工艺可能使新产品生产得以实现。例如，新的冶金技术的开发使自行车链条的生产得以实现，这又使多齿轮传动自行车的开发得以实现。其次，新产品也可能使新工艺开发得以实现。例如，先进的计算机工作站的开发使企业能够实现计算机辅助的制造工艺，从而提高了生产的效率和质量。总而言之，不能割裂产品创新和工艺创新，产品创新是工艺创新的目的和结果，工艺创新是提高产品创新效率和效益的途径与手段。

2. 封闭式创新与开放式创新

封闭式创新（Closed Innovation）是指企业依靠内部持续高强度的技术研发获

得强大的竞争优势，即企业通过自身基础和应用研究产生新创意并开发新产品，通过内部渠道确保对技术、知识产权的严格控制和垄断，以维持其核心竞争力。该模式的实质是封闭的资金供给与有限研发力量的结合，其目的是保证技术保密独享和获取垄断利润。

传统的创新观念认为，技术创新是企业的灵魂，因此只能由企业自己单独进行，从而保证技术保密与技术独享，进而在技术上保持领先地位。内部研发被认为是企业有价值的战略资产，是企业提升核心竞争力和维持竞争优势的关键，甚至是竞争对手进入众多市场的巨大障碍。宝洁、IBM、AT&T○和华为等技术和资金实力雄厚的大公司，雇佣大批世界上最具创造性的科技人才，给予优厚的待遇，提供完备的研发设施，投入充分的研发资金，进行大量的基础和应用研究。科技人员产生许多突破性的思想和研究成果，企业内部独立开发这些研究成果，通过设计制造形成新产品，并通过自己的营销渠道输入市场，使之商业化，从而获得巨额利润。接着企业再投资更多的内部研发项目，这又会带来进一步的技术突破。这种模式称为封闭式创新，见图1-1。

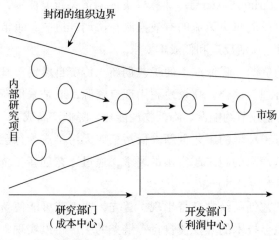

图 1-1 封闭式创新模式

资料来源：周立群，刘根节. 由封闭式创新向开放式创新的转变 [J]. 经济学家，2012（6）：53-57.

封闭式创新模式的核心是在严格控制下，企业通过资助大规模的内部实验室来开发技术，以此作为新产品来源的基础，并从中获取高额的边际利润。该模式的特点是：劳动力流动性低、风险投资少、技术流动困难，对企业研发能力要求

○ IBM，国际商业机器公司；AT&T，美国电话电报公司。

高、大学等机构的影响力不重要。该模式的直接结果是大企业的中央研究机构（如杜邦公司的杜邦实验室、朗讯科技公司的贝尔实验室、IBM 的沃森实验室、惠普公司的中央实验室和施乐公司的帕洛阿尔托研究中心 PARC 等）垄断了行业的大部分创新活动○。

在封闭式创新模式下，企业研究部门被认为是成本中心，而开发部门则被认为是利润中心，两者之间的目标不一致，且存在着一堵很难沟通的"高墙"，这可能导致研究部门和开发部门之间的不必要的冲突。

在相当长的一个时期内，传统的封闭式创新模式在企业发展中起着至关重要的作用，并获得过巨大的成功。这主要是因为企业内部研发活动的"良性循环"：企业研发投入→基础性技术突破→新产品和新性能的推出→通过现有企业模式获得更高利润→追加研发投入（见图1-2）。但是在20世纪末信息化和全球化的环境下，知识的增长与扩散速度加快、产品的生命周期缩短，企业面临的研究开发压力不断增大，封闭式创新的良性循环逐渐被打破，并由此产生了一种新的创新范式——开放式创新○。

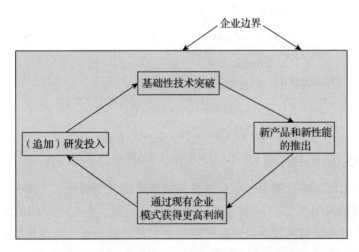

图1-2　封闭式创新中企业内部研发活动的"良性循环"

资料来源：王圆圆，周明，袁泽沛. 封闭式创新与开放式创新：原则比较与案例分析 [J]. 当代经济管理，2008，30（11）：39-42.

○ 王圆圆，周明，袁泽沛. 封闭式创新与开放式创新：原则比较与案例分析 [J]. 当代经济管理，2008，30（11）：39-42.
○ 林观秀. 企业开放式创新及其运行机制研究：基于华为公司的案例分析 [D]. 广州：暨南大学，2008.

开放式创新（Open Innovation）的概念由哈佛商学院的 Henry Chesbrough 于 2003 年提出，是指企业系统地在内部和外部的广泛资源中寻找创新资源，有意识地把企业的能力和资源与外部获得的资源整合起来，并通过多种渠道开发市场机会的一种创新模式。开放式创新模式意味着，有价值的创意可以从公司的外部和内部同时获得，其商业化路径可以从公司的内部进行，也可以从公司的外部进行。开放式创新把外部创意和外部市场化渠道的作用上升到和内部创意以及内部市场化渠道同样重要的地位[1]。开放式创新模式见图 1-3。

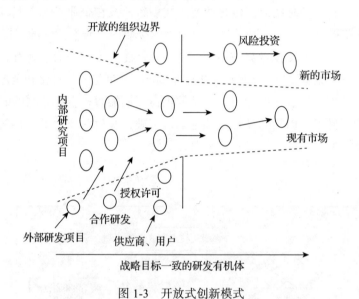

图 1-3　开放式创新模式

资料来源：周立群，刘根节.由封闭式创新向开放式创新的转变[J].经济学家，2012（6）：53-57.

在开放式创新的范式下，企业边界是可渗透的。创新思想主要来源于企业内部的研发部门或其他部门，也可能来源于企业外部。企业内部的创新思想可以在研究或开发的任何阶段通过知识的流动、人员的流动或专利权转让扩散到企业的外部。有些不适合企业当前经营业务的研究项目可能会在新的市场上发挥其巨大的价值，也可能通过外部途径使之商业化。公司不再封闭其知识财产，而是通过许可协议、短期合伙或其他安排，设法让其他公司利用这一技术，然后自己再从中获利。欧美发达国家目前就有众多的专利技术公司，例如，美国高通 2021 年第四季度财报显示，公司专利许可收入为 15.6 亿美元，约占财季总营收的

---

[1] 可星，郑季良.西部中小企业开放式技术创新管理浅析[J].科技管理研究，2010（12）：156-159.

16.7%[1]。

开放式创新有效地改变了"非此地发明"（Not Invented Here，NIH）[2]的思维，企业必须充分利用外界丰富的知识技术资源，从外部寻找技术弥补内部创新资源的不足，将内部技术和外部技术整合起来，以创造新产品和新服务。开放式创新模式下外部知识作为内部知识的补充，起着和内部知识同等重要的作用。同时，开放式创新能够克服"非此处销售"（Not Sold Here，NSH）的偏见，企业可以通过外部途径使内部技术商业化，以使研发的回报最大化。概而言之，开放式创新思维提供了创造价值和获取价值的新途径[3]。

封闭式创新和开放式创新的一个重要差异是，公司如何甄别和保护它们的创意。在任一研究过程中，研究人员及其管理者都必须将坏建议和好建议分开，采纳后者并使之商业化，同时舍弃前者。封闭式创新和开放式创新都善于识别"假肯定"（False Positive，初看起来有市场前景但实际上无市场价值的创意），但开放式创新还能集中能力挽救"假否定"（False Negative，因不适合公司现有的商业模式，初看起来无市场前景但实际上有潜在市场价值的项目）。仅过多关注内部的企业易错失机会，因为有些技术成果适宜在公司现有业务模式之外发展，或者需要与外部技术结合来释放其潜能。与封闭式创新相比，开放式创新在基本原则的各个维度上都有所不同，两者的比较见表1-1。

表1-1 封闭式创新和开放式创新基本原则的比较

基本原则	封闭式创新	开放式创新
公司精神（理念）	"非此地发明"偏见，我们能创造出行业中最多、最好的创意和产品	最佳创意可能来自别处
创新空间范围	重视企业内部资源，如果我们自己进行研究，就能最先把产品推向市场	我们不是非要自己进行研究才能从中受益，整合全球资源实现创新
核心能力	产品和服务设计的垂直一体化	外部资源的搜寻、识别、获取和利用，内外资源的整合能力
研发的功能和运作	设计、开发和商业化内部的发明，从研发中获利	整合内外创新资源使公司产生最佳绩效；为识别和分享外部研发的价值，必须进行足够的内部研发

---

[1] 腾讯网. 高通Q4及全年财报解读：营收暴涨百亿创新高 多元化发展势头强劲[EB/OL].（2021-11-13）[2023-03-13]. https://new.qq.com/rain/a/20211113A02JNS00.

[2] 这是一句俚语，按照中文语境的理解习惯，"非此地发明"意味着发明不一定都在"此地"，这承认了利用外部发明的"合理性"，更像是开放式创新的范畴，而实际上在欧美文化语境中，它刚好表达相反的意思，描述的是这样一种文化，在该文化中的组织单位对不是由内部提出的事物或者不能在内部执行的事物持排斥和憎恶态度，所以将其理解为"非我发明不用"更为恰当。

[3] 陈钰芬，陈劲. 开放式创新：机理与模式[M]. 北京：科学出版社，2008.

(续)

基本原则	封闭式创新	开放式创新
员工的职责	完成自上而下的工作任务	企业创新的主体
用户的角色	被动接受我们的产品	主动的合作创新者
创新成功的测度	增加的利润、销售收入，减少进入市场的时间，市场份额	研发的投资回报率，突破性的创新产品或商业模式
对知识产权的态度	拥有和严格控制知识产权	购买别人的知识产权，出售我们的知识产权并从中获利

资料来源：陈钰芬，陈劲．开放式创新：机理与模式[M]．北京：科学出版社，2008．

1.1.3 创新型企业的概念与特征

2006年，我国科学技术部、国务院国有资产监督管理委员会等部委在全国范围内实施技术创新引导工程，并把创新型企业的建设作为技术创新引导工程的重要内容，在联合发布的《关于开展创新型企业试点工作的通知》中给出了创新型企业的初步定义。它需要具备如下五个条件：一是具有自主知识产权的核心技术；二是具有持续创新能力；三是具有行业带动性和自主品牌；四是具有较强的盈利能力和较高的管理水平；五是具有创新发展战略和文化。

在上述五个条件的基础上，结合企业调研的实际，本书将创新型企业定义为：以自主创新战略为指导，通过建立实力较强的综合性创新平台、业务性创新平台、功能性创新平台，打造高层次的研发队伍，完善各类创新机制，以知识产权化的技术和品牌为核心，能够成功应对市场经济的机遇和挑战，获得自身持续性生存和发展，并带动行业和社会经济增长的企业。

与生产型企业和传统生产经营型企业相比，创新型企业具有许多新的更符合经济社会发展需要的特征。生产型企业以生产为核心职能，它追求的是以投资换取大规模生产，并通过大规模生产取得利润。因此，生产型企业的管理模式是以生产管理为主的内向型管理，执行以产定销的方针，重生产轻销售，重产量轻需求，不太考虑如何提高企业的适应性、应变能力等问题。传统生产经营型企业的核心职能是销售，以大规模销售为经营理念，它的管理模式是以营销管理为中心的外向型管理，执行以销定产或以需定产的方针，不够重视研究与开发。而创新型企业的核心职能是研究与开发，经营理念是持续技术创新，管理模式是研发、生产、销售一体化的集成管理。它把企业竞争从单纯的生产竞争和营销竞争扩展到研究与开发竞争，与生产型企业和传统生产经营型企业相比，创新型企业具有更加丰富的内涵和更具时代特色的特征○。

早在1982年，英国学者弗里曼就对创新成功的企业进行了研究，并归纳出创新型企业所具有的以下10个特点：具有较强的研究与开发能力；利用专利进行保护，与竞争对手讨价还价；从事基础研究或相近研究；研制周期比竞争对手短；企业规模较大，能够长期高额投入研发；愿意冒高风险；培养和帮助客户，关注潜在市场；较早着手且善于发掘潜在市场；有使研发生产与销售相互协调的能力；保持与客户和科学界的联系。我国学者郭韬和史竹青○则从其他角度对创新型企业进行了分析，认为创新型企业具有的特征如下：

- 创新性；
- 自主性；
- 持续动态性；
- 全面系统性；
- 拥有自主知识产权或知名品牌；
- 效应性；
- 风险性；
- 适应性；
- 巨大的社会影响力和辐射力。

根据以上论述，本书对创新型企业的基本特征归纳如下○：

（1）掌握具有自主知识产权的核心技术。知识产权是自主创新的主要衡量指标，也是市场竞争的重要手段。知识产权贯穿于技术创新的全过程，无论在新技术、新产品、新工艺的研究开发阶段，还是在创新成果的产业化及其商业化阶段，知识产权都发挥着重要的作用。知识产权的创造和应用能力，已经成为企业综合竞争力的最重要的体现。创新型企业应该成为知识产权创造和应用的主体。因此，创新型企业要掌握企业发展的前沿核心技术，总体技术水平在同行业居于领先地位；同时要拥有以专利、标准、品牌为标志的自主知识产权，这是创新型企业的本质特征。

（2）具有持续的创新能力。创新能力，是指企业依靠技术创新推动企业发展的能力，也就是通过引入或开发新技术，使企业满足或创造市场需求，增强企业竞争优势的能力。持续的创新能力是企业发展和提高竞争力的基础。创新型企业

○ 刘耀. 创新型企业发展模式及其实现持续创新机制研究 [D]. 南昌：南昌大学，2010.
○ 郭韬，史竹青. 创新型企业研究综述 [J]. 科技进步与对策，2011，28（19）：155-160.
○ 胡珑瑛，蒋樟生. 基于BP神经网络的创新型企业评价研究 [J]. 软科学，2008（2）：116-118；127.

要具有较强的创新资源投入能力，拥有高素质的创新团队，有健全的创新体系，有较强大的创新平台，具有较强的技术储备能力，在技术创新、品牌创新、体制机制创新、经营管理创新、理念和文化创新等方面不断创造出在同行业居于领先地位的创新成果，依靠创新提高企业的市场竞争力，实现企业可持续发展。

（3）具有较强的盈利能力和较高的管理水平。盈利是企业经营的根本目的，也是创新的最终体现。技术创新是高投入、高效益的创造性活动，一方面需要较强的财务能力支撑，另一方面成功的创新将提高产品的附加价值，使企业的盈利能力不断提升。创新型企业应该体现出如下特点：整体财务状况良好；销售收入和利润总额呈稳定上升势头；具有较强的盈利能力；建立了比较完善的知识产权管理体系和质量保证体系。

（4）具有自主品牌和行业带动性。创新型企业应该注重自主品牌的管理和创新，通过竞争发展，形成企业独特的品牌，并在市场中具有一定的知名度。同时，企业主导产品具有较强的国际竞争优势，产品市场占有率高，发展前景好，在行业发展中具有较强的引领和带动作用。

（5）具有创新文化和创新发展战略。创新需要有良好的环境、活跃的氛围，以及有序的制度和文化。企业的创新精神、创新理念、对创新的追求，是企业创新的文化基础，有了这种精神、理念、追求，企业就会激发出员工的创新积极性，动员各种资源参与创新活动。创新型企业的显著特点是注重营造并形成企业的创新文化，同时重视企业经营发展战略创新，把创新作为经营发展战略的重要内容，有明确的技术创新战略、知识产权战略、自主品牌战略以及有效的措施和制度保证。

1.2 研发的含义与演变历程

1.2.1 研发的含义

研发，即研究与开发（Research and Development，R&D），是指高等院校、研究机构、企业组织等为获得科学与技术新知识，并创造性地将其运用于改进技术、工艺、产品和服务而持续进行的具有明确目标的系统活动。

按照定义，研发活动包含"研究"与"开发"两类活动。研究是指为获得科学与技术的新知识，创造性地运用已有相关知识，探索技术的重大改进而从事的有计划的调查、分析和实验活动。开发是指为了实质性改进技术、产品和服务，将科研成果转化为质量可靠、成本可行、具有创新性的产品、材料、装置、工艺和服务的系统性活动。

经济合作与发展组织（OECD）认为，"研发是一种系统的创造性工作，目的在于丰富有关人类、文化和社会的知识宝库，并利用这些知识进行新发明、开拓新应用"，研发可划分为基础性研究、应用性研究和试验性开发三个部分。同样，根据美国国家科学基金会对研发的定义与分类，研发活动主要包括基础研究、应用研究和开发三类[一]。

（1）基础研究。其目标是获得关于所研究事物的更完备的知识或对事物有更深入的理解，而且没有特定的应用目的。同时，我国国家自然科学基金委员会考虑到企业从事基础研究的目的，将企业基础研究定义为：增加新科学知识的活动，没有特定、直接的商业目的，但不排除这一项研究可能会在当前或其他潜在的领域具有商业价值。

（2）应用研究。应用研究是指获取有关事物的知识或对事物的理解，以确定满足某一特定、明确需求的方法。企业的应用研究还包含：旨在发展具有特定商业目的的科学知识的研究，这种特定的商业目的可以是关于新产品的，也可以关于新流程或新的服务。

（3）开发。开发是指对研究获得的知识或对事物理解的系统性运用，目的是生产有用的原材料或设备等，开发还包括对生产流程、产品工艺的设计与开发。

为了使各种研发活动的定义易于理解而且具有可操作性，1991年美国国家科学理事会编撰的《美国科学指标》将研发划分为以下几类科学和工程活动：

- 增进人类对自然和社会现象全面性的认识与了解——基础研究；
- 促进技术进步的创造性活动——应用研究与开发；
- 将科学知识和发明结合起来，产生能满足社会需求并被社会接受的产品和流程活动——创新。

从以上各机构对研发活动的分类可以看出，研发是一个从创意产生到研究、开发、试制完成的过程，必须同时具备四个条件：具有创造性；具有新颖性；运用科学方法；产生新的知识或创造新的应用。研发强调的是"过程"与"产出"，根本目的在于研制有竞争力的技术产品，成果是一种"知识产品"。若这种"知识产品"在研发过程中间出现，则一般称为中间产品（一般表现为知识形态的产品，如论文、报告或其他形式的文献资料等）；若这种"知识产品"表现为研发过程的最

[一] 杰恩，川迪斯.研究管理圣经[M].2版.柳御林，陈劲，高旭东，译.台北：博雅书屋有限公司，2011.

终成果，则一般称为最终产品（可以表现为两种形态：一是知识形态，类同于中间产品；二是物质形态，如新产品、新工艺等）。

如果把知识看成研发过程中一个不断发展的"流"，那么，我们可以看到知识发展过程中存在很多科学研究的"中间产品"。这一连串的"中间产品"处在整个研发过程的不同发展阶段。前一阶段得出的"中间研究产品"（成果）又会成为后一个研究阶段的输入。随着研究进程的深入，"中间研究产品"得以不断提高与深化，直至得到最终产品。任何一个中间产品的输出，将同以后某一个或几个更高水平的研究阶段相关。任何一个中间产品都既可能用来产生最终产品，也可以用来产生另一个中间产品。

由于研发活动可能产生多种类型的"产品"，因此对于研发活动的投入与产出，不能单纯地用投入产出比作为评价其经济效益的唯一标准。因为其中还存在一个"无形"知识的储备问题。无形知识虽难以用物质与文字的形式储存或表现，但是可以以经验以及其他无法以语言表达的知识等形式储存在科技人员的头脑中。尤其是对于那些探索性强的失败的基础研发项目，这种无形知识的储备所占比重更大。对企业而言，无形知识的储备是一种宝贵的科技潜力，会在适当的时机发挥重要的物质作用，成为有形知识形成的基础[⊖]。

1.2.2 研发的演变历程

除了技术本身处于快速变化与发展中，技术变化的商业化过程，即研发过程也处于不断的发展中。自20世纪50年代以来，世界上先后出现了六代具有代表性的企业技术创新过程模式，见表1-2。

表 1-2　六代技术创新过程模式

代	关键特征
第一/二代	线性模式：技术推动，市场拉动
第三代	耦合模式：识别不同因素间的相互作用和反馈调节
第四代	并行模式：公司内部一体化，上游为关键供应商，下游为有需求的活跃顾客，强调联结和联盟
第五代	系统集成与网络模式：系统的一体化和广泛的网络化，灵活的定制化响应，持续创新
第六代	开放模式：多元化、分散化的技术源，官产学研合作

资料来源：TIDD J, BESSANT J, PAVITT K. Managing innovation: integrating technological, market and organizational change[M]. New York：Wiley, 1997.

⊖　陈劲. 研究与开发管理[M]. 北京：清华大学出版社，2009.

在这六代模式中，前两种模式实际上是离散的、线性的模式，没有反映出创新产生的复杂性和多样性。耦合模式的提出在一定程度上认识到线性模式的局限性，增加了反馈环节，但还是没有从根本上改变这种机械的反应模式。并行模式、系统集成与网络模式和开放模式，是技术创新管理理论与实践上的飞跃，标志着从离散的、线性的模式转变为网络化、全开放的复杂模式。

1. 技术推动与市场拉动

第一代和第二代技术创新模式是一种技术推动型和市场拉动型的线性模式，见图1-4。

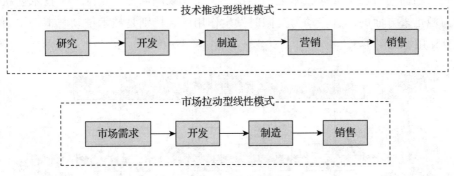

图1-4　技术创新模式

资料来源：ROTHWELL R. Towards the fifth-generation innovation process[J]. International marketing review, 1994, 11(1): 7-31.

在线性模式下，创新过程被视为一系列不同功能的阶段构成，上一阶段的产出是下一阶段的投入。同时，知识的流动是单向的，后期阶段不能为早期阶段提供投入，也就是说，不同阶段之间不存在任何的反馈路径。

在技术推动模式下，技术创新开始于基础科学研究，然后进入包括设计和工程的应用性研发阶段，最后是生产制造和产品推广销售。由于技术推动模式存在这样的假设：更多的研发将导致更多的新产品产出，因此，这种模式强调，技术开发或科学发现等基础研究所产生的技术成果，是技术创新的主要推动力，市场只是研究开发成果的被动接受者。技术推动模式往往与根本性创新和新兴产业联系起来。对技术机会的识别和理解，会激发人们的创新活力，从而促使他们为那些新的发现或技术寻找合适的应用领域，从而推动根本性创新的出现和新兴产业的发展。

相反，在市场拉动模式下，市场需求是研发构思的来源，在创新过程中发挥了关键作用，为产品和工艺创新创造了机会，并引导和推动相关技术研发活动的展开。市场拉动模式往往与渐进性创新联系起来，因为消费者的需求在一段时间内不可能有太大的变化，市场拉动模式下的创新总是一些基于现有产品或服务的改良要求。在市场拉动模式的引导下，企业能够提高生产效率和确保技术成果的商业价值，从而避免技术成果的商业化问题及其带来的潜在损失。

2. 技术与市场的耦合模式

随着环境不确定性的增加、竞争强度的增强和产品生命周期的缩短，企业需要将研发活动与创新过程的其他环节更加紧密地结合起来，而线性模式未能体现创新活动面向市场与面向技术之间的反馈关系，缺陷明显。实际上，技术创新的动力源是多方面的，这些动力是同时发生作用的，特别是技术推动与市场拉动的交互作用，见图1-5。

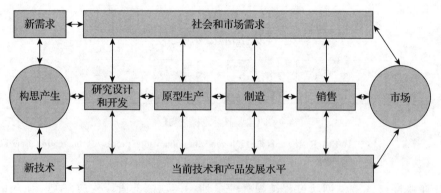

图 1-5　技术创新的耦合模式

资料来源：林春培. 企业外部创新网络对渐进性创新与根本性创新的影响：基于广东省创新型企业的实证研究 [D]. 广州：华南理工大学，2012.

耦合模式强调企业技术能力与市场需求的有机结合。在耦合模式中，创新过程是一个具有逻辑顺序但不一定连续的过程，并且它可以划分为功能不同但相互作用和依存的一系列阶段，相邻功能阶段之间以及它们与外部环境之间存在反馈机制。因此，整个创新过程可以看成由各种沟通路径构成的复杂网络，这些路径将组织内部各相邻功能阶段以及它们与外部更为广泛的科技研究和市场需求联系起来。经验研究表明，创新过程的技术推动和需求拉动模式，从本质上讲，只是更为一般化的技术能力和市场需求交互作用模式的极端和非典型例子。技术推动和市场拉动的有机结合，比单纯的市场拉动或技术推动，能更好地推动技术创新的产生和成功。在 20 世纪 80 年代中期前后，耦合模式为大多数西方企业所采用，并作为最佳实践加以推广。

3. 技术创新的并行模式

由于竞争激化，企业为了使新产品早日投放市场，竞相采用能使各项研发制造工作并行交叉作业的并行模式，以缩短技术创新的周期，见图 1-6。

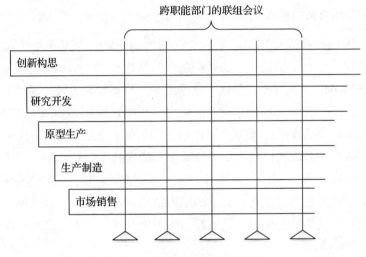

图 1-6 技术创新的并行模式

资料来源：ROTHWELL R. Towards the fifth-generation innovation process[J]. International marketing review, 1994, 11(1): 7-31.

并行模式又称集成与并行开发模式（Integration and Parallel Development Model）、一体化模式（Integrative Model），其反对技术创新过程的高度分割和序列化，强调研发部门、设计生产部门、供应商和用户之间的密切联系、沟通和合作，开始从行为主体角度考察创新活动的开展，为技术创新过程增加了新的内容。这种模式运用的关键在于企业对并行活动开展的调整、控制和集成能力。企业需要定期召开横跨各部门涉及多个创新过程阶段的联组会议（Joint Group Meeting），进行多次信息交流，以保证各功能阶段活动方向的一致性以及这些活动综合集成的可行性和可靠性。20 世纪 80 年代中后期和 90 年代初，许多日本制造企业在新产品开发系统中采用了这种模式，极大地提高了创新速度和效率，并击败了西方的竞争对手。

技术创新的并行模式，不仅包括企业内部各功能部分的高度平行交叉，还包括企业与其上游供应商和下游客户的相互支持与协作，这样可以使新产品更早、更好地满足用户的需求[⊖]。具体来看，就是在研发尚未结束的同时开展生产制造的前期准备工作，并且提前开展前期的市场营销宣传工作。在这里，特别值得注意的是，技术研发允许失败，但是产品开发绝不允许失败。在采用并行模式时，应该确保产品开发的成功率，这样才能同时着手进行生产制造与市场宣传的前期准备工作，避免产品在走向商业化过程中失败，降低风险。

4. 系统集成与网络模式

随着一体化创新过程模型的发展，一些学者开始从网络和系统视角看待企业的创新过程，提出了创新过程的系统集成与网络模式（Systems Integration and Networking Model）。这种模式是在一系列潜在战略要素和关键使能因素的综合作用下形成的，是一种精益创新。潜在战略要素包括以时间为基础的战略（强调更快、更有效率的产品开发）、聚焦于产品质量和其他非价格因素的开发战略、以客户为中心的战略、与主要供应商的战略整合、横向技术合作战略、电子数据处理战略、政策的总体质量控制；关键使能因素包括更大的整体组织和系统集成，快速和有效决策所需的更为扁平化、灵活的组织结构，发达的内部数据库以及有效的外部数据链接。显然，一体化、灵活性、网络化以及并行信息处理是系统集成与网络模式的主要特色。

系统集成与网络模式不仅要求创新企业在企业内部更好地实现各功能的平行作业和一体化，而且要求企业同供货企业和其他战略合作伙伴在技术创新上进行广泛的协作和外包。系统集成与网络模式不仅可以充分利用本企业的创新能力与资源优势，而且可以通过建立广泛的战略伙伴关系，动员合作方的资源，利用合作方的创新能力，更加灵活地进行持续不断的创新，以尽快、更好地满足客户的需求，见图1-7。

5. 开放模式

开放模式是最新一代的研发管理思想，关于开放式创新的相关内容，在"创新的类型"一节已有详细的说明，详见相关内容。

第一代到第六代研发管理过程比较见表1-3。

⊖ 林学明. 区域创新系统的动态模型设计及实证研究[D]. 厦门：厦门大学，2007.

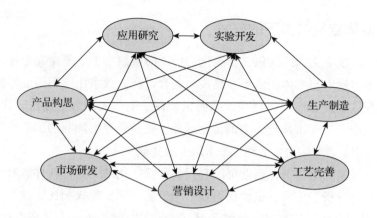

图 1-7 系统集成与网络模式创新

表 1-3 第一代到第六代研发管理过程比较

项目	第一代研发	第二代研发	第三代研发	第四代研发	第五代研发	第六代研发
创新特点	连续性创新	连续性创新	连续性创新	不连续性创新	不连续性创新	开放式创新
组织方式	职能式	矩阵式	分布式	多方位集成式	网络式	开放式
核心战略	职能孤立	与商业联系	技术/商业一体化	顾客研发一体化	协同创新系统	多元技术、多元项目管理
技术	初始的	数据基础	信息基础	信息技术作为竞争性武器	知识基础	知识基础
研发人员	竞争	行动前合作	结构化合作	关注价值和能力	自我管理的知识型员工	多种类型研发人员
研发过程	交流少	项目之间交流	目标化的研发/资产组合	反馈回路,信息存量	跨边界学习	无边界限制
管理核心	产品管理	项目管理	企业管理	客户管理	知识管理	平台管理
研发特点	技术推动,与公司其他业务和公司战略没什么联系,集中于科学突破	被视为一种商业活动,由市场拉动,具体实施层面受项目管理和内部消费者观念影响	研发是一种组合,而非单独的项目,与公司战略有联系,投资使用风险-价值评估等方法	研发是整体活动,从消费者身上学习,由跨功能的小组平行地执行	研发是一种网络活动,需要更广泛的、系统的合作,控制产品研发速度的能力是关键	研发是一种开放式平台,强调重大、突破性的研发成果,具有综合性、多元性和开放性等特征

资料来源:

[1] NOBELIUS D. Towards the sixth generation of R&D management[J]. International Journal of Project Management, 2004, 22(5): 369-375.

[2] ROGERS D M A. The challenge of fifth generation R&D[J]. Research technology management, 2006, 39(4): 33-41.

[3] 陈劲. 研究与开发管理[M]. 北京: 清华大学出版社, 2009.

1.2.3 数据赋能背景下的研发

当前,以数字化、网络化、智能化为特征的第四次工业革命在全球范围内蓬勃发展,数字技术与实体经济不断集成与融合,产业数字化应用潜能不断迸发与释放,新模式、新业态不断涌现,我们正处在一个伟大的数字经济时代的潮头。研究开发是企业增强市场竞争力的重要途径,也是企业增加利润的有效方式。数字技术的应用给企业的研发活动带来了巨大的变革。

在数字技术的赋能下,企业可以利用各种数字化的工具、软件等对产品进行数字化设计、分析、仿真、试验或验证。与传统的研发模式相比,数字技术在用户需求识别、产品设计效率、研发开展方式等方面赋予企业产品研发新的特征。利用数字技术能够实现研发过程的需求分析精准化、研发设计高效化和研发流程并行化。

1. 需求分析精准化

数字经济时代,消费者在线上线下购物时的大量数据可以通过软感知或硬感知的方式记录下来。在线上,随着互联网的普及,电子商务成为人们购买产品或服务的重要方式。消费者通过网络购买产品并表达自己对产品的看法,形成了大量的注册信息、浏览记录、搜索记录、购买记录和产品评论等数据。在线下,门店也可以利用数字技术来捕捉消费者在购物时的多样化数据,如年龄、性别、在产品前的驻留时间、产品体验偏好、产品购买记录等。

这些数据为消费者需求的挖掘提供了丰富的素材。通过观点抽取、情感分析、关联规范、分类、聚类等各种数据挖掘的方法对这些数据进行分析,企业既能获得消费者作为整体的群体行为特征,又能在个体层面上精准地刻画消费者行为,发现消费者对产品属性的要求和喜好,例如消费者在产品的视觉外观、交互操作、使用场景、功能效用等方面的偏好和需要,从而准确地把握消费者的产品需求。以此为基础,可以有针对性地进行产品设计。

具体而言,在人群维度,用户的个人特征,如性别、年龄、地域、职业、消费水平、偏好等数据可被用于各种分析并形成用户画像,为目标消费者的确定提供线索;在场景维度,从海量数据中提取出的各种场景,如产品使用的时间、时节、地点、相关活动等将为产品概念的设计提供重要思路;在功效维度,大数据挖掘出的消费者对产品的功能需求,将为产品功能的开发提供直接依据。与传统的产品概念开发模式相比,数据驱动的基于人群、场景和功效三个维度的产品概念开发更具有时效性和准确性。

2. 研究设计高效化

数字技术的使用给新产品的研发设计带来了巨大的变化。这表现在采用 CAD（Computer-Aided Design，计算机辅助设计）、CAPP（Computer Aided Process Planning，计算机辅助工艺设计）、CAE（Computer Aided Engineering，计算机辅助工程）、CAM（Computer-Aided Manufacturing，计算机辅助制造）、PDM（Product Data Management，产品数据管理）等数字技术能大幅提升产品设计的效率，缩短产品研发的周期。

传统的新产品研发一般需要经历需求识别、产品设计、工艺设计、产品试制、产品验证等多个环节。在传统的产品开发模式中，包括概念设计、详细设计在内的产品设计和工艺设计属于产品创新的先导阶段，产品验证则要在产品试制完成以后开始。通过物理世界中的装置设备对实物样品进行全方位试验测试，获取验证结果，并在此基础上形成产品的优化改进方案，进行下一轮迭代，这种跨度较长的"大循环"式迭代容易造成产品的开发周期长、开发成本高、开发风险大等问题。随着数字技术的发展和应用，基于虚拟世界的"模拟择优"方法逐步兴起，它颠覆了传统的"大循环"式产品开发模式。利用 CAD、CAPP、CAE、CAM、PDM 等数字技术，企业可以在虚拟世界中对产品进行数字化定义和描述，构建新产品在虚拟世界的几何模型，精确描述和定义新产品的形状、属性和结构等特征，形成虚拟产品。以构建的虚拟产品为基础，企业在产品设计阶段就可以开展大量仿真试验和虚拟验证，模拟检验产品在真实环境中的性能，例如邀请用户在虚拟世界对产品进行虚拟试驾、虚拟试装、虚拟操作等全方位体验，及时获取用户评价和反馈，根据仿真和验证结果调整产品参数或工艺参数，快速优化设计方案，将产品开发的关键问题和可能发生的错误集中在设计阶段解决，实现"设计—仿真—优化"的"小循环"式迭代。"小循环"式产品开发模式能大幅提高后期物理试验的通过率，切实降低产品开发成本，提高产品开发效率。

3. 研发流程并行化

制造业企业传统的产品研发模式是基于串行工程的模式。企业把产品开发过程细分成需求分析、产品设计、工艺设计、产品试制（加工装配）、产品验证等多个环节，见图 1-8。研发活动在各部门之间按顺序进行，每个研发活动完成后再转到下一个环节，这样的模式使各个环节难以对设计全局进行综合考虑，难以实现全局最优，容易造成研发设计流程长、效率低、成本高。

随着 CAD、CAPP、CAE、PDM 等数字技术和工具的使用，高度集成的数字化模型以及研发工艺仿真体系成为现实，传统上相互独立、按顺序进行的研发工作在时空上实现了交叉、重组和优化，一些原本在下游进行的开发工作也提前到上游进行，研发流程实现了从串行向并行的演进。

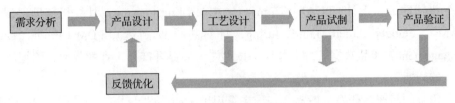

图 1-8　串行研发模式

资料来源：张振刚，罗泰晔.数据赋能 [M].北京：机械工业出版社，2022.

并行工程的概念由美国国家防御分析研究所于 1988 年提出，是以集成的、并行的方式设计产品及其相关过程（包括制造过程和支持过程）的系统方法。其目标是提高产品质量、降低产品成本、缩短产品开发周期和上市时间。并行设计是并行工程的核心内容，是设计及其相关过程并行化、一体化、系统化的工作模式。这种工作模式旨在使产品开发从一开始就考虑到产品全生命周期的各种因素，包括质量、成本、进度计划和用户需求等，在研发设计时就将下游环节的可靠性、技术性、生产性等作为约束条件，以减少甚至避免产品开发进行到后期才发现错误而返回上游环节进行修改的情况。到了今天，随着数据采集技术和设备的发展，以及基于互联网、云计算的高效协同平台的应用，并行设计的逻辑在多个领域得以实现，产品设计、工艺设计、装配设计、检验设计等传统上按顺序进行的活动在时间维度上出现交叉与重叠（见图 1-9）。各个设计环节并行进行，实现信息、知识的共享和上下游设计人员的协同，使得产品全局最优设计成为可能，也使得研发周期缩短、研发效率提高。

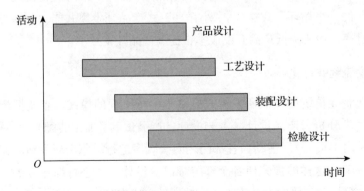

图 1-9　并行设计示意图

资料来源：张振刚，罗泰晔.数据赋能 [M].北京：机械工业出版社，2022.

1984年，我国有了第一家民营企业；张瑞敏成了一家濒临倒闭的青岛集体小厂的厂长，后来这家厂成了海尔；从华南理工大学毕业的李东生在一个简陋的农机仓库开辟了自己的工厂，与他人合作生产录音磁带，这就是日后赫赫有名的家电公司TCL。回顾我国企业近四十年的发展历程，从最初创业时的"稚嫩模仿"，到如今的"自主创新"，我国企业家的思维转变是显而易见的。事实上，被赋予了更深的内涵和更高的要求之后，创新注定成为支撑我国企业奋力突围的强大力量。

当我国把增强自主创新能力作为国家战略摆在经济和社会发展的突出位置之时，敏锐的中国企业家就开始把自主创新作为企业的诉求和努力的方向。如何走出一条有特色的自主创新之路，能否基于自主创新实现真正的飞跃，这不仅考验企业家的信心和耐心，更是企业之间展开的一场决策力和执行力的较量。

有人说，中国企业家不缺少创新精神，但创新精神与支撑企业持续发展的"制度化经营"和"核心竞争力"并不在一个层面上。前者是对资源、对机会与变化的把握，而后者是精心的战略安排与集约化的精耕细作，两者之间的结合并不是天然的，这两者之间往往冲突与交融并存。而在融合的基础上，寻找一条基于本土市场的创新途径，更是难上加难。

国内企业的创新面临着诸多难点。首先，与跨国公司相比，国内企业内部创新资源明显处于劣势，在研发投入强度上无法与跨国公司抗衡；其次，国内企业同样面对"封闭式创新"的破坏因素，如知识型员工越来越高的流动性和企业技术的外溢；再次，受传统体制惯性影响，技术资源过度集中在科研院所，在向企业流动的过程中仍面临不少阻力。

随着资源要素约束日益突出，全球竞争不断加剧，如何依靠创新驱动实现转型升级和新一轮的经济增长，已经成为我国产业结构调整和经济发展方式转变必须面对和解决的问题。而企业是技术创新的主体，如何利用好爆炸的知识信息，整合内外创新资源，实施技术创新工程，提升创新软实力和自主创新能力，便成为问题分析和解决的关键点。建立以企业技术中心、工程中心、工程实验室为主导的企业创新平台和数字创新平台，能够增强企业引进吸收再创新能力和集成创新能力。然而，关于企业创新平台的组建及发展，现有理论和实践并没有一个较为清晰且系统的建设框架可供参考。为此，本书深入企业实践，通过研讨会、结构性访谈和问卷调查等方式收集原始资料，跟踪和考察广东创新型企业创新平台的建设情况，不断比较不同企业创新平台的建设方案及规划，总结和归纳其中的共同建设特点，以期为广大创新型企业提供一套企业创新平台建设的综合分析框架。

1.3 企业创新平台

本书的主要目的是探讨创新型企业如何组建创新平台，那么，首先需要界定何为企业创新平台以及建设创新平台的意义。20世纪90年代中期以来，新技术革命的突破性发展引发了经济发展模式、经济结构、经济运行规则等的变化，这种变化被称作"新经济"。新经济建立在信息技术革命和制度创新的基础之上，具有低失业、低通胀、低财政赤字和高经济增长水平的特征，是各国努力追求的健康、快速、稳定发展的经济现象。随着新经济的发展，越来越多的企业将创新作为企业发展的核心推动力，在制定企业发展战略时更加注重自身技术创新能力的提升，并把设立专门的创新部门、构建创新平台、引进创新型人才等作为实现企业创新发展的重要举措，以此来增强自身的核心竞争力，谋求企业的持续创新发展。

1.3.1 创新平台的概念与类型

创新平台的概念源于美国西北大学教授迈耶（Meyer）等提出的"产品平台"和"技术平台"的概念。20世纪80年代，以迈耶为代表的学者先后提出了"产品平台"和"技术平台"的概念，指出"平台"实际上可以看成一系列"软""硬"要素的集合体[一]。1999年美国竞争力委员会在题为《走向全球：美国创新新形式》的研究报告中首次使用了"创新平台"一词，其主要是指创新基础设施及创新过程中不可或缺的要素的集合，如人才、促进产品和服务转化的法规、资本、使创新者能收回其投资的市场准入规则和知识产权保护等。

根据美国学者亨利·埃茨科维兹提出的三螺旋理论，企业、高校及科研院所、政府均在创新中扮演着重要角色，但三者在创新活动中发挥着不同的作用[二]。企业作为科技创新的主体，其创新功能主要体现为两点：一是企业进行研发投资，通过组织研发人员进行先进技术的研究，推动技术创新；二是企业进行先进技术的应用性投资，将高校和科研院所的研发结果应用于生产经营中。高校和科研院所可以为创新活动提供基础知识、应用知识和技术，推动企业技术成果的成熟。政府则可通过整体规划、政策导向、经费支持为创新活动提供有效的管理和服务。

按照依托主体的不同，本书将创新平台分为高校和科研院所科技创新平台、政府公共服务平台、企业创新平台。由于企业是创新的主体，本书主要围绕着企

一 MEYER M H, TERTZAKIAN P, UTTERBACK J.Meteics for managing product development within a product family context[J]. Management science, 1997, 43(1): 88-111.

二 埃茨科维兹.三螺旋创新模式 [M].陈劲, 译.北京: 清华大学出版社, 2016.

业创新平台的建设展开讲解，而只简单介绍其他两种创新平台。

1. 高校和科研院所科技创新平台

高校和科研院所科技创新平台将学科建设、人才培养与科技发展统一起来，是一种高度协调、全面广泛协作、实现人才和资源共享的创新载体，主要由国家计划下的重点基础研究基地、研发机构、成果转化基地以及高校或科研院所自建的研究平台、专业实验室等构成，包括依托高校或科研院所建设的国家实验室、国家重点实验室、国家工程实验室、国家工程技术研究中心、省部级工程技术研究中心、国家与部门野外观测台站、国家和部门质检中心等。例如，国家人体组织功能重建工程技术研究中心是我国科学技术部㊀批准的以华南理工大学为依托单位建设的国家级科技创新与工程技术转化平台，中心主要研究人体组织修复与再生的基础科学问题，开发人体组织功能重建共性关键技术，并通过医工研企合作推动研发成果的转化。截至 2021 年 12 月，国家人体组织功能重建工程技术研究中心共申请发明专利 674 项，授权 200 余项，部分成果已成功实现产业化㊁。

高校和科研院所科技创新平台具有如下特征：

一是资源丰富性。高校和科研院所是创新要素活跃的重要场所，以高校和科研院所为依托的创新平台汇聚了科技创新所需要的人才、知识、研发设施等资源，是科技创新资源的聚集地。在人才方面，高校和科研院所科技创新平台通常由专业化的人才以及前沿学术的研究人员组成，具有人才集聚的优势，具有较强的科研实力。在知识方面，高校和科研院所科技创新平台的建立往往依托自身的学科优势、发展特色等，面向国际前沿和国家重大需求开展基础研究与应用研究。在研发设施方面，高校和科研院所科技创新平台配有先进的实验仪器等科研设备，可以为各类研究课题打下坚实的物质基础。

二是开放性。随着经济的快速发展和高端科技的进步，产业结构优化升级步伐不断加快，区域经济一体化、集群化趋势不断增强，高校和科研院所科技创新平台已不再是单一的研究平台，而是产学研一体化的开放平台。高校和科研院所科技创新平台以其人才集聚、基础设施完备、科研资源丰富、学科齐全和信息畅通等优势与企业开展合作，为高新技术产品的开发、应用、转化等提供服务，使

㊀ 2023 年国务院机构改革方案指出重新组建科学技术部，科学技术部现有的多项管理职责和多个下属机构都将被分别划入农业农村部、国家发展和改革委员会、生态环境部、国家卫生健康委员会、工业和信息化部等行业或业务主管部门。这主要是为了解决过去长期存在的科技政策需求导向性薄弱、规划缺乏实际需求、行业需求和科技政策脱节，以及科技政策和科研经费匹配度不高等机制问题。

㊁ 国家人体组织功能重建工程技术研究中心官网，链接：http://www2.scut.edu.cn/nerc_trr/。

研发成果转化为现实生产力。

高校和科研院所科技创新平台的作用如下：

第一，为企业提供创新人才。高校和科研院所科技创新平台主要从两个方面为企业提供创新人才：一方面，直接为企业提供人才，高校和科研院所作为高新技术人才聚集地，可以通过与企业的合作，为企业的研发提供大批高层次创新型科技人才，推动企业的技术创新；另一方面，为企业培养人才，高校和科研院所具有良好的教学和科研环境，可以通过教育和培训，为企业的工程师和技术人员等创新人员提供支持，提升企业的研发水平。

第二，为企业研发提供基础知识、应用知识和技术。高校和科研院所科技创新平台将高科技人才汇集在一起，提高科技研发队伍的水平和聚集效应。同时，平台整合了大量高端技术基础研究设施，科学合理的管理体制以及层次各异、形式多样的课题研究项目。企业可以通过与高校和科研院所科技创新平台合作，发挥平台的人才、技术优势，推动科研成果的转化。

第三，推动地方经济发展。高校和科研院所科技创新平台是科技创新和技术升级的汇聚地，是推动技术提升及社会经济发展的重要动力。一方面，高校和科研院所科技创新平台帮助高校和科研院所等知识创新主体直接融入区域的发展，与当地企业密切合作，使知识在区域内重新组合，促进技术的扩散，从而提供更多的创新机会；另一方面，高校和科研院所科技创新平台通常是科研成果的重要孵化器和转化基地，可以促进企业与高校和科研机构的知识互相融合，不断转化最新的科技成果，向社会输送成熟的高新技术企业和能够产业化的科技成果，带动区域内高新技术企业的发展。

2. 政府公共服务平台

政府公共服务平台是由政府主导建立的非营利性创新平台，主要为企业用户和社会公众提供公共科技服务。政府公共服务平台是集科技信息化、科技资源共享、产学研合作协同创新、科技成果转化、技术转移等服务于一体的科技创新服务平台，主要包括综合科技公共服务平台和专业技术公共服务平台两种类型。综合科技公共服务平台主要提供研发设计、技术转移、检验检测、科技中介、专利服务、创新培训、科技文献信息及科学数据共享等服务，以提升创新主体的科技综合服务能力。例如，广东省科技创新监测研究中心是隶属于广东省科学技术厅的综合科技公共服务平台，主要承担全省科技综合业务的技术支撑与监测分析工作，开展科技数据资源整合与运行监测研究、产业技术创新动态监测研究以及科技宣传、舆情监测分析等工作。专业技术公共服务平台主要提供共性技术研发、设计、检测、技术咨询等专业技术服务，以提升企业创新能力和科技支撑能力。广东产品质量监督检验研究院是广东省市场监督管理局（广东省知识产权局）下属的专门从事产品质量检验和认证的创新平台，可以提供电器产品、机械产品、电线电缆产品、工业机器人等各类工业产品的检验检测服务、质量认证服务、质量鉴定服务和技术标准制定、产品缺陷风险评估等其他技术服务。

政府公共服务平台具有如下特征[1]：

一是公益性。政府公共服务通常是有导向扶持性质的，具有一定的公益性。大部分政府公共服务平台是政府支持建设，或是政府联动高校、科研院所和企业共同建设而成的，政府给予平台资金支持和政策优惠。平台的主要目的不在于盈利，而在于帮助和扶持企业的发展，填补一些民间资本不愿意进入的高风险、高投入、低回报行业领域的空缺。

二是共享性。共享性指的是政府公共服务平台在建成后会被参与的主体使用，平台的资源具有共享性。政府公共服务平台是一个由各类具有非线性作用的资源整合而成的有机系统，并不是资源的简单结合。政府公共服务平台的顺利开放，离不开平台与外部环境、平台与资源要素、要素与环境以及各类资源之间的相互交融，也离不开各个领域的研究成果、研究信息以及人才的交流。各方面的创新成果能够灵活地游走于平台的信息交流过程中，这是单要素系统远远做不到的。

三是先进性。政府公共服务平台本身技术、设备的水平要保持在行业的领先位置，才能有效地为企业提供高水平的创新支持服务，才能引领企业进行技术升级。处于初创期的企业大多实力有限，不具备先进的技术检测手段、研发设备等，对技术发展趋势、市场变化的把握也存在较大的局限性。政府公共服务平台提供的先进技术手段和研发设备能很好地降低企业的研发成本，引导企业紧跟技术发展的前沿。

政府公共服务平台对企业创新有如下作用：

第一，降低企业的研发成本。政府公共服务平台是由政府建设的，往往配有高价值通用大型仪器设备，或者召集各企业将大型仪器设备入网共享和建设有共性需求的科技基础设施等，实现资源优化配置和高效利用，降低企业的创新研发成本。同时，政府公共服务平台配有专业技术服务人员，能够提供专业技术服务和咨询，集中解决中小企业在创新研发中共性的技术难题，让企业在研发中省时省力，将更多的资金和精力投入到个性化创新等增值服务中。

---

[1] 张丹. 科技公共服务平台建设与服务创新研究：以 SIBMC 公共服务平台为例 [D]. 苏州：苏州大学，2016.

第二，推动惠企政策精准匹配。政府公共服务平台中的咨询服务能建立起企业与相关科学技术部门的良好联系，使企业更加了解科技发展政策的动向，由此制定出符合政策导向的创新战略，为企业的技术创新指明方向。例如，2020年广州市政务服务数据管理局推出的"穗好办"公共服务平台，运用大数据算法，将企业信息和政策信息进行自动匹配计算适合的资金额度，主动精准推送政策信息，实现惠企政策服务向精细化、智能化、个性化转变，并能让用户实现快速检索、按需订阅、及时获取政策清单和资金扶持项目匹配报告，助力企业享受优惠政策"一键直达"，真正打通惠企政策落地"最后一公里"。

3. 企业创新平台

企业创新平台是企业进行基础研究、产品开发、成果转化等一系列创新活动的空间或场所（包括物理或虚拟），通过一定的机制引导或促成企业内部不同部门间、企业与外部不同对象间的合作，达到创新效果的最大化。企业创新平台的本质是连接多方创新主体形成的研发创新组织形态。企业通常以市场为导向，通过创新平台组织研究人员直接进行先进技术的研究，并将其成果及时应用到生产、经营、管理领域中，以转化为现实的生产力与社会财富。企业创新平台是提高企业核心竞争力的重要渠道，创新平台的知识供给可促进企业创新能力提升，创新平台的服务供给能显著提高企业创新绩效[①]。因此，企业创新平台是本书关注的重点，本书接下来讨论的综合性创新平台、业务性创新平台、功能性创新平台都属于企业创新平台的范畴。

企业创新平台的作用如下：

第一，提升企业自主创新能力。企业处于市场经济第一线，有着得天独厚的优势。企业长期处于竞争潮头，了解市场需求，能够贴近生产一线确立科研方向。企业依托内部创新平台，有利于加快提升自主创新能力，培育产业新优势，占领产业发展制高点，在一些优势领域实现核心和关键技术的突破，推进产业技术进步和升级。

企业能把产学研结合作为企业创新平台的重要基础，吸引创新要素向创新平台集聚，围绕产业聚集和产业链拓展，充分利用高等院校、科研院所、境外科技资源等外部创新资源，探索产业创新联盟新模式，多层次推进产学研合作。企业还可以利用创新平台"筑巢引凤"，不断完善有利于调动科技人员积极性和创造性的人才激励机制，优化人才成长环境，加快培养、引进和造就高层次创新型人才，重点凝聚一批行业领军的技术英才，把企业创新平台建设成为开展技术创新的人才高地。

---

① 郑烨，杨若愚，张顺翔. 公共服务供给、资源获取与中小企业创新绩效的关系研究[J]. 研究与发展管理，2018，30（4）：105-117.

第二，整合科技创新资源。企业创新平台建设是企业充分应用网络等现代技术，进行战略定位和系统优化，促进科技资源高效配置和综合利用的有效方式。企业创新平台突出科技资源的有效整合，使有限的人力、财力和设备集中用于企业的科技攻关，可以最大限度地发挥现有创新要素的作用，从而不断改善企业创新创业环境，优化创新资源配置，降低企业创新创业的成本与风险，提升技术装备研究开发和产业化的能力，提高科技创新资源的使用效率。

　　第三，调动员工的创新积极性。企业创新平台并不是由单一部门组成的，而是包含多个部门和大批员工。企业创新平台可以通过激励制度，调动员工的创新积极性，还可以在企业内部进行创新知识的扩散和传播，促进企业各个机构之间的知识交流，这样既能让企业的创新轨道不至于偏离，保证创新质量，还能带动企业内部的知识创新，找到创新的新途径，让知识创新的效应增强，实现知识溢出的效果。

　　创新型企业是国民经济发展的关键力量，在关系国民经济命脉的主要行业和关键领域占据重要地位。企业创新平台的建设，既有助于统筹优化企业内部资源，汇聚企业内部创新力量，又有助于企业实现对外部创新要素的最大程度整合，是推动企业创新发展行稳致远的重要抓手，也是企业实现自主创新的关键举措。在全球新一轮科技革命持续发展以及我国现代化建设不断推进的历史交汇点上，企业必须乘势而上，积极构建企业创新平台，为高质量发展打下基础。基于此，本书以企业创新平台为重点，提出建设企业创新平台的理念、活动和支撑三大系统，为企业创新平台建设提供理论指导和方法论构建，推动企业建设高水平的创新平台，实现高效聚集创新资源、持续催生创新动能的目标。

1.3.2　企业建设创新平台的意义

1. 符合国家战略的需要

　　党的十八大以来，创新在我国经济社会建设中的作用愈加凸显。2012年11月，党的十八大报告提出，实施创新驱动发展战略。2015年10月，党的十八届五中全会提出了"创新、协调、绿色、开放、共享"的五大发展理念，将创新放在了首位。2017年10月，党的十九大报告提出，创新是引领发展的第一动力，是建设现代化经济体系的战略支撑。2020年10月，党的十九届五中全会提出，坚持创新在我国现代化建设全局中的核心地位。2022年10月，党的二十大报告将"实现高水平科技自立自强，进入创新型国家前列"纳入2035年我国发展的总体目标，并指出，必须坚持创新是第一动力，深入实施创新驱动发展战略，开辟发展新领域新赛道，不断塑造发展新动能新优势。

随着资源要素约束日益突出，自然资源不断枯竭、生产要素成本大幅攀升，经济传统增长动力源泉日渐式微，如何依靠创新驱动实现转型升级和新一轮的经济增长，已然成为我国产业结构调整与经济发展方式转变必须面对和解决的问题。企业作为国家技术创新体系的主体，其微观战略行为直接作用于国家产业结构和产业体系所呈现出来的宏观特征，因此企业的转型与升级是推动我国经济结构战略性调整，实现经济发展方式转变的关键环节。加强创新型企业建设，用创新驱动企业发展，不断提升企业的自主创新能力和可持续发展能力，是当前形势下实现企业转型升级的重中之重。

实现企业的创新驱动发展的传统手段或措施主要包括增加企业研发投入、购买先进技术装备、引入创新科研团队和人才等。这些传统措施在短期内迅速提升企业创新能力，推动企业一定程度上的创新发展方面发挥了巨大作用，但也存在一些不足。例如：过度依赖国外先进技术；核心技术受制于人；自主创新能力不足，尤其是持续创新能力不足；创新科研团队和人才缺乏良好的创新平台和氛围；工作开展受到掣肘等。因此，推动创新型企业建设，实现企业转型升级，要求企业充分整合内外部创新资源，加强创新发展战略的顶层设计与规划，在具备一定软件和硬件条件的基础上，适时组建和发展企业创新平台。企业通过战略系统、活动系统和支撑系统的建设及一系列相关配套举措，组建和发展企业创新平台，并以创新平台为企业创新发展的重要载体，推动企业创新驱动发展，从而为企业创新发展搭建一个良好平台，大幅提升企业自主创新能力和持续创新能力，在促进企业转型升级的同时为加快转变经济发展方式和建设创新型国家做出积极贡献。

2. 符合区域经济发展的需要

企业创新平台，是促进企业发展的创新环境，也是集聚企业创新资源、吸引创新人才有效的组织形态和空间形态，能在一定范围内发挥创新示范作用和新技术带动功能。

以粤港澳大湾区发展和广东省企业创新平台建设为例，2019年2月，中共中央、国务院发布《粤港澳大湾区发展规划纲要》，明确提出要将粤港澳大湾区打造成具有全球影响力的国际科技创新中心，瞄准世界科技和产业发展前沿，加强创新平台建设，大力发展新技术、新产业、新业态、新模式，加快形成以创新为主要动力和支撑的经济体系。2019年9月，广东省第十三届人民代表大会常务委员会第十四次会议修订通过《广东省自主创新促进条例》，支持企业、高等学校和科学技术研究开发机构共建产学研技术创新联盟、科技创新基地或者博士工作站、博士后科研工作站等创新平台，引导人才、资金、技术、信息等要素向企业集聚，推进产学研深度融合，促进产业转型升级。

建设企业创新平台是广东省提升创新型企业软实力的重要举措之一。早在2009年，为深入贯彻落实《珠江三角洲地区改革发展规划纲要（2008—2020年）》关于"培育一批创新能力强、经济效益好的创新型企业"的重要精神，广东省科学技术厅决定组织开展广东省创新型企业院线提升计划。该项目支持内容主要包括两部分：引导支持创新型企业组建研究开发院和引导创新型企业制定实施创新路线图，申报企业在突出对企业创新体系建设的系统谋划、加强创新发展战略顶层设计与规划、明确创新发展的总体思路、形成覆盖企业实施技术创新工程全过程的系统解决方案的基础上，组建企业研究开发院，保持企业创新优势，提升创新软实力和自主创新能力（见图1-10）。

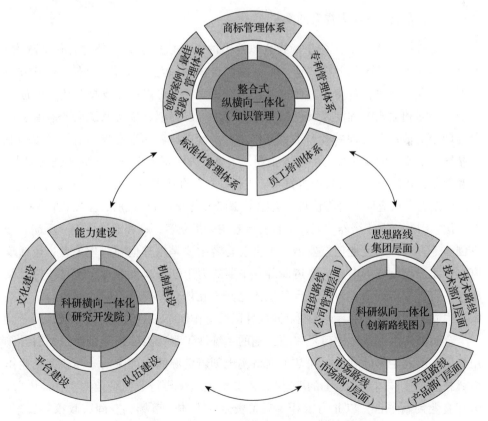

图1-10　广东省创新型企业院线提升计划示意图

广东省创新型企业院线提升计划，有效推动了省内创新型企业积极整合创新资源，制定创新发展战略，组建及发展企业创新平台，探索企业创新路线图的制定与实施，大幅提升企业创新软实力和自主创新能力，使创新型企业发展成为拥有自主知识产权核心技术、具有较强国际竞争力的龙头创新型企业，示范和带动全省更多科技型企业发展成长为创新型企业，为广东省加快转变经济发展方式和建设创新型广东做出了积极贡献。

华南理工大学广州数字创新研究中心多年来一直致力于企业创新管理研究，在广东省创新型企业院线提升计划的实施下，已在前期出版了两部学术成果：《创新管理：企业创新路线图》《创新平台：企业研究开发院的构建》。这两本书分别系统地探讨了企业制定创新路线图、建设研究开发院的理论框架和方法工具。《企业创新平台：理论与实操》在前期两本著作的基础上，重新进行修订，以期为企业建设创新平台提供方法论的指导，为帮助我国更多创新型企业有效推动创新贡献力量。

3. 符合企业竞争实力提升的需要

开放式创新背景下，企业持续竞争能力的提升依赖于其与外部合作的程度。而全面创新生态系统是开放式研发模式的综合体现，是指创新型企业、第三方创新者、顾客、其他利益相关者通过相互合作建立一个可以相互支持与协作的创新系统。根据利益相关程度以及创新贡献程度，可以将创新生态系统内的所有主体分为四个部分：平台领导者、平台合作者、平台支持者和平台参与者。其中，平台领导者主要为创新系统内的领导企业，主要致力于资源整合、全球化创新搜索、标准制定、利益协调、创新报告发布等工作；平台合作者主要是第三方创新者，包括产业链上的供应商、合作伙伴、竞争对手以及高校/科研院所，主要提供资源互补、信息沟通与人才培养功能；平台支持者主要指顾客，顾客通过体验、反馈、分享创新等方式推动企业创新发展；平台参与者主要是指其他利益相关者，包括政府、产业组织、技术中介、渠道商等，主要致力于创新政策引导、项目扶持以及服务平台支撑，见图1-11。平台各主体之间相互依存、具有不同的地位与从属关系，构成了具有系统性、层次性、开放性以及合作性特征的创新生态系统。

全面创新生态系统构建是一项长期的系统性工程，需要领导企业发挥引导作用，协调不同主体的利益，并基于网络实现创新资源的合理流动。创新型企业作为科技型企业群体"皇冠上的明珠"，需要承担起领导行业内企业的责任。因此，组建企业创新平台，以此为依托，集聚资金、人才、市场、空间、政策等要素，丰富企业创新思想、汇聚创新资源、辐射创新成果的能力，对于带动整个创新生态系统的持续、快速发展具有重要的意义。

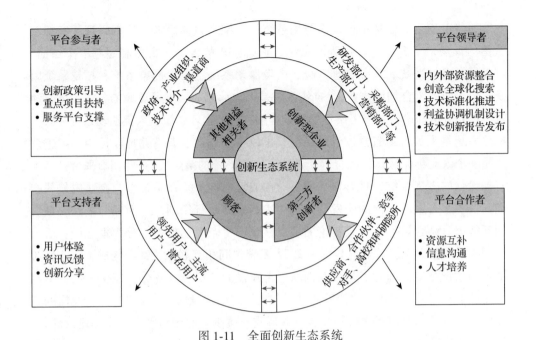

图 1-11　全面创新生态系统

1.3.3　创新平台建设的三大系统

所有组织的人类活动，从研发一款新的手机到制作一枚登月火箭，都有两个基本且相互对立的要求：一是要把这个活动拆分成不同的任务；二是要将各项任务协调整合起来，以便实现最终的目标。研发活动更是如此，其分工更为细致，各项活动对技能的要求更加复杂，并且能参与这项活动的都是高层次人才，其个性更加鲜明，如何将这些聪明人聚集在一起有效工作，是企业研发组织管理者需要考虑的重要问题。纵观那些国际知名高科技企业的发展历程，如通用电气、施乐、杜邦、微软、英特尔、AT&T 等，在它们发展到一定规模时，都会设立企业创新平台，整合企业内外部的创新资源，实现新一轮的创新增长。

就目前我国创新型企业发展情况来看，其规模还不足以支持其最高形态的研发组织单纯地从事研究（重点是基础研究）工作。然而，不搞基础研究，只做应用开发，就不可能创造机会、引导消费，长期来看企业也很难获得持续发展。事实上，一个富有成效的研发组织，其研发活动应该是基础研究、应用研究和开发研究三者的结合，而不仅仅是其中一项或两项。因此，企业创新平台的组建，应该是研究与开发并重的。

如何组建企业创新平台，需要用系统的思维来整体思考。根据管理学家切克兰德的观点，宇宙是进化过程的结果，它所包含的人工、自然和超越三个层面，可以通过自然系统、人工物理系统、人类活动系统、人工抽象系统和超越系统以及它们之间的组合加以描述⊖。自然系统是进化形成的、不可还原的整体，可以通过一系列方法和途径加以考察、描述和理解；人工物理系统、人类活动系统和人工抽象系统是人类行为有意设计的结果，可以不断创造、调整并加以运用；超越系统是一个人类仍无法认知的世界，超越了知识系统的范畴⊖。企业创新平台是一个有意设计的人工系统，具有很强的目的性或意向性，旨在系统整合企业内外部的创新资源，打造多层次的研发队伍，构建有效的运行机制，进而提升企业的自主创新能力。结合切克兰德系统论的观点，我们将企业创新平台分为理念层、活动层和支撑层三大系统（见图1-12）。三大系统之间相互联系，共同构成了企业创新平台的建设框架。理念层是企业创新平台建设的顶层设计部分，在企业创新平台的建设中起到引领作用，决定着活动层与支撑层的建设内容；活动层是理念层的具体体现，也是企业创新平台的具体表现形式，属于企业创新平台的实体建设部分，活动层的建设离不开支撑层的保障；支撑层是保障活动层中各类企业创新平台协调运行、发挥员工最大创造性的基础，属于企业创新平台的底层建设部分。

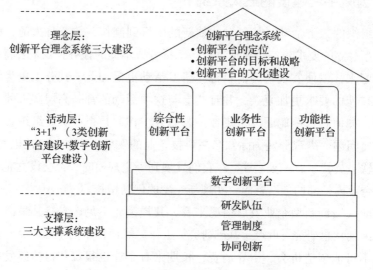

图1-12　企业创新平台的三大系统模型

⊖ CHECKLAND P. Systems thinking, systems practice[M]. New York: J. Wiley, 1981.
⊖ 张振刚，陈志明，余传鹏. 企业创新路线图：理论基础与概念框架[J]. 管理学报，2014，11（12）：1826-1833.

理念层是指企业创新平台在对发展的主客观条件及环境进行系统分析的基础上，明确自身定位，全面规划、部署和统筹研发要素资源而制定的企业创新平台的发展目标和战略，以及相应的文化建设。理念层属于企业创新平台建设的顶层设计内容，核心内容包括创新平台的定位、创新平台的目标和战略以及创新平台的文化建设三个方面。

活动层是指企业创新平台的人员、团队和部门，在一定的环境和条件下，按照特定的组织方式和程序开展工作，协同完成个别个体、团队和部门不能单独完成的各种活动的单元集合。活动层主要包含企业各类创新平台的建设。根据企业创新平台的定位以及相应承担的主要任务的不同，企业创新平台可以分为综合性创新平台、业务性创新平台、功能性创新平台三大类。其中，综合性创新平台是业务性创新平台与功能性创新平台的整合与提升，功能性创新平台为业务性创新平台提供服务。随着"云物大智链+5G"等新一代信息技术的发展，数据成为比肩土地、劳动力、资本、技术的第五大生产要素。在这样的新时代下，企业进行数字创新平台的建设能够更好地为企业创新活动服务。

支撑层是指为保障企业创新平台各项活动顺利开展的人、财、物以及为促进各要素间协调运转的体制机制的集合。具体而言，支撑层包括研发队伍、管理制度、协同创新三个方面。

第 2 章

企业创新平台理念系统

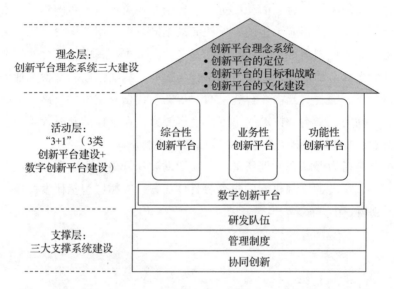

企业创新平台的理念系统主要从企业创新平台的定位、目标和战略、文化建设三方面介绍创新平台应如何进行顶层设计,为活动层、支撑层提供方向指引。

广汽研究院的理念系统建设

广汽研究院成立于2006年,作为广汽集团的技术管理部门和研发中心,是广汽集团直接投资、管理,并在授权范围内相对独立运营的分公司和战略事业部,负责广汽自主品牌新产品、新技术的规划和重大研发工作具体实施。

广汽研究院坚持"135"发展战略(见图2-1)。"1"是指以广汽研究院为核心,形成研发核心能力及装备国内领先、国际先进的1个研发体系,打造拥有约

4000人规模、掌握整车与关键零部件核心技术的一支强大研发人才队伍,持续强化基于G-CPMA(Cross Platform Modular Architecture,跨平台模块化架构)的一整套核心技术。"3"是指全面形成年均开发全新车型、改款常规车型和新能源车型各3款车型的能力;实现对低碳化、智联化、轻量化"三化"等关键技术的深度掌握。"5"即打造覆盖5个以上车型级别的完整G-CPMA架构、构建5个动力总成平台(G、GS、柴油机共3个发动机平台,MT/WDCT变速器平台,新能源动力平台),支撑广汽集团"大自主"汽车产销规模目标的实现。

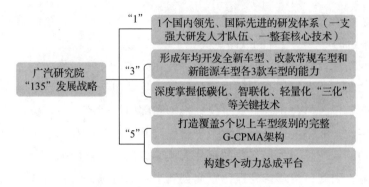

图2-1　广汽研究院"135"发展战略

广汽研究院的文化理念体系包含企业愿景、发展目标、企业理念、院训、研发理念、运营方针和文化口号七方面的内容。其中,企业愿景为"成为客户信赖、员工幸福、社会期待的世界一流企业,为人类美好移动生活持续创造价值";发展目标为"建设'国内领先、国际先进'的汽车研发机构";企业理念为"人为本、信为道、创为先";院训为"务实、敬业、开放、创新";研发理念为"正向开发、整合创新、文化引领";运营方针为"尊重人性,崇尚沟通;诚信合作,开放共享;创新驱动,务实高效";文化口号为"创无止境、心有未来"。广汽研究院注重提升企业文化软实力,用文化战略培育品牌,培养人才,不断驱动集团发展。

作为国内较早在智能网联领域探索实践的汽车研发机构,在战略和理念的驱动下,广汽研究院已打造出国内领先的智能驾驶生态圈。以广汽研究院为枢纽的广汽集团技术中心2011年获批成为"海外高层次人才创新创业基地",2012年晋升为国家认定企业技术中心,2013年获批设立"博士后科研工作站",2014年获批设立广东省"院士工作站",2020年获批成为"国家引才引智示范基地"。此外,广汽构建了以广汽研究院为核心,以广汽硅谷研发中心、广汽底特律研发中心、广汽洛杉矶前瞻设计中心、广汽上海前瞻设计工作室为支撑的广汽全球研发网,打造了24小时"日不落"研发体系。

资料来源:根据广汽研究院官方网站及2021年10月18日课题组前往广汽埃安调研收集资料整理。

从广汽研究院建设与驱动集团发展的案例可以看出，创新平台承担了企业的技术研发和产品开发功能，能通过设定平台独特的战略和文化，为企业提供可持续发展的动力，引领企业朝着更多样化的方向发展。下面将介绍企业创新平台理念系统的三大建设，分析如何帮助企业更好地发挥创新平台的功能和效益。

2.1 什么是企业创新平台理念系统

理念系统属于企业创新平台建设的顶层设计内容。理念系统的核心内容主要包括创新平台的定位、目标和战略、文化建设三个方面内容。

企业创新平台的定位主要回答的是平台在技术研发和产品开发过程中应该扮演什么样的角色、发挥什么样的作用的问题，具体包括企业创新平台在整个公司层面的战略定位，与公司各下属单位、机构和部门之间的关系定位以及自身所具备的功能定位。战略定位是企业创新平台确定其关系定位和功能定位的依据，关系定位和功能定位是对战略定位的深化解读，也是企业创新平台明确其战略定位的重要保障。因此，本章首先探讨企业创新平台的定位，然后对如何制定创新平台的目标和战略、如何建设创新平台的文化进行详细阐述。

迈克尔·波特认为，好的战略始于正确的目标。公司设定发展方向的任务包括确定战略愿景和使命、设定目标、制定战略。企业创新平台的目标是管理者基于行业当前的经济状况、竞争状况和公司内部能力而做出的对平台绩效的期望。表达清晰的目标应该是具体的、可量化的、有挑战性的，必须包含实现目标的期限，能将平台的愿景和使命转化为具体的绩效目标。目标既包括反映财务绩效的财务目标，又包括与公司市场地位和竞争地位相关的战略目标。战略可以分为公司层战略、业务层战略、职能层战略和运营层战略，企业创新平台的战略通常处于职能层或业务层，是实现目标的手段。明确创新目标和战略，对于引领企业创新平台的发展方向至关重要，理想的情况是团队共同努力，其中每个业务单元都为实现公司绩效目标和战略愿景做出贡献。在一致性目标的规范下，每个业务单元都知道它们的战略角色，齐心协力帮助平台迈向所选择的战略方向，并实现预期结果[⊖]。

文化是一个有着丰富含义的词汇，它既可以用来评价一个人的知识、修养，也可以用来表示不同国家或地区不同历史发展进程中的社会习俗和礼仪。《辞海》

⊖ 汤普森，彼得拉夫，甘布尔，等.战略管理：概念与案例 原书第21版[M].于晓宇，王家宝，等译.北京：机械工业出版社，2020.

对"文化"一词的解释是：从广义上说，文化指人类社会的生存方式以及建立在此基础上的价值体系，是人类在社会历史发展过程中所创造的物质财富和精神财富的总和。从狭义上说，文化指人类的精神生产能力和精神创造成果，包括自然科学、社会科学、社会意识形态。

"企业文化"一词来自英文"Corporate Culture"，是20世纪80年代美国学者分析、总结、归纳日本企业快速发展原因后提出的概念。狄尔（Deal）和肯尼迪（Kennedy）[1]将企业文化划分为5个关键组成部分：企业环境、价值观、英雄人物、仪式与礼仪和文化网络。霍夫斯泰德（Hofstede）[2]认为企业文化就是企业组织在经济活动中创造形成并赖以遵守的价值观念、规章制度、行为准则以及固有习惯。埃德加·沙因（Edgar Schein）[3]认为，企业文化由行为准则（物质形态层次）、价值观原则和基本假设构成。一系列西方企业文化书籍引入我国后，引发了我国企业相继学习、模仿的热潮。历经多年探索，作为"舶来品"的企业文化在企业建设中不断发展完善，成为企业管理实践的重要组成部分。对于企业文化，有两种不同的界定：广义上，企业文化是企业全体人员的文化素质和文化行为，包含企业文化建设中的制度、规范、设施等要素；狭义上，企业文化是企业长期形成的一套价值观、规范和战略，是一种精神力量，它约束员工的日常行为，使其产生凝聚力，进而影响管理实践[4]。

结合已有的企业文化定义，本书认为创新文化是一个组织对待创新的意愿和开放程度，是组织文化在创新方面的体现，是有利于开展创新活动的一种氛围，是科技活动中产生的与整体价值准则相关的群体创新精神及其表现形式的总和。企业创新平台在进行文化建设时主要从精神、制度、行为、物质四个层面展开[5]，见图2-2。

在构筑企业创新平台时：

- 需要明确企业的创新愿景、使命是什么，企业所追求的创新精神及价值观是什么样的；

---

[1] DEAL T E, KENNEDY A A. Corporate cultures: the rites and rituals of organizational life[M]. Reading, Mass: Addison-Wesley Pub. Co., 1982.

[2] HOFSTEDE G, NEUIJEN B, OHAYV D D, et al. Measuring organizational cultures: a qualitative and quantitative study across twenty cases[J]. Administrative science quarterly, 1900, 35(2): 286-316.

[3] SCHEIN E H. Organizational culture and leadership[M]. San Francisco: Jossey-Bass, 2010.

[4] 刘刚，殷建瓴，刘静. 中国企业文化70年：实践发展与理论构建[J]. 经济管理，2019，41（10）：194-208.

[5] 林立强. 民营企业家的宗教信仰与企业文化建设[J]. 经济管理，2010，32（3）：86-91.

- 秉承处处讲创新、时时想创新、人人要创新的创新型目标，在内部逐渐形成适合公司发展的创新理念，并不断增强员工的思想意识；
- 营造宽松的创新氛围，在塑造创新型文化过程中，企业要尊重知识、鼓励创新，采取有效措施促进员工交流与沟通，使人们认识到在交流与沟通的过程中，交互学习比个人学习能取得更好的效果；
- 设计科学合理的制度，在创建创新型文化的过程中，对员工的创新成果进行奖励，同时也要容忍失败，勇于承担创新风险；
- 鼓励知识转移和共享，使创新成为员工的一种习惯性行为，提高员工参与创新创造的成就感；
- 在公司内部广泛地设立创新标识，这样不仅能体现企业形象与文化，同时能潜移默化地影响员工日常的创新行为。

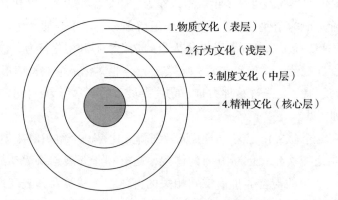

图 2-2　企业创新平台文化建设层次示意图

2.2　企业创新平台的定位

2.2.1　战略定位

企业创新平台的战略定位是平台在企业或集团内承担的角色，通过创新活动为企业提供价值，为整个公司提供技术创新和产品研发的设计和架构。企业创新平台立足公司的顶层战略需求和整体发展高度，制定符合平台发展趋势的战略目标，并以战略目标为出发点，制定服务于企业的创新战略定位。例如，广州瑞松智能科技股份有限公司在"推动智能技术产业发展"的企业使命下，打造了"一院三部"的产业发展布局①。其中,"一院"是以智能技术研究院为核心的基础科研平台,以机器人和智能技术的研发为主导,通过高精尖技术的研发和引进、智能制造系统的研发与推广,致力于突破以数字化、信息化、网络化技术为主要发展方向的智能制造领先技术。"三部"则包括机器人自动化事业部、机器人焊接事业部和汽车装备事业部。其产业布局中的"一院"就是公司的创新平台,为企业提供智能装备行业的研发创新服务。

具体而言,企业创新平台的战略目标一般包括技术和管理两个层面。在技术层面,整合各组织机构或下属企业的技术创新成果,在企业或集团内部实现有效共享;弥补企业或集团在前瞻性技术研发、基础/共性/关键技术研发上的不足;整合国外国内智力资源,获得关键技术自主知识产权的突破,加快技术研发的步伐,降低成本与风险。在管理层面,成为企业高端技术人才、产业分析人才的聚合地;引入先进的研发管理思想和方法,结合实践促进研发人员和各级管理层提高管理水平;通过有效的市场分析和产品/技术规划手段,为管理层提供决策依据和建议。通过达成以上目标,企业创新平台可以帮助企业提高创新能力,为企业跨越式提升提供技术保障。

以企业创新平台的战略目标为出发点,其战略定位如下:通过构建创新平台的空间或场所(包括物理的或虚拟的),打造公司创新体系的基础平台,最终形成技术创新管理中心、产业规划中心、技术资源整合中心、技术研发中心、产品开发中心、人才聚合中心六大中心,各中心职能相互依赖、相互配合。

第一,技术创新管理中心是企业或集团知识产权、技术成果在各部门或各下属企业间传递和共享的纽带。企业各部门或各下属企业将各自的自主知识产权进行归纳、整合,在公司或集团内部进行共享;对企业各部门或集团各下属企业的研发投入产出数据进行收集、整理、分析,以供高层决策;对企业各部门或集团各下属企业年度自主创新成果、能力等进行数据评价,作为高管进行绩效考核的关键参考等。

第二,产业规划中心是企业或集团产业深化、产业调整、产业聚合的重要决策支持中心。通过引入先进的市场管理和产品/技术规划方法,组织相关产业板块或下属企业对产业走向、产业竞争态势、相关资源等进行综合评价,向公司管理高层提出关于产业进入、产业退出、产业深化的建议。

第三,技术资源整合中心的主要功能在于整合企业内外部技术资源,收集产

---

① 2021年11月23日下午,张振刚教授带领团队前往广州瑞松智能科技股份有限公司调研,现场获得资料。

业发展趋势和技术动态,组建掌握前瞻性技术、基础/共性/关键技术的开发团队。创新平台作为企业或集团技术资源整合的主导者,将高校教授、科研院所专家、企业内部专家、外部实验设备和仪器等聚合到一起,突破相关技术难题,同时了解各部门或下属企业需要、追踪技术发展趋势、发现关键外部资源、进行资金预算和投放管理、沟通协调各种资源,并将技术资源整合的成果纳入技术创新管理之中。

第四,技术研发中心是企业创新平台较长远的建设目标。在成功打造技术创新管理中心、技术资源整合中心、产业规划中心时,创新平台就初步具备了成为技术研发中心的条件。此后,企业可以在创新平台内部形成以共性/基础技术研发为主的研究室和以产业板块专业技术研发为主的专业研究室,关注国家级和省部级科技计划项目、重点领域研发计划、揭榜制重大科技项目等,成立专门的项目小组,并基于资源最佳配置原则,招募必要的专业技术人才,成立跨地域的实体研发机构和实验室。

第五,产品开发中心是企业创新平台的重要应用功能,可以使公司的技术创新落实到具体场景中。平台需要结合公司实际情况规范和优化产品开发流程,提高开发效率,保证各个部门之间有效协作,确保产品数据作为公司的技术资产有效地保留和传承。同时,平台需要提供资料开发和翻译服务,为产品开发和市场推广提供有效支持,负责产品认证工作[1]。

第六,人才聚合中心是企业创新平台的一项基本职能。从成立起,创新平台就承担着这一重要职能,在成立早期阶段主要吸纳知识产权管理、产品管理、项目管理等方面的专业人才,在较成熟阶段主要吸纳专业技术人才、行业带头人等。

2.2.2 关系定位

从关系定位来看,企业创新平台是公司各下属单位、机构和部门具体开展各种技术创新活动的指导者和推动者。它基于公司各方生产实践和商业运营的具体创新要求,形成一系列各具特色、相对完整且行之有效的创新问题解决方案,并引导和推动公司各下属单位、机构和部门将这些方案导入商业实践中,从而实现创新成果的产业化和生产力的提升。创新研发活动不是一个人或一个部门的简单工作,它需要各领域专家的共同协作,需要处理好研发组织与业务部、市场部等其他部门的关系,也需要处理好与公司以外的相关个人或团体的关系。

---

[1] 任彭枞. 产品开发管理方法·流程·工具 [M]. 北京:中华工商联合出版社,2018.

具体而言，企业创新平台的关系定位主要包括两个方面的内容：

一是与企业内部市场、生产、销售、产品等职能部门的关系定位，涉及产品需求调研、新产品开发、创新成果的产业化、产品改进。只有需求、创意、技术彼此互动，才能形成一个丰富多彩的环境，也只有在这样的环境中，全新的创意才有可能出现。企业创新平台要时刻关注自己的工作是否实用——技术是否可以产业化、产品是否有市场、研发是否考虑潜在市场用户的需求，时刻考虑什么样的产品是适销对路的、符合客户潜在需求的，这需要处理好与市场调研部门以及销售部门的关系，督促它们实时监控市场动向并提供相关信息。此外，为了将核心技术转化为产品，研究人员必须保持与产品部门的交流，必须随时将最新的技术进展通知产品部门，而产品部门会根据客户的需求和产品的发展规划，考虑是否要在产品中引入新技术。在这一交流过程中，研究人员通常会使用展示或演示的方式来介绍新技术，产品部门则会从需求和产品特性出发，对研究人员提出要求或给出反馈意见。从提出设想开始，到开发出示例代码并完成测试用的样品，再到创新平台人员和产品部门对该产品的可用性达成共识的一系列活动，构成了早期的产品开发过程。

二是与公众的关系定位，涉及公司信誉、研发支持。和其他研究机构一样，企业创新平台要时刻保持与公众的关系，注意通过各种渠道与政府、媒体、学术界、教育机构建立密切的联系，并将公司在技术战略、产品研发上的想法及时公之于众。良好的公共关系不但可以帮助企业创新平台顺利地开展工作，也可以在战略层面上帮助公司赢得广泛的支持。

中国科学院西安光学精密机械研究所（简称西光所）借鉴近年来在企业界快速兴起的平台型组织结构，构建以硬科技项目投资与服务为核心的科技成果转化平台，并围绕创业孵化过程构建了"研究机构+天使基金+孵化器+创新培训"的创新生态体系，真正实现了产学研深度融合，形成了独具特色的"西光模式"。十几年前，时任所长赵卫创新、大胆地提出："想要建设国际一流的科研机构，就必须打破内外的双重'围墙'，构建开放的研究平台。"基于此，西光所主要举措有：首先，营造"鼓励创新、宽容失败"的良好氛围，鼓励所内科研人员创造科研成果；其次，鼓励外部创新创业团队借助所内资源开展研发和创业活动，扩大"西光所的人"的概念，凡是能以西光所平台资源为国家做出贡献的人都一视同仁。此时，西光所内部部门间围绕创新紧密联系，技术、创新、需求相互互动，形成了良好的创新环境。

随着改革实践进程的深入和孵化创业活动复杂性的增加，西光所由自身单一平台演化为多平台协同作用的生态系统，西科控股、天使基金和中科创星孵化器等模块从属于主控模块西光所，共同开展衍生创业活动，如中科创星孵化器作为西光所投资与孵化的抓手，被赋予了评估判断项目价值和提供创业培训等增值服务的权力和使命，但本质上内外创业项目还需要经过西光所的分析、审议和监管，西光所是风险的最终承担者。此举是对投融资和成果转化进行一定的控制，规避由于"步子迈得太大"带来的损失和合法性风险。在信息流通方面，西光所将成果信息传递给下级组织，经由专家人员对其市场价值进行调研分析，再将信息反馈回平台核心，作为决策者的参考依据。同时，西光所作为主体成立硬科技大会，依靠多平台协同打造西安科技创新品牌，与外部的西科控股、天使基金和中科创星孵化器各平台模块在衍生创业和科技成果转化活动中呈现出共商、碰撞、交融的合作关系，完善了技术创新的交流机制[⊖]。

2.2.3 功能定位

从功能定位来看，企业创新平台是公司进行技术创新和产品开发的活动系统，其中，技术创新活动包含基础研究、技术开发、工程化、产业化、商业化等环节，产品开发活动包含产品创意、产品概念选择、项目定义、产品设计与开发、市场投放等环节。企业创新平台是公司技术创新的集成者和发起者，也是产品开发的执行者，有着"策源"中心、"汇聚"中心和"辐射"中心的功能。"策源"主要体现了企业创新平台的知识创造功能，"汇聚"主要体现了企业创新平台的人才、资金和知识汇聚功能，"辐射"主要体现了企业创新平台的知识传播和应用功能。这三者的有机结合，从知识管理视角体现了技术创新和产品开发从概念产生到商业化与产业化的整个过程，见图2-3。

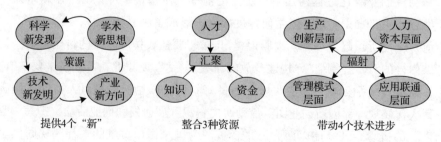

图 2-3 企业创新平台的功能定位

⊖ 王进富，黄涛，张颖颖，等. 平台型组织视角下科研院所衍生创业机制研究：基于扎根理论的单案例探索 [J]. 科技管理研究，2021（19）：105-113.

1. "策源"中心

创新是提升企业核心竞争力的原动力，企业创新平台作为公司创新的"策源"中心体现了一家企业所具备的原创能力，具体体现在为公司技术创新提供学术新思想、科学新发现、技术新发明和产业新方向等。

在提供学术新思想方面，企业借助创新平台上已有的知识成果，通过分析和总结不断产出新的学术思想，对企业研发活动进行理论指导；在提供科学新发现方面，企业创新平台在内部搭建的知识学习和交流的平台能让企业员工通过思想的交流和碰撞产生新的火花；在提供技术新发明方面，企业创新平台紧盯世界前沿技术的发展，学习前沿的核心技术并应用于企业基础研究上，进而培养企业的核心竞争力；在提供产业新方向方面，企业创新平台能够把握市场发展动向，及时调整企业的市场应对策略，有效规避市场风险。企业创新平台依据自身研发经验，紧盯全球技术前沿，进行自主创新研发活动，形成以专利、软件著作权等为代表的知识成果产出和创新研发后带来的营业收入等经济成果产出。这些产出成果反过来又带动企业创新研发水平的提高。企业创新平台既产出科技新成果，又引领企业的创新道路，使企业的创新综合实力得以提高，因此被称为企业创新的"策源"中心。

2. "汇聚"中心

企业创新平台是公司创新的"汇聚"中心，其功能主要体现为汇聚人才、汇聚知识和汇聚资金等三个方面，企业创新平台为资源的集聚和整合提供了空间。

在汇聚人才方面，企业创新平台营造了良好的创新环境，搭建了完善的创新制度，构建了便捷沟通的桥梁，能够吸引人才在企业创新平台上充分发挥自己的创新能力。创新平台提供了广阔交流学习的机会，人才只有在不断的聚合中才能碰撞出思维的火花，产生的火花正是创新的伊始、力量的源泉。搭建企业创新平台有助于员工更敏锐地捕捉到创新机会，更有能力开展创新活动。与此同时，企业应增加对员工创新教育的投入，将员工自身的知识及员工从外部吸收的知识成功应用于企业创新过程中，有效降低企业创新成本，提升企业创新成功的可能性。

在汇聚知识方面，企业创新平台具有较强的知识整合能力。知识整合是指组织为提升知识能力、实现技术创新而对拥有的知识进行甄别、解码、融合与重构的过程。企业创新平台通过组织学习和网络关系可以获取更多信息和知识，不仅能为组织处理非常规的复杂问题，提供丰富的知识资源，加速创意的产生，还能在组织内部营造竞争氛围，将知识转化为创新机会，进而将创新机会转化为现实。

在汇聚资金方面，企业创新平台具有提供资金聚集和"精准匹配"的能力。企业研究开发等各项活动的落地，资金保障是基础。同时，资金也是人才激励和创新激励的重要内容。在多个研发项目同时运行的企业中，创新平台还需要对不同项目的需求进行汇总、评估和分配，实现资金和需求之间的"精准匹配"，并运用外部政策性金融支持工具以相对较低的成本解决资金期限错配的问题。

3. "辐射"中心

企业创新平台是公司创新的"辐射"中心，主要体现为企业创新平台具有知识传播和应用功能，即掌握了核心技术后充分发挥其影响力。

企业创新平台既能带动本产业的创新，也能带动相关产业的创新。首先，企业作为产业环境的一个微观组织，企业发展的好坏、技术能力的强弱直接影响着产业的竞争优势、国家的产业政策等，一个技术领先企业能够推动本行业的技术水平前进发展。其次，通过产业间的渗透性以及关联带动作用，企业创新平台能使某一个产业的领先技术带动相关产业的发展。企业创新平台通过产出和传播先进的技术对整个行业产生辐射作用，带动以下四个层面的技术进步：

第一，生产创新层面的技术进步。技术进步对行业生产规模有正向促进作用，即在利用新技术生产产品时可以有效扩大生产规模，提高行业内企业的劳动生产率，促进行业内其他企业发展。

第二，人力资本层面的技术进步。企业创新平台的人力资源不断进行学习积累、推动技术进步的正面效应的循环，为提升行业企业的核心竞争力提供知识准备和创新基础。

第三，管理模式层面的技术进步。在生产管理方面进行严格化、正外部效应管理，不仅能在生产流程中的各个子流程上进行严格的管控，还能保证对外部环境的正外部效应。

第四，应用联通层面的技术进步。当多个行业的创新进行交叉融合时，能够创造出满足大众需求、引导市场导向的创新型产品。企业创新平台通过多学科、跨领域的交叉融合，在交叉中创新，在融合中突破，使其产品满足市场大众的新型需求，迅速占领市场。

要充分发挥公司技术创新的辐射作用，实际上需要企业创新平台通过核心技术的研发对公司的战略部署和产品规划施加影响，主要的做法包括：一是理解公司的业务以及技术方面的规划，企业创新平台的核心人员最好能够参与公司发展规划的制定，这样企业创新平台与公司之间沟通起来就会比较容易；二是企业创新平台的研发人员要善于与他人交流自己的观点和战略构思，尽量争取公司内各部门的支持，包括人员、时间、资金等；三是企业创新平台的研发人员应当时刻关注自己的工作是否实用，是否可以在适当的时候成功转化为产品；四是企业创新平台应当建立一种行之有效的、能将研究成果迅速转化为产品的机制。其中，最重要的因素就是要通过各种沟通方式，争取公司其他部门对自己研究方向的认可。如果公司其他部门不熟悉或不认同企业创新平台的研究方向，那么企业创新平台的研究成果就很难转化为实用的技术和产品。

2.3 企业创新平台的目标和战略

2.3.1 制定目标和战略的方法

目标与战略的制定，不仅受到外部环境中机会和威胁的影响，还受到企业内部资源、能力的影响。因此，企业创新平台的目标与战略需要在内外部环境分析的基础上制定，见图 2-4。其中，外部环境可通过 STEEP 模型和波特五力模型进行分析，内部环境可以采用波特价值链模型来分析，再通过 SWOT 分析工具归纳总结企业开展创新活动的优势和劣势以及其面临的机会和威胁。企业创新平台的创新战略应当能充分借助其内部的资源或能力优势，从而利用外部机会化解危机，以保证创新活动能为企业带来最大化价值和可持续的竞争优势。

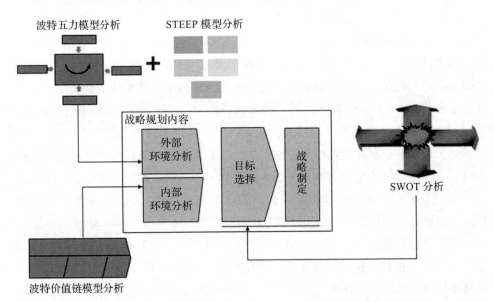

图 2-4 企业创新平台目标与战略制定

1. 外部环境分析

外部环境分析回答的是"我们可以做什么"的问题。企业创新平台的建设，应充分考虑企业所处的外部环境，分析环境变化与发展的趋势，明确客观条件允许做什么，再结合企业和平台自身的资源与能力，以此确定发展方向与战略选择。常用的外部环境分析工具主要包括STEEP模型分析和波特五力模型分析。

（1）STEEP模型分析。STEEP模型是战略管理领域常用的宏观环境分析工具，是指通过对企业所处的社会（Social）环境、技术（Technological）环境、经济（Economic）环境、生态（Ecological）环境和政治法律（Political-Legal）环境五个方面的分析，判断企业所处的大环境，从这些环境的发展变化来预见和判断市场发展带给企业的机会和威胁，为企业制定进一步的战略发展提供有力的依据。

社会环境因素分析。社会环境是企业所处区域的社会结构、人口规模、地理分布、社会风俗、价值观念、生活方式、文化传统等因素的形成与变动情况。社会环境因素不仅影响着社会对产品或劳务的需求，也制约着企业在创新目标中的选择与实践。人口因素，包括年龄结构、人口规模和密度、职业构成、家庭结构、教育水平等，是决定人才市场规模的重要因素。例如，我国人口结构趋于老龄化，青壮年劳动力供应相对紧张，对企业劳动力的及时补充具有不利影响，2013年，我国15~64岁的劳动年龄人口达到峰值10.1亿，而2021年这一数据下降到了9.65亿。劳动力的减少预示着我国人口红利开始逐步消失，企业必须更多地依赖技术进步以获得持续发展的动力。

技术环境因素分析。技术环境是企业所处环境的科技要素及与之相关的各种社会现象的集合，包括目前社会技术总水平及技术变化趋势，技术变迁，技术突破以及技术与政治、经济、社会环境之间的相互作用等。技术变革是一把双刃剑，在为企业提供机遇的同时，也对企业构成威胁。一方面，新技术的出现使社会和新兴行业对本行业产品的需求增加，从而可以推动企业开拓新的生产市场，同时技术进步促使企业利用新的生产方法、生产工艺或新材料等提高产品质量、性能、提高生产效率，减少生产成本；另一方面，有一些技术变革使某些行业面临挑战，例如智能手机的出现直接让键盘手机产业处于消失边缘。某一企业的产品性能、质量、价格方面的优化，在一定程度上也对其竞争企业造成不利影响。

经济环境因素分析。经济环境是指构成企业生产和发展的社会经济状况及国家经济政策，包括一国的经济制度、产业布局、资源状况、经济发展水平及未来经济走势等。经济环境是一个动态系统，对不同行业的影响强度有所不同，例如，钢铁业、汽车业、装备业、地产业等与经济的景气密切相关，而食品、酒类、服装等受经济周期变动的影响就相对较小。一国或地区的利率、汇率、通货膨胀、失业率、居民可支配收入等经济环境要素对于企业创新发展具有重要影响。贷款利率的提高增加了企业的融资成本；出口国货币的升值，提高了进口企业的成本，但是降低了出口企业的产品竞争力；通货膨胀率反映了国家物价总水平的提高程度，将影响政府的货币政策和利率。另外，居民可支配收入增多，居民购买力就会增强，他们对企业高档产品的消费能力也会有所提高。

生态环境因素分析。企业在开展各项活动时要考虑其对生态系统的影响。传统工业由于过分强调工业的专业化、区域化，过分追求规模经济效益，最终导致各地产业结构趋同、产业布局集中，造成当地生态环境系统超载，资源过度开采和浪费严重，工业废弃物大量、集中排放，环境污染严重。中国经济网的统计数据显示，我国以占世界9%的耕地、6%的水资源、4%的森林、1.8%的石油、0.7%的天然气、不足9%的铁矿石、不足5%的铜矿和不足2%的铝土矿，养活着世界22%的人口；大多数矿产资源人均占有量不到世界平均水平的一半，我国的煤、油、天然气人均资源占有量只及世界人均水平的55%、11%和4%。我国在世界上最大的比较优势是人口众多，最大的劣势是资源不足。因此，以资源驱动发展的模式难以为继，企业的发展必须综合考虑生态环境因素的影响。

生态产业强调系统的开放性和相对封闭性，不仅要经常引进和吸收周围环境的先进技术、人才、新材料、新能源等，而且系统内的人流、物流、价值流和能量流应该在整个工业生态系统中按照多种工艺路线合理流动，以互联的方式进行物质和能量转换。企业开展技术创新活动，要从生态系统的承载能力出发，依据加环增值、增效或减耗和生产链延长增值原理，运用现代化的工业技术、信息技术和经济措施优化配置组合，建立一个物质和能量多层利用、良性循环且转化效率高、经济效益与生态效益双赢的工业链网结构，从而实现可持续发展。

政治法律环境因素分析。不同国家或地区的政策法规环境常常制约并影响着企业的经营行为，它包含的内容涉及社会结构、政治结构、政府政策与倾向，以及对企业经营活动具有约束作用的各种法律法规。分析企业的政治法律环境因素，需要重点关注产业政策、税收政策、补贴政策和国家及地方的各类法律规范。例如，2022年8月5日，我国科学技术部、财政部联合制定了《企业技术创新能力提升行动方案（2022—2023年）》，提出建立企业常态化参与国家科技创新决策的机制，制定国家鼓励企业研发的重点领域指导目录，引导企业围绕国家需求开展技术创新，支持企业前瞻布局基础前沿研究。广东省科技厅从2018年8月起启动实施重点领域研发计划，已启动新一代通信与网络，新一代人工智能，激光与增材制造，脑科学与类脑研究，现代种业和精准农业，量子科学与工程，新能源，芯片、软件和计算，重大科学仪器设备等领域重大及重点专项。相关国家和省级重点产业和领域处于优先发展的地位，能给企业带来更多的发展机遇和增长机会，享受税收和补贴的支持，吸引更多企业进入，使得产业链更加完备。此外，《中华人民共和国公司法》《中华人民共和国民法典》等所包含的与企业密切相关的协议和条款，也都引导、规范着企业的各种生产经营行为。

（2）波特五力模型分析。分析了企业所处的宏观环境后，还需要进一步对企业所处的行业环境进行分析，以了解企业所处的行业发展状态、竞争态势、获利情况、与上下游行业的关系等。迈克尔·波特教授提出的行业结构分析模型，即波特五力模型，是行业环境分析的常用工具。"五力"是指行业现有竞争者竞争的激烈程度、供应商的议价能力、购买者的议价能力、替代品的威胁、新进入者的威胁，这五大竞争驱动力共同决定了行业的竞争格局，见图2-5。

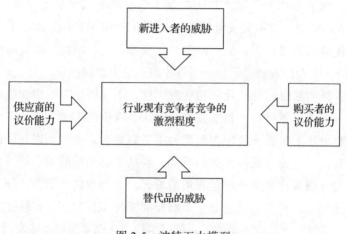

图 2-5　波特五力模型

第一，行业现有竞争者竞争的激烈程度分析。大部分行业中的企业，相互之间的利益都是紧密联系在一起的。企业都希望自己拥有不同于对手的优势，因而在经营中就必然会产生冲突，这些冲突与对抗构成了现有企业之间的竞争。现有企业之间的竞争常常表现在价格、广告、产品介绍、售后服务等方面，其竞争强度与许多因素有关。通常，出现下述情况就意味着行业中现有企业之间竞争的加剧：

- 行业进入障碍较低，势均力敌的竞争对手较多，竞争参与者范围广泛；
- 市场趋于成熟，产品需求增长缓慢；

- 竞争者企图采用降价等手段促销；
- 竞争者提供几乎相同的产品或服务，用户转换成本很低；
- 行业外部实力强大的公司在接收了行业中实力薄弱的企业后，发起进攻性行动，结果使得刚被接收的企业成为市场的主要竞争者；
- 退出障碍较高，即退出竞争要比继续参与竞争代价更大，在这里，退出障碍主要受经济、战略、感情以及社会政治关系等因素的影响，具体包括资产的专用性、退出的固定费用、战略上的相互牵制、情绪上的难以接受、政府和社会的各种限制等。

行业竞争的加剧无疑大大增加了企业创新的压力。例如，中国传统的服装业是劳动密集型产业，自 2011 年以来，人工成本的上涨使服装业的成本优势逐渐丧失，很多纺织服装订单开始流向低成本的东南亚国家。另外，传统的服装生产具有长周期、高消耗和高库存的特点。为了适应激烈的行业竞争以及摆脱传统服装行业的困境，青岛酷特智能股份有限公司（原红领集团，以下简称酷特智能）创造性地实践了 C2M（Customer-to-Manufacturer，用户直连制造）商业模式，构建了顾客直接面对生产者的个性化定制平台"酷特智能"，旗下的服饰品牌红领 REDCOLLAR 采用数据建模和标准化信息采集的方式，将顾客分散的、个性化的需求，转变为生产数据，创新打版和量体方式，使得 C 端（客户端）需求通过产业互联网平台直达 M 端（工厂端）。为提高效率、降低成本并满足顾客个性化需求，酷特智能在完成信息采集后，将顾客的订单信息进行模块化分解，保证复杂的订单信息能在标准化的流水线上传递并实现运作。一方面，酷特智能将成衣过程合理拆解为可具体执行的工序；另一方面，酷特智能通过严密的算法，测算出大批量个性化生产环节应该安排的合理工作量、每道工序的工作时间等，以保证每一道工序相互衔接，避免造成产能浪费。今天，酷特智能建立起板型、款式、工艺、BOM 四大数据库，拥有达到百万万亿量级的数据，可以满足 99.99% 的人体个性化定制需求，能够通过定制交互系统在 7 秒内完成对人体 19 个部位 22 项尺寸数据的自动采集，实现"一人一款""一人一板""在线量体"和"7 个工作日成衣"，帮助消费者个性化设计他们所喜欢的衬衣和西服款式，并且在 7 天内发送到客户手中。

第二，供应商的议价能力分析。供应商主要通过提高投入要素价格与降低单位价值质量来影响行业中现有企业的盈利能力与产品竞争力。供应商力量的强弱主要取决于他们提供给买主的是什么样的投入要素，当供应商提供的投入要素的价值占买主产品总成本的比例较大、对买主产品生产过程非常重要或者严重影响买主产品的质量时，供应商对于买主的潜在讨价还价能力就大大增强。通常，满足如下条件的供应商会具有比较强的讨价还价能力：

- 供应商行业容易被一些具有比较稳固市场地位的企业所控制，这些供应商企业所生产产品的买主很多，且受到市场激烈竞争的困扰很小，以至于每一单个买主都不可能成为供应商的重要客户；
- 不同供应商企业的产品各具特色，以至于买主难以转换或转换成本太高，或者很难找到可与供应商企业产品相竞争的替代品；
- 供应商能够方便地实行前向联合或一体化，而买主难以进行后向联合或一体化。

企业与供应商之间的关系并不只是单纯的议价关系，与供应商形成合作或组建联盟可以大幅提升企业的创新能力。美国的波音、克莱斯勒，日本的丰田公司等著名跨国公司都在全球范围内与其供应商进行合作创新，不断提高企业的创新能力和水平。

第三，购买者的议价能力分析。 购买者主要通过压低产品价格与要求提供较高的产品或服务质量，来影响行业中现有企业的盈利能力。通常，满足如下条件的购买者可能具有较强的讨价还价能力：

- 购买者的总数较少，但每个购买者的购买量较大，占了卖方销售量的很大比例；
- 卖方行业由大量规模相对较小的企业所组成；
- 购买者所购买的基本上是一种标准化产品，同时从多个卖主处购买产品在经济上也完全可行；
- 购买者有能力实现后向一体化，而卖主不可能实现前向一体化，购买者的议价能力强也会促进现有企业创新能力的提升。

以广汽集团旗下的广汽埃安为例，近年来，广汽埃安在新能源汽车市场的行业头部效应逐步显现。2022年8月26日，广汽埃安A轮引战增资项目在广州产权交易所正式挂牌，预计增资后估值超千亿元。然而，广汽董事长在世界动力电池大会上无奈表示，当前动力电池的成本太高，已经占到了新能源汽车总成本的40%、50%，甚至60%，且还在不断上涨，并自嘲道："那我现在不是给宁德时代打工吗？"在传统燃油车时代，汽车是围绕着主机厂以制造业的形态来发展的，因此在价值链中，整车企业处于核心位置，拥有很高的话语权。如今，随着电动化、智能化和网联化浪潮的兴起，涌现出一系列传统整车企业原本并不掌握却又是汽车产品所必需的新核心技术，这些技术必须依赖于相关供应商提供。例如，华为和宁德时代现在都属于新能源汽车产业中比较重要且资源比较紧缺的供给方，这就导致了整车企业面对供应商时议价能力的下降。

第四，替代品的威胁分析。两个处于同行业或不同行业中的企业，可能会由于能够生产替代性产品而产生竞争，这种源自替代品的竞争会以各种形式影响行业中现有企业的竞争战略。通常，替代品价格越低、质量越好、用户转换成本越低，其能产生的竞争压力就越强，而这种来自替代品生产者的竞争压力的强度，可以通过考察替代品销售增长率、替代品厂家生产能力与盈利扩张情况来加以具体描述。

以移动互联终端产品为例，在这一市场上功能融合成为一种发展趋势。笔记本电脑做得越来越轻薄以迎合便携性的要求，而手机、平板电脑等移动终端的智能化程度则越来越高，以满足使用者接入互联网和移动办公的要求，这种融合也带来了替代的可能性。在这一趋势下，主要为智能手机和平板电脑开发芯片架构的安谋国际科技股份有限公司与英特尔公司成为竞争对手，这促进了芯片行业针对移动、节能、轻便、智能、稳定等要求的新一轮创新竞争。

第五，新进入者的威胁分析。新进入者在给行业带来新生产能力、新资源的同时，都希望能在已被瓜分完毕的市场中赢得一席之地，这就有可能与现有企业发生原材料与市场份额的竞争，最终导致行业中现有企业盈利水平降低，甚至可能危及这些企业的生存。新进入者威胁的严重程度取决于两方面的因素：进入新领域的障碍大小与预期现有企业对于进入者的反应情况。

进入新领域的障碍主要包括规模经济、产品差异、资本需要、转换成本、销售渠道开拓、政府行为与政策（如国家综合平衡统一建设的石化企业）、不受规模支配的成本劣势（如商业秘密、产供销关系、学习与经验曲线效应等）、自然资源（如冶金业对矿产的拥有）、地理环境（如造船厂只能建在海滨城市）等，其中有些障碍是很难借助复制或仿造的方式来突破的。

预期现有企业对进入者的反应情况，主要是指采取报复行动的可能性大小，这取决于有关厂商的财力情况、报复记录、固定资产规模、行业增长速度等。强大的新进入者毫无疑问会促进现有企业提升创新能力。以苹果公司为例，苹果公司在 2007 年推出 iPhone 手机并进入手机市场，其颠覆性的功能与操作设计以及全新的 App Store 运营模式给传统的手机企业以巨大的打击。为了更好地应对竞争，手机巨头诺基亚也开发出触摸屏手机，并与微软形成战略联盟，以基于 Windows 操作系统开发的最新的智能手机来巩固自己的市场地位。

总之，上述五种基本竞争力量的状况及其综合强度决定行业的竞争激烈程度和企业获取利润的潜力。五种力量的强弱会随时间、产业状况、宏观环境的变化而改变，因而管理者应通过波特五力模型分析，认清这些竞争力量的变化如何给企业带来新的机会或威胁，从而做出适当的战略调整。

2. 内部环境分析

一个企业之所以能在市场竞争中立足和发展壮大，是因为这个企业有其超过别人的、与众不同的地方，这个不一般的地方就是企业的核心能力。如可口可乐公司，其核心能力就是其秘密配方和品牌，微软公司的核心能力是其卓越的软件开发能力。1985年，哈佛商学院波特教授在《竞争优势》一书中提出了价值链的概念。他指出，企业的价值创造是通过一系列活动构成的，这些活动可分为基本活动和辅助活动两类，基本活动包括内部后勤、生产作业、外部后勤、市场销售、售后服务等；辅助活动则包括采购、技术开发、人力资源管理和企业基础设施建设等（见图2-6）。基本活动前后衔接，构成企业价值链的主要来源；辅助活动为基本活动提供支持以保证其顺利进行。利润来自生产出的产品和所提供的服务。这些互不相同但又相互关联的生产经营活动，构成了一个创造价值的动态过程，即价值链。

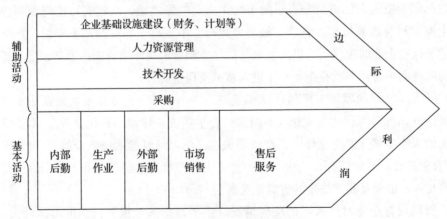

图 2-6　波特价值链模型

运用价值链进行资源分析指的是从企业的内部条件出发，将企业经营过程的价值创造、成本构成结合起来，充分挖掘企业所具备的创新资源。价值链分析的核心是将企业的所有资源、价值活动与战略目标紧密联系起来，以价值增值为目的，形成价值链体系。它能有效帮助企业决策者挖掘企业特有的创新资源，识别企业的竞争优势。

3. SWOT 分析

基于对企业创新资源和能力的分析,结合外部环境给企业带来的机会和威胁,企业还需要对自身的优劣势以及所面临的机会和威胁进行全面总结,以推动企业更好地发挥自身优势,克服潜在威胁,转化现有劣势,把握发展机会。SWOT 分析法是一种结构化的、系统性很强的企业战略分析方法,能够基于企业内外部环境分析结果进行关联、总结和提炼,找出企业的优势(Strength)、劣势(Weakness)、机会(Opportunity)、威胁(Threat)以及核心竞争力所在(见图 2-7)。

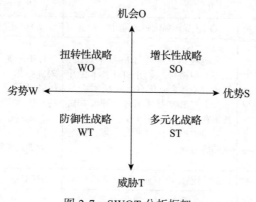

图 2-7　SWOT 分析框架

这种核心竞争力来源于企业"能够做的"(即组织的强项和弱项)和"可能做的"(即环境的机会和威胁)之间的组合战略。企业进行 SWOT 分析,主要包括三个步骤。

一是分析影响企业创新发展的内外部因素,可直接利用企业外部和内部创新环境的分析结果。

二是构造 SWOT 矩阵。将调查得出的各种因素根据轻重缓急或影响程度进行排序,构造 SWOT 矩阵。在这个过程中,将那些对企业发展有直接的、重要的、迫切的、久远的影响因素优先排列,而将那些间接的、次要的、不紧急的、短暂的影响因素排在后面。

三是制订行动计划。在完成环境因素分析和构造 SWOT 矩阵后,便可制订相应的行动计划,基本思路是:发挥优势因素,克服劣势因素,利用机会因素,化解威胁因素。在基本思路的引导下,运用系统分析方法,将企业的优势、劣势与机会、威胁相互匹配,形成企业未来发展的 SO 战略、WO 战略、ST 战略、WT 战略。表 2-1 以某大型施工企业 BIM(Building Information Model,建筑信息模型)技术实施发展为例,给出了基于 SWOT 的组合战略。

表 2-1　某大型施工企业 BIM 技术 SWOT 分析矩阵

外部因素		内部因素	
		优势（S）	劣势（W）
		1. 大型施工企业可借助 BIM 技术提高竞争力 2. 大型施工企业资金相对充裕，可以保证 BIM 技术的投入 3. BIM 技术给大型企业带来的效益更突出	1. 大型施工企业规模大，管理层级多，推广新技术难度大 2. 未找到正确的 BIM 技术发展模式 3. BIM 技术不易于嵌套在成熟的项目管理体系中 4. 企业管理层对 BIM 技术缺乏正确认识 5. 缺乏 BIM 技术专业人才
机会（O）	1. 国家和地方政府出台的 BIM 相关政策激励 2. BIM 技术的市场需求巨大 3. BIM 技术日趋成熟完善 4. 掌握 BIM 技术的专业人才数量呈逐年上升趋势	SO（依靠内部优势，利用外部机会） 1. 响应国家推行 BIM 技术政策，承揽大型项目，应用 BIM 技术提升管理效率和企业核心竞争力 2. 引进 BIM 技术人才，开展 BIM 技术在本企业应用的相关科研项目 3. 抢占国内 BIM 项目市场，创企业品牌效应	WO（利用外部机会，克服内部劣势） 1. 统一施工企业内部中高层对 BIM 技术的认识，带领管理层参观 BIM 项目，加大 BIM 技术在企业的宣传力度 2. 制定适合本企业 BIM 技术发展的模式 3. 加大对 BIM 技术人才的引进力度
威胁（T）	1. 缺乏 BIM 技术相关法律 2. 缺乏 BIM 技术集成化应用 3. 新承发包环境对 BIM 技术的影响	ST（依靠内部优势，回避外部威胁） 1. 从示范性 BIM 项目中学习如何规避 BIM 技术的法律风险 2. 依靠企业自身 BIM 团队或专业 BIM 咨询公司，构建企业 BIM 技术集成应用平台，应对新承发包环境的挑战	WT（减少内部劣势，回避外部威胁） 1. 制定符合企业 BIM 技术现状的 BIM 技术发展模式 2. 选派本企业员工学习 BIM 技术，培育 BIM 人才

资料来源：祝连波，李鑫，黄一雷. 我国大型施工企业 BIM 技术发展模式研究：基于 SWOT 分析 [J]. 建筑经济，2018，39（6）：78-82.

2.3.2　创新目标制定

1. 创新平台的目标体系

企业创新平台的目标回答了如何实现平台愿景和使命的问题。企业创新平台的目标体系应该包括能力目标、过程目标和产出目标。

能力目标又分为：

- 平台建设目标：企业创新平台在未来一定年限内需要组建多少个各种级别的平台，包括综合性创新平台、业务性创新平台、功能性创新平台等。

- 队伍建设目标：企业创新平台的研发人员在未来一定年限内需要达到什么样的规模，其职称结构、年龄结构、学历结构如何。
- 制度建设目标：企业创新平台在未来一定年限内需要完善哪些方面的制度，包括科研管理制度、人事管理制度、财务管理制度等。

过程目标又分为：

- 孵化项目目标：企业创新平台未来一定年限内要承担多少国家级、省部级、市区级科研项目，企业内部要孵化多少技术研发、产品开发项目。
- 重点领域突破目标：企业创新平台未来一定年限内要重点在哪些核心技术、关键技术领域进行重点突破。

产出目标又分为：

- 专利目标：企业创新平台在未来一定年限内要申请多少项发明专利、实用新型专利、外观专利、版权等。
- 标准参与/制定目标：企业创新平台未来一定年限内要参与或制定多少国际标准、国家标准、行业标准等。
- 新产品开发目标：企业创新平台未来一定年限内要开发多少新产品。
- 项目效益目标：企业创新平台所开发的新产品能给企业带来多大的直接、间接经济效益。

2. 企业创新平台目标制定的原则

目标管理由管理学大师德鲁克提出，首先出现于他 1954 年出版的《管理实践》一书中。根据德鲁克的说法，管理人员一定要避免"活动陷阱"，不能只顾低头拉车，而不抬头看路，最终忘了自己的主要目标。制定目标看似是一件简单的事情，每个人都有过制定目标的经历，但是如果上升到技术的层面，经理就必须学习并掌握 SMART 原则。

（1）目标必须是具体的（Specific）。具体性是指使用明确的措辞来清晰地定义所需达到的行为标准。拥有明确的目标几乎是所有成功团队的共同特点。其中一个导致很多团队不成功的重要原因之一是目标的模糊设定，或者未能有效地将目标传达给相关成员。例如，一些企业在平台建设立项申请时，往往在验收目标设定时避重就轻，目标模糊。例如，"取得一批研发成果"这种对目标的描述就很不明确，因为取得一批研发成果，可以从很多方面体现：发明专利申请量过去年均

5个，建设后达到年均8个；企业技术中心现在是市级，通过建设，建成省级企业技术中心；承担省级重大产学研合作研究项目，过去没有，今后两年内争取实现零的突破等。这些都是具体的可考核的指标。因此，目标设置要有明确的项目、衡量标准、达成措施、完成期限以及资源要求，使考核人能够清晰地看到部门或科室计划要做哪些事情，计划完成到什么样的程度。

（2）目标必须是可以衡量的（Measurable）。可衡量性要求目标必须具体可测，例如，设定一组明确的数据，用作评估目标是否已经达成的依据。如果设定的目标无法量化，那么就无法确定是否已经实现了这个目标。比如，领导有一天问"这个目标离实现大概有多远？"，团队成员的回答是"我们早实现了"。这就是领导和下属对团队目标所产生的一种分歧。原因就在于没有给它设置一个定量的、可以衡量的分析指标。但并不是所有的目标都可以衡量，有时也会有例外，比如大方向性质的目标就难以衡量。因此，目标的衡量标准遵循"能量化的量化，不能量化的质化"的原则，使制定人与考核人有一个统一的、标准的、清晰的、可度量的标尺，杜绝在目标设置中使用形容词等概念模糊、无法衡量的描述。对于目标的可衡量性应该首先从数量、质量、成本、时间、上级或客户的满意程度五个方面来进行，如果仍不能衡量，则可考虑将目标细化，细化成分目标后再从以上五个方面衡量，如果仍不能衡量，还可以将完成目标的工作进行流程化，通过流程化使目标可衡量。例如，加强研发队伍建设，应该从研发队伍的人员结构、学历结构、年龄结构、职称结构等方面来进行量化设计。

（3）目标必须是可以达到的（Attainable）。目标是要可以让执行人实现、达到的，如果上司利用权力或一些行政手段一厢情愿地把自己制定的目标强压给下属，下属典型的反应是一种心理和行为上的抗拒：我可以接受，但是否完成这个目标，有没有最终的把握，这个可不好说。一旦有一天，到了这个目标真完成不了的时候，下属有一百个理由可以推卸责任：你看我早就说了，这个目标肯定完成不了，但你坚持要分配给我。"控制型"领导倾向于自行设定目标，然后将其分配给下属去实现，因此忽略了下属的意见和反馈，这种方法在今天已经不太适用了。如今，员工的知识水平、教育背景、个人素质以及他们表达个性的倾向都远超以往。因此，领导者应更积极地吸纳下属参与目标设定的过程，坚持员工的参与和开放的沟通，以确保制定的工作目标在组织和个人之间达成一致。组织目标的设定既要使工作内容饱满，也要具有可达性，可以制定出跳起来"摘桃"的目标，但不能制定出跳起来"摘星星"的目标。组织一旦设定好目标，就要签订任务责任书，使任务具体，目标明确，责任到人。

(4)目标必须和创新平台总体目标具有相关性(Relevant)。相关性表示该目标与企业创新平台的总体目标之间的关联程度。即使达到了某一目标,如果其与总体目标的关联性很低,那么这一目标的意义就会相对较小,工作目标的设定应与岗位职责密切相关,不应偏离主题。比如,在一些研发项目申请书设计中,有的罗列了发表一批学术论文作为目标,而对新产品、专利、标准、商标等方面有意忽略或淡化,显然这就跑题了。企业研发项目的关键首先是技术、产品、市场和绩效,然后才是学术。

(5)目标必须具有明确的时限性(Time-Based)。时限性是指目标设定了截止日期,例如,我必须在 2025 年 6 月 30 日前完成某项任务,这就是一个具体的时间限制。没有时间限制的目标难以评估,可能会导致不公平的考核。由于上下级对目标的紧急程度看法不同,上司可能感到焦急,而下属可能不了解这一点。最终,上司可能会生气,而下属可能会感到不公平。这种缺乏明确时间限制的方式也可能导致不公平的考核,损害工作关系,降低下属的工作积极性。因此,目标设定时应包括时间限制,根据任务的重要性、紧急程度,明确完成目标项目的时间要求,并定期检查项目进度,随时了解项目进展的变化情况,以便及时向下属提供工作指导,并根据工作计划的异常情况及时进行调整。

总之,无论制定团队的工作目标,还是员工的绩效目标,都必须符合上述原则,五项原则缺一不可。制定目标的过程也是对部门或科室先期工作掌控能力进行提升的过程,完成计划的过程也就是对自己现代化管理能力历练和实践的过程。

3. 目标分解

制定总体目标后,必须将总体目标进行分解以方便目标的考核与实现。目标分解就是将总体目标在纵向或横向上分解到各层次、各部门甚至具体到个人,形成目标体系的过程。目标分解是明确目标责任主体的前提,也是总体目标实现的基础。将一级目标(总体目标)分解,就是将实现一级目标的手段作为二级目标,以此类推,逐级分解形成一个"目标–手段"链。同时,自上而下的目标分解也是逐级保证的过程,这样不但构成了目标体系,各级目标的实现也落到了实处。

目标分解应遵循五个原则[一]。

● 整分合原则。将总体目标分解为不同层次、不同部门的分目标,各个分目

㊀ 何炜东. 员工心态培训更重要 [J]. 企业文化, 2010 (3): 49.

标的综合又体现总体目标，并保证总体目标的实现。
- 方向一致原则。分目标要保持与总体目标方向一致，内容上下贯通，保证总体目标的实现。
- 条件原则。目标分解中，要注意到各分目标所需要的条件及其限制因素，如人力、物力、财力、协作条件、技术保障等。
- 协调原则。各分目标之间在内容与时间上要协调、平衡，并同步发展，不影响总体目标的实现。
- 明确原则。各分目标的表达要简要、明确，有具体的目标值和完成时限要求。

目标分解的方法有指令式分解和协商式分解。指令式分解是指分解前不与下级商量，由领导者确定分解方案，以指令或指示、计划的形式下达。这种分解方法虽然容易使目标构成一个完整的体系，但由于未与下级协商，对下级承担目标的困难、意见不了解，容易造成某些目标难以落实。当下级感到这项目标是上级分配的，在某种程度上将不利于下级积极性的激励和能力的发挥。而协商式分解使上下级对总体目标的分解和层次目标的落实进行充分商谈或讨论，达成一致意见，这种协商容易使目标落到实处，也有利于下级积极性的调动和能力的发挥。

目标分解包括时间顺序和时间关系两种分解方式。时间顺序分解是指安排目标实施进度，以便实施中的检查和控制，这种分解形式构成了目标的时间体系。时间关系分解又包括以下两种：一是按管理层次的纵向分解，即将目标逐级分解到每一个管理层次，有些目标还可以分解落实到个人；二是按职能部门的横向分解，即将目标项目分解到有关职能部门，这种分解方式构成了目标的空间体系。

一个管理组织的目标按时间关系和空间关系同时展开，形成有机的、立体的目标系统，不仅能使各级管理人员和每个人对目标的整体一目了然，也能明确各部门或个人的目标在目标系统中所处的地位，有利于调动员工的积极性、主动性和创造性。

2.3.3 创新战略选择

企业总体战略是指企业为了在市场竞争中获得平均利润或超额利润对企业发展方向、模式所做的总体谋划。企业创新平台的创新战略，则是指企业根据市场发展方向、顾客需求及自身资源与创新能力，结合企业总体战略，为了创造新的长期竞争优势而围绕产品的产量、品种、质量、服务等对技术创新的方向、模式所做的谋划。企业创新平台的创新战略将涉及企业技术创新的目的、程度、时间、重点、创新战略的选择等一系列基本问题，企业只有弄清这些基本问题，才能对企业创新平台的创新战略做出正确的选择。

1. 创新的目的

波特认为，无论什么类型的竞争战略，它的成功从根本上说都取决于企业自身的定位，即在多大的市场范围内建立并发挥核心专长的竞争优势，占据最有利的竞争位置。他指出，在充分竞争的市场条件下，低成本和高差异战略是最基本的战略，在动态竞争中先动是获取竞争优势的重要来源，先动可以打破和改变原有的竞争格局，获得低成本、高差异及范围经济的优势。企业技术创新战略的目的围绕并服务于企业总体战略，同时技术创新也是实现企业总体战略的主要手段。

企业战略有四种基本类型，即成本领先战略、差异化战略、先动战略和实现范围经济。对每一种创新战略，企业都必须结合市场发展方向和顾客需求，结合自身拥有的经济实力、知识、资源和技术能力，正确地进行选择。

- 以实现成本领先战略为目的，企业一般应拥有规模经济、专利技术、原材料的优惠待遇、加工工艺技能、设计容易制造的产品、低成本分配系统。这要求企业销售标准化或实惠化的产品，强调从一切来源中获得规模经济的成本优势。
- 以实现差异化战略为目的，企业一般应拥有独特的质量（原材料的采购）、独特性能的产品设计、独特的生产工艺、独特的外部后勤系统、独特的服务等。
- 以实现先动战略为目的，要求企业对市场有敏锐的洞察力和较强的创新能力及丰富的资源。
- 以实现范围经济为目的，要求企业有较强的成本控制能力、技术扩散能力、市场营销能力等。

2. 创新的程度

对于创新的程度，学术界一直没有统一的界定。注重以质的变动为标准的学者主张将增量性改进排除在创新范围之外,提出"只有那些首次在经济活动中得到应用的新的生产工艺等才称得上是创新"。注重创新对象和活动范畴的广泛性,以提高技术研发和实际应用的社会覆盖面为出发点的学者则认为增量性改进有一定的技术上的变化,应纳入创新范畴,不论新的还是改进的产品、过程或服务,只要引入市场,均属于创新。

创新程度按行为性质可分为彻底改变和渐进改善,具体主要体现在技术层面的变革上。产品技术分为核心技术和非核心技术,非核心技术又分为重要技术和一般技术。企业要结合市场发展趋势、企业总体战略目标、自身技术能力和经济能力等来判断是彻底改变整个企业的现有技术、产品工艺,还是分步骤、渐进地对企业的生产进行改造;是在企业的核心技术上进行创新,还是对企业的非核心技术进行创新或改造。企业在核心技术上的不断创新会给企业带来丰厚的利润,如果企业自身不具备核心技术创新能力,则可结合自身所拥有的资源,在非核心技术上实施创新,这也不失为一种良策。

3. 创新的时间

创新的时间指企业实施技术创新行动在时间上的先后,即企业是在本行业的某个价值链上采取先动,还是采取跟进策略,在行业中出现一个领先者后,马上进入该行业或领域并参与竞争。先动者会赢得声誉与顾客的忠诚感,获得成本优势或高差异性地位,抢占有利的产品或市场位置,获得设施及其他资源的来源优势,确定行业技术或活动标准迫使跟进者采纳,制造制度壁垒,获得早期高额利润等。对于跟进者,迈克尔·波特认为,跟进者反应得越快,收益就会越大。对跟进者来说,反应速度是决定其成功与否的关键要素。它能在一定时间内与先动者抢占市场,并且开拓新市场,获得原始消费者的忠诚感。同时,它具有风险小、投资小、收益快的特点,可以避免先动者的一些不利因素。在时间上决定先动还是跟进,是迅速跟进还是缓慢进入,对先动者做出回应还是不予理睬,都要视企业所面对的具体环境、内部资源、总体战略以及先动者在行业中所处地位而定。需要指出的是,在技术上的领先者不一定是最终的成功者,这主要是由先动者在产品性能、设计、工艺等技术上的不成熟导致的。

4. 创新的重点

企业资源基础观假设:企业的创新资源和创新能力不可以随便转移,尤其是核心技术创新能力。企业面对资源的稀缺,在技术创新中必须抓住重点,不可全面铺开。在瞬息万变的市场环境中，企业必须根据自身的核心资源和能力，结合企业战略总目标，寻找市场机会，回避市场威胁，集中资源对价值链上的某个关键技术环节进行重点突破。

技术创新可分为产品创新和过程创新。产品创新是指技术上有变化的产品的商业化。按照技术变化量的大小，产品创新可分成重大（全新）的产品创新和渐进（改进）的产品创新。过程创新，也称工艺创新，是指产品的生产技术的变革，包括新工艺、新设备和新的组织管理方式。过程创新可分为控制技术、工艺技术和制造技术。

如果企业将创新重点放在产品创新上，则可以通过开发一种新产品，或者开发某种产品的新功能、新性能等，达到产品创新的目的。通过产品创新，企业可抢占市场，获得先动优势。控制技术上的创新，较适用于成本领先战略，它要求生产标准化产品，包括功能标准化、性能标准化，同时要求产品制造方便易操作，生产量大，成本低。它也适用于以实现范围经济为目的的技术创新战略。工艺技术上的创新，较适用于差异化战略。差异化战略要求企业通过改进生产工艺使产品与众不同，让消费者拥有独特的价值感受。制造技术上的创新既适用于成本领先战略，又适用于差异化战略，同时也适用于以实现范围经济为目的的技术创新战略。

5. 创新战略的选择

不同的创新战略适用于不同的情况和条件。不同的企业，具有自身的优势和特点，处于不同的细分市场中，因此，创新战略的选择应在考虑企业自身的技术、设备、资金等条件的前提下，因地制宜地选择最合适的创新战略。

企业的技术能力、组织能力和反应能力，以及产品的市场需求、生产成本、营销费用和利润空间等要素是企业选择总体创新战略的重要参考依据，见表2-2。在企业技术能力和营销能力雄厚，市场对新产品需求迫切，且研发新产品潜在利润较高时，适宜采取领先者战略。在企业研发能力一般，但市场空间较大，生产成本与市场领先者相比具有比较优势时，适宜采用追随者战略。在企业研发能力较弱，但擅长低成本生产，在市场上具有一定的价格竞争力，通过薄利多销有一定的利润可图时，适宜采用仿制战略。在企业具有较好的产品开发与组装能力，且改良产品长时间内具有一定的市场空间时，适宜采用实用工程战略。

表 2-2　不同总体创新战略选用条件分析

创新战略	企业的组织特征	产品的市场特征	产品的财务特征
领先者战略	1. 技术能力和营销能力雄厚 2. 领导高度重视	1. 市场对新产品的需求迫切 2. 营销费用低	生产成本较高，但潜在利润高
追随者战略	1. 研发能力一般，但开发能力很强 2. 有灵活的组织能力与非常敏捷的反应	市场容量大，非领先进入市场的企业所能独占	生产成本高，但比领先者低很多
仿制战略	1. 研究能力很弱或几乎没有，但有一定的开发能力 2. 非常擅长低成本生产 3. 研究开发费用低	进入市场时，有能力在价格上进行竞争	1. 低成本和薄利多销 2. 在短期内仍可获取较高利润
实用工程战略	1. 擅长生产热门产品 2. 研发费用不高，有良好的产品开发与组装能力 3. 营销部门同研究开发与发展部门配合良好	1. 现有产品仍有市场，但已被竞争者的改进产品所威胁 2. 在技术、市场方面并无重大突破	1. 销售费用支出有时大，利润低，但相当长时间内销售量很大 2. 可借助改进工艺取得较高利润

资料来源：许庆瑞. 研究、发展与技术创新管理 [M]. 2 版. 北京：高等教育出版社，2010.

2.4　企业创新平台的文化建设

2.4.1　精神文化

企业创新平台的精神文化处于创新平台文化的核心层，是创新平台在运营中形成的独具特征的意识形态和文化观念。相对于创新平台文化的其他层次来说，精神文化是创新平台文化中最难把握的层次，创新平台在建设精神文化时应从核心精神、创新氛围以及研发人员的心智模式三个方面入手，构造物质文化、行为文化、制度文化的上层建筑。

1. 核心精神

企业创新平台的核心精神是创新平台在整个企业文化系统中，在一定社会文化背景、意识形态的长期影响下，形成的具有创新导向作用的精神成果和文化观念。企业创新平台的核心精神代表着全体研发人员工作财富最大化方面的共同追求，可以实现激发员工工作动机的激励功能，具体可以通过完善企业创新平台哲学、企业创新平台精神、企业创新平台运营宗旨、企业创新平台价值观、企业创新平台运营理念、企业创新平台作风、企业创新平台伦理准则等内容，建设完成企业创新平台的核心精神。

企业创新平台哲学是指平台在运营管理过程中形成的世界观和方法论，是企业创新平台在处理人与人、人与物关系上形成的意识形态和文化现象，企业创新平台需要对自身所处的发展阶段、发展定位与战略目标有清晰的认识。

企业创新平台精神是企业创新平台全体或多数员工共同一致、彼此共鸣的内心态度、意志状况和思想境界，需要通过增强员工的认同感培养独特的企业创新平台精神。

企业创新平台运营宗旨是企业创新平台要达到或实现的最高目标和理想，它不仅要陈述企业未来的任务，而且要阐明为什么要完成这个任务以及完成任务的行为规范是什么。

企业创新平台价值观是指企业创新平台在追求研发成功过程中推崇的基本信念和奉行的目标，是全体或多数研发人员一致赞同的关于企业创新平台建设意义的判断，价值观应该用具体的语言表示出来，需要包含四个方面的内容，即判断善恶的标准；群体对事业和目标的认同，尤其是认同企业的追求和愿景；在这种认同基础上形成的对目标的追求；形成一种共同的境界。

企业创新平台运营理念是指平台的生存价值、社会责任、运营目标、运营方针、运营战略和运营思想。在招聘员工时，要展示企业的理念、愿景、使命，认同企业的理念、愿景、使命是入职的前提条件之一，入职后的员工考核也需要纳入理念及价值观部分。

企业创新平台作风是指员工对待工作的状态、情绪、信心、责任与习惯，体现为员工的工作方式、社会交往方式、应付事变的方式等。企业创新平台由员工组成，每名员工的行为构成了平台的行为，每名员工的作风也就构成了平台的作风。

企业创新平台伦理准则是有关忠实和公正，以及有关诸如社会期望、公平竞争、公共关系、社会责任、消费者的自主权等多方面的行为准则。企业创新平台需要健全规范的管理制度、清晰流畅的工作程序，并严格按照制度执行，提升平台整体的、长期的发展效能。

2. 创新氛围

组织创新氛围是组织成员对其所处的工作环境的知觉描述，是组织成员感知到的工作环境中支持创造力和创新的程度[①]。企业在创新平台的文化建设中，除了

---

① AMABILE T M. Creativity in context: update to the social psychology of creativity[M]. Boulder, Colo.: Westview Press, 2018.

对员工的创新提供资源上的支持，还应当营造宽松的研究环境和鼓励创新的文化氛围，鼓励员工不断尝试，进而激励他们不断追求卓越。

自主创新需要宽松的学术环境，使研发人员敢于大胆探索。为此企业创新平台应为研发人员创造容错率较高的环境，例如，对于探索性强、失败风险高的科研项目，原始记录证明承担项目的科技人员已经履行了勤勉尽责义务仍不能完成的，不影响该项目结项。提高企业创新活动的容错率并非宽容不负责任的主观失误或弄虚作假，产品研发一般是基于成熟技术的开发活动，故宽容失败一般是针对不确定性强的技术研发项目。因此，应将二者严格区分开来，对失职、造假以及没有从失败中汲取经验教训等不负责任的行为，绝对不能宽容，应严格实行问责制。

自主创新还需要创造鼓励创新的文化氛围。彼得斯和沃特曼在《追求卓越》一书中提到，"卓越"的标准是指企业除了在业绩方面长期的优异表现外，更重要的是具有高度的创新精神。在企业创新平台中营造一种鼓励创新的文化氛围，鼓励研发人员站在科学技术前沿，从事基础性创新；采取新理念、新方法改善现有工作模式和方法，获得比传统做法更加科学、效率更高的继承性创新；应用先进技术成果，推动本行业发展应用性创新。企业创新平台的管理者要鼓励创新、支持创新，把创新活动纳入重要的日程，列入年度目标任务，落实管理部门，明确工作职责，积极组织和发掘创新点，营造人人勇于创新的宽松氛围。

鼓励创新和宽容失败是当今企业主体在科技创新决策上的一个基本价值取向和指导原则，也是科技创新所需要的文化氛围。如著名的美国3M公司，就是把"不要扼杀创意，任它萌芽滋长"作为其长期信奉的企业文化理念，并把辞退犯错误的员工视作对创新精神的扼杀。容不得失败，不懂得从失败中学习，实际上就是扼杀创新，科研人员在创新中所付出的心血和努力就会全部付诸东流。

3. 研发人员的心智模式

彼得·圣吉将心智模式定义为："根深蒂固于心中，影响我们如何了解这个世界，以及如何采取行动的许多假设、成见、图像或印象。"目前引用最频繁的有关心智模式的定义是 Rouse 和 Morris 于 1986 年提出的，他们认为心智模式是一种心理机制，人们利用这个心理机制描述系统目标和形式，解释系统功能，观察系统状态以及预测系统的未来状态。在企业创新平台的日常活动中，每个成员都有自己的心智模式，对同一现象可能有不同的理解、不同的反应。为了使研发人员拥有合理的知识结构，能对团队作业形成正确的解释和预期，从而协调自己的行为以适应团队作业和其他成员的需求，企业创新平台应重视对研发人员心智的培养。心智模式主要包括内在驱动心智、专业知识心智、分享传播心智、概念建构心智、文化包容心智五个方面，见图 2-8。

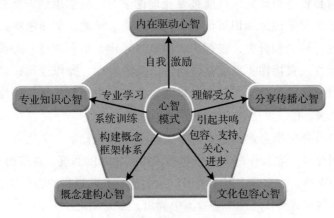

图 2-8　心智模式的五个方面

内在驱动心智是指研发人员为了实现个人目标、团队目标、组织目标而不断进行自我调整、自我约束、自我暗示、自我激励，从而克服困难、完成任务的一种积极的心理活动和思想状态。研发人员的内在驱动，在很大程度上是为了满足成长的需要和社会认可的需要，从事技术研发的员工具有一个很重要的特征，他们聚焦于具体的领域，全心全意地投入其中，甚至达到废寝忘食的地步。一旦从事的研究工作有所突破，就能让他们感受到一种"巅峰体验"的状态。激励个体保持这种"愉悦"的心理状态，在行为上反复尝试的动力在很大程度上就是其强烈的自我激励内在驱动心智。

专业知识心智是指研发人员通过专业学习和训练，系统地掌握相关专业领域的知识，并对企业创新平台的发展方向、重点领域、技术水平等进行基本的判断，创新性地运用理论和工具，在日常工作中提出问题、分析问题、解决问题的能力和素质。对企业研发人员而言，专业知识心智对开展创造性工作而言是最为重要的一类心智。研发人员创新能力的高低，不仅仅在于其对专业知识和理论的掌握，还在于其对相关专业领域的触类旁通。因此，对研发人员专业知识心智的培养，重要的是培养其理解复杂概念、有效适应环境、接受经验教训、运用专业知识克服困难的能力。

分享传播心智是指研发人员能够积极地去理解受众的感受和需求，选择合适的渠道和场合，有效地将自己要表达的思想内容和情感意识传播出去，并且能使自己的听众和受众受到感染、引起共鸣的能力。分享传播心智是一个人的情商的表现，在现代社会中，培养分享传播心智能够帮助研发人员融入团队、融入专业、融入集体，帮助研发人员得到大家的理解、信任和支持，从而取得研发工作的成功。

概念建构心智是指研究人员通过专业理论学习、科学思维训练、科技创新活动等，能够运用所学理论知识辩证地、科学地、系统地、全面地将其面对的复杂情境或问题进行梳理和分类，进行清晰的概念界定、命题陈述、关系建立，从而构建一套多元性、直接性、现实性设问，以及建设性、操作性和针对性应答的概念框架体系。可以通过自省与反省、学习、碰壁、更换新环境、换位思考、情景规划、深度会谈、持续修炼等方法改善心智模式。

文化包容心智是指企业创新平台中来自不同知识背景、文化背景的研发人员能够采取求同存异、取长补短、互相尊重、相互学习的态度，在思想上互相包容，在工作上互相支持，在生活上互相关心，从而达到共同进步的心理状态。1993年，霍华德·加德纳在其著作《创造心智》中提出，多元文化经历是一个人具有创新性理念和成功开展实践的一个关键因素。企业创新平台应通过跨国、跨地域的文化认识以及不同学科、不同知识领域之间的差异性学习培养多元文化包容心智。

2.4.2 制度文化

企业创新平台的制度是约束平台和员工行为的规范性文件，而制度文化是在执行制度的长期实践过程中产生的一种文化特征和文化现象，它使创新平台在复杂多变、竞争激烈的技术环境中处于良好的状态，从而保证研发目标的实现。创新平台的制度文化既是适应物质文化的固定形式，又是塑造精神文化的主要机制和载体。创新平台制度文化主要包括领导体制、组织机构和管理制度三个方面的内容。

1. 领导体制

领导体制指独立的或相对独立的组织系统进行决策、指挥、监督等领导活动的具体制度或体系，即领导运用什么样的组织形式来行使手中的权力。严格的领导体制能保证领导活动的完整性、一致性、稳定性和连贯性。企业创新平台领导体制的产生、发展、变化，是创新型企业生产发展的必然结果，也是企业创新平台领导活动有效开展的组织保证，这是因为领导体制可以协调领导机构和领导人员的内部分工，并可以协调领导者与被领导者的关系。

领导体制是领导者与被领导者之间建立关系、发生作用的桥梁与纽带。任何领导活动都是领导者根据实际需要，对被领导者的思想、行为进行引导、规范和约束，而被领导者又影响领导者，形成双向互动，并共同作用于客观实际的过程。借助于领导体制得以显现出来的群体功能远远大于个体功能。现代领导体制纷繁复杂，但基本类型有四种：首长负责制和委员会制、层级制和职能制、完整制和分离制、集权制和分权制。企业创新平台可以根据实际情况综合性地选择合适的领导体制，见图 2-9。

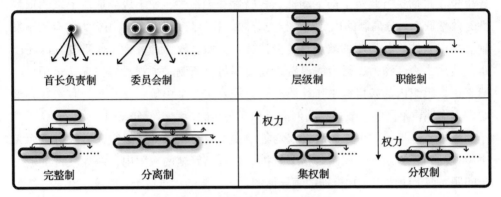

图 2-9　四种主要的领导体制

首长负责制与委员会制是按领导集团最高决策人数区分的。首长负责制把法定的决策权力集中在一位负责人身上；委员会制也称合议制，即把组织的决策权力交给两位以上的负责人。首长负责制的优点在于：权力集中，责任明确，行动迅速，效率较高。它的缺点是：受个人知识、智慧、才能的限制，容易导致专制和滥用权力的现象。委员会制的优点在于：能够集思广益，决策问题考虑比较周详，能够代表各方面的利益。委员会制的缺点是：行动不快，效率较低，权力分散，责任不易明确。

层级制是指一个组织系统在纵向上由上至下划分若干层级，又称为直线制、分级制等。职能制是指一个组织系统在横向上划分为各个具有不同权限的职能部门的领导体制，又称为分职制。层级制的优点在于：指挥统一，权力集中，各级领导者业务性质大体相同，干部升迁或调动均能很快胜任。同时，由于这种体制强调掌握与熟悉各方面业务，有利于培养具有统筹安排、综合平衡能力的"通才"。层级制的缺点是：容易造成领导者事无巨细，事必躬亲；中间层次太多，领导者难以指挥。职能制的优点在于：分工精细，领导者各司其职，业务熟悉，工作效率高，有利于培养精通各门业务的专家和提高干部的专业化水平。职能制的缺点是：专业性强，造成机构臃肿，人浮于事，不了解全局，办事容易违反经济原则和时效原则。在现代社会，在一个较大的组织系统中，层级制与职能制往往是兼而用之的。

完整制下同一层级的各机关，或一个机关中的各个构成单位所接受的上级指挥、控制和监督完全集中于一位领导者或是一个上级机关；分离制则刚好相反。完整制的优点是：权力集中，易统筹计划，避免工作重复和减少"内耗"，有利于提高工作效率。完整制的缺点是：权力高度集中，易滋生首长的独断专横，压制下属各单位在贯彻执行政策上的主动性、积极性和创造性，使下级养成对上级的依赖性，效率低下。分离制的优点是：权力分散，容易防止专断与滥用权力；有利于发现和培养人才。分离制的缺点是：单位各自为政，权力冲突，工作重复，内耗严重，造成人力、物力、财力的浪费。完整制与分离制必须视具体情况而运用。一般来讲，组织内部各机构工作性质相同，需要实行集中统一领导的，宜实行完整制；工作性质不同的，或虽相同但需要相互制约的，宜实行分离制。

集权制是指一切事务的决策权均集中在上级组织，下级组织只有执行权而无决策权的领导体制。分权制是指下级机关在自己管辖的权限内，能独立自主地决定问题，而上级组织不加干涉的领导体制。集权制的优点在于：能统一意志，统一政策，便于指挥。集权制的缺点是：如果发挥得不好，就难以顾及矛盾的特殊性，不易因时因地制宜，灵活性差，应变能力低，往往限制下级积极性和创造性的发挥。分权制的优点在于：可以使下级因地制宜地贯彻上级指示，充分发挥自己的智慧和才干。分权制的缺点是：如果发挥不好，容易自立门户产生矛盾和冲突，也容易出现本位主义、分散主义，导致不顾整体利益的倾向。集权制和分权制是对立统一的矛盾体。因此，必须根据不同任务和不同的环境条件加以具体运用。

领导体制从来没有固定不变和适用于一切组织的最佳模式，总是要根据环境的变化和自身的发展进行不断的调整、改革和创新。即使是世界上最优秀的那些企业也不例外，例如IBM的领导体制就经历了多次变革从而适应了在新技术革命条件下竞争环境对领导体制的要求，如设立风险组织、战略经营单位等。企业领导体制有家长制、经理制、职业软专家领导和专家集团领导等形式，领导体制的组织结构又可以分为直线式、职能式、混合式和矩阵式四种。在组建企业创新平台的过程中，企业也要根据自身情况不断调整领导体制以适应企业的发展。

2. 组织机构

企业创新平台的组织机构，是指把企业创新平台的人力、物力和智力等按一定的形式和结构，为实现一定的目标、任务或利益组合起来而开展研发活动的各部门及其相互关系的集合。如果把企业创新平台视为一个生物有机体，那么组织机构就是这个有机体的骨骼。因此，组织机构是否适应企业创新平台运营管理的要求，对平台的生存和发展有很大的影响。组织机构形式的选择，必须有利于整个企业研发目标的实现。

具有代表性的组织结构设计有以下三种：

- 以任务为中心的组织结构设计，以直线职能制、团队制为代表；
- 以结果为中心的组织结构设计，以独立核算的事业部制为代表；
- 以关系为中心的组织结构设计，如母子公司制、企业集团、金融控股公司、平台组织等。

组织结构设计之所以只有这三种基本类型，是由企业与其所辖单元之间的管理关系的性质决定的：要么以任务为中心进行管理，要么以结果为中心进行管理，要么对企业及其所辖单元之间的关系问题进行处理，如以股权为纽带或以业务为纽带等。

通常，直线职能制在经营单一或少量产品，市场环境相对简单、稳定的情况下，是一种行之有效的组织结构设计。但随着企业进一步成长，开始跨区域、多业态经营，企业所要管理的规模与范围不断增加，再使用以任务为中心的直线职能制就会导致管理重心高、协调成本大，不利于管理。此时，就有必要转变为以结果为中心的组织结构设计。随着移动互联网时代的到来，以关系为中心的组织结构设计在应用程度和种类上都得到了极大的扩展，它突破了传统意义上的组织边界，无论对业务的控股权，还是对人的雇佣制，都构建起了更为广泛的但相对稳定的合作关系。处于该系统中的核心企业与其合作者之间的关系，可以以资本为纽带，也可以只进行业务上的合作，再无归属权之争$^{\ominus}$。同时，组织中有横向的流程、纵向的层级、交叉形成的部门与结构，再辅以岗位说明、部门职责、规章制度等，在某种意义上，这是一套完整的组织机构设计逻辑。为实现创新平台日常的高效运转，组织内必须进行横向与纵向的分工，将决策与执行适度分开。

3. 管理制度

企业创新平台管理制度是企业创新平台在运营、管理时所制定的、起规范保证作用的各项规定或条例。从内容上看，企业创新平台管理制度需要从科研管理制度、财务管理制度、人事管理制度等方面进行完善。科研管理制度是指为了规范和加强市场调研、产品规划、新产品研发、产品设计、新产品试制、技术研发、专利商标申请等工作的管理，提高创新平台的研发水平和整个企业的市场竞争力

$\ominus$ 丛龙峰. 组织的逻辑 [M]. 北京：机械工业出版社，2021.

而建立的相应制度文本的集合。财务管理制度是指有关项目的财务管理的制度文本的集合。人事管理制度是指针对研发人员的管理而建立的制度文本的集合，包括研发人员招聘制度、研发人员培训制度、研发人员绩效与考核制度、研发人员晋升制度、研发人员合同档案管理制度、研发人员保密管理制度、研发人员激励制度等。例如，腾讯的游戏工作室通过匹配类似创始人内部的激励机制促进员工创新，采用二八原则，即20%的利润用于鼓励和奖励。

管理制度并不具有唯一性和最优性，因而没有放之四海而皆准的制度体系。社会文化、历史、环境、行业、企业性质以及员工构成的不同很可能导致有效的制度存在很大差异。企业创新平台应以制度设计为目标，基于企业实践制定相应的管理制度。首先，制度的设计始于现状调研，应着重搜集企业内外部各方面的资料，包括外部的法律、道德与社会规范及内部的思想、观念与企业文化、关系网络等。其次，制度设计者应对现状调研获得的资料进行全面梳理整合，提炼出企业制度的理念和原则。在这些理念和原则的指导下，科学地分析企业创新平台中各方的利益诉求。在分析结果的基础上，系统设计科学合理的制度。最后，在检验反馈中稳步实施，并随外部环境变化不断调整。

2.4.3 行为文化

企业创新平台的行为文化是指平台的员工在技术研发、产品设计、教育宣传、学习娱乐活动中产生的文化现象。它是企业创新平台工作作风、精神面貌、人际关系的动态体现，也是企业精神、企业价值观的折射。从人员结构上划分，企业创新平台的行为包括管理者行为、员工行为、模范人物行为。

1. 管理者行为

企业创新平台的研发决策方式和决策行为主要来自管理者，管理者的性格、气质、能力、个性倾向等方面将影响管理者行为，进而对平台创新文化的方向、内容产生很大影响。没有管理者的领导和实际参与指导，就难以形成良好的创新平台文化。管理者需要在文化建设中承担多种角色，不断通过正式或非正式的沟通，传递企业创新平台的价值观和理念，建立起一致的认识。管理者需要在文化建设中发挥管理职能，他们担任的角色有六种[1][2]（见图2-10）。

---

[1] 周晓东. 基于管理职能的管理者角色认知[J]. 领导科学论坛，2014（6）：10-11.
[2] 赵曙明，张敏. "乌卡时代"的组织应对：组织变革、管理者角色、员工素养[J]. 清华管理评论，2022（3）：28-33.

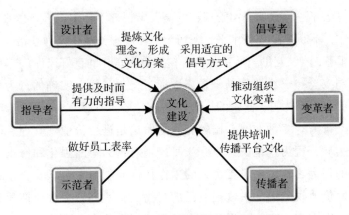

图 2-10　管理者在文化建设中担任的角色

（1）设计者。管理者对文化理念进行总结、归纳和加工，在萌发构想、提炼升华、形成方案等过程中起到总设计师的作用。

（2）倡导者。管理者需要熟悉本企业文化，把握企业文化的内涵和实质，懂得企业文化的过去、现在和未来，根据不同的环境采用适宜的倡导方式，如号召、呼吁、忠告、提醒、指点、暗示等。

（3）指导者。管理者应当帮助平台的员工，给予他们及时而有力的指导，引导团队和员工沿着正确的方向前进。管理者还需要熟悉团队和员工的文化实践，与员工保持密切联系，以便随时发现团队和员工在企业创新平台文化建设中存在的困惑和问题，及时采取指导性对策。

（4）变革者。当管理者发现环境变化对企业创新平台产生了新的观念、思维和行为要求时，必须积极推动组织的文化变革，使平台文化不断创新发展，保证与企业文化要求和外部环境变动相适应。

（5）示范者。管理者需要成为员工认同的对象和模仿的榜样，对平台价值理念信守不渝，诚心诚意地执行。需要做好员工表率，凡是号召员工做的，自己首先做到，凡是不让员工做的，自己首先不做。

（6）传播者。管理者需要成为平台文化的传播者，向员工提供文化培训，提供参与各类文化活动的机会，扩宽员工视野，提高员工的文化素质。

2. **员工行为**

员工是企业创新平台的主体，也是企业创新平台文化建设的主体。只有当企业创新平台所倡导的价值观、行为准则为员工所认同和接受，并自觉遵守、实践时，才能形成良好的平台文化。正如华为公司的员工守则：热爱祖国，热爱人民，热爱华为；遵纪守法，服从公司管理；顾全大局，善于合用；努力学习，踏踏实实做好本职工作，不断提高业务水平；一切为用户着想，减少人为差错，努力提供优质的产品与服务；团结互助，尊重他人，树立集体奋斗的良好风尚；严守公司机密，自觉维护公司安全……企业创新平台需要通过树立科学、明确的行为规范，来引导和培育员工专业、文明、健康的行为。

塑造员工行为有多种方式，比较有效的做法是进行价值观管理。价值观管理通过价值观引导、行为规范的约束和激励措施对行为不断强化和修正，使员工自觉养成优秀的行为习惯，使员工个人的工作目标同创新平台以及企业的发展相融合，主动按照价值观的倡导去规范自己的行为。企业创新平台要把学业务、长本领、敢创新、得实惠、充分体现员工自身价值列为重点，注重员工技能、素质培训，拓展员工竞技空间。可以通过导师制等方式形成新入职员工和老员工之间的连接，促进团队员工凝聚力和文化认同感的提升，增强团队协作意识，建立良好的团队关系。

3. 模范人物行为

除了管理者和员工行为外，企业创新平台文化要素中所提及的模范人物，其行为在企业创新平台文化建设中也具有相当重要的地位。模范人物是研究开发工作的中坚力量，他们来自员工，比一般员工取得更多的成功，是企业创新平台文化的"人格化"显现。"榜样的力量是无穷的"，模范人物的言行对员工有着很强的亲和力和感染力，他们是群体成员学习的榜样，他们的行为常常被一般员工作为仿效的行为规范。

企业创新平台应该努力发掘各个岗位上的模范人物，大力弘扬和表彰他们的先进事迹，将他们的行为"规范化"，将他们的故事"理念化"，从而使创新平台所倡导的主流文化得以"形象化"，在创新平台内部培养积极健康的文化氛围，以激励全体员工的思想和行动，规范他们的行为方式。例如，海格通信建立了"荣誉墙"，旨在从个人、团队、组织三个层面激发员工通过学习和借鉴他人先进的创新实践经验、创新思想、创新方法和自我管理的方法等，结合自身的条件，确定合适的跟踪、模仿和赶超策略，从而提高个人、团队、组织的竞争能力。企业创新平台在选择模范个体时还需要依据一定的行为标准，即卓越地体现创新平台的价值观和精神的某个方面，并和企业创新平台的理念追求相一致，且在卓越体现创新平台精神等方面取得了比一般员工更多的实绩，具有先进性。他们的所作所为离常人并不遥远，表明了普通的研发人员也能完成，可以成为人们仿效的榜样。

企业创新平台模范人物的行为总是在某一方面特别突出，而不是在所有方面都无可挑剔。所以，企业创新平台对模范人物不能求全责备，不能指望所有研发人员从某一个模范人物身上学到所有的东西。

2.4.4 物质文化

物质文化是企业创新平台成员创造的产品和各种物质设施等构成的器物文化，是一种以物质形态为主要研究对象的表层创新平台文化，是外界最容易接触和体会的文化现象。它主要包括企业创新平台的产品和提供的服务、员工的研发环境和生活环境、员工的文化设施等。企业创新平台的物质文化是研发人员理想、价值观、精神面貌的具体反映，需要从环境文化、产品文化、标识文化三方面构建企业创新平台的物质文化。

1. 环境文化

企业创新平台的环境是指与研发工作相关的各种办公实验楼、机械工具、实验设备以及员工的生活娱乐设施的总和。其中，物理工作空间环境对员工的创新能量具有重要影响。例如，一些组织在昏暗的、毫无特色的办公楼内办公，相同的办公桌整齐地分排摆放，有研究发现在这种办公室工作的人倾向于提出一些平庸的和相似的想法，而那些窗明几净、开放舒适、充满活力的工作空间则有助于激发员工的创意。

2. 产品文化

企业创新平台产品文化是指以所生产的产品为载体，反映企业物质及精神追求的各种文化要素的总和，是产品价值、使用价值和文化附加值的统一，也是一类消费者群体在某段时期内对某种产品所蕴含的特有个性的定位。企业不仅需要通过有目的的具体劳动把许多表象变为具有实际效用的物品，更重要的是在这一过程中，要不时地按照一种文化心理来塑造自己的产品，使产品的使用价值从一开始就蕴涵一定的文化价值。

根据传统企业产品文化的范畴，可以从三个方面开展企业创新平台的产品文化建设：一是人们对于产品的理解和产品的整体形象；二是与产品文化直接相关的产品质量与质量意识；三是产品设计中的文化因素。从要素构成上说，产品文化包括品牌、商标、装潢设计、性能、外观、价格、寿命、成套性、安全可靠性、易维修性、易保管性等。

3. **标识文化**

标识是企业创新平台文化的表征，是体现企业创新平台个性化的标志，包括企业创新平台的标志、标准字、标准色等。企业创新平台的标识是企业创新平台文化的可视性象征之一，通过将企业创新平台的非可视内容转化为静态的视觉识别符号，充分体现企业创新平台的文化个性。

标识文化是指通过造型简单、意义明确的统一标准的视觉符号，将研发理念、企业创新平台文化、研发内容、产品特性等要素传递给社会公众，使之识别和认同企业创新平台的图案和文字。标识文化主要包括标准色和标准字：标准色是企业创新平台根据企业或自身特色制定的某一色彩或某一组色彩；标准字是指企业创新平台名称标准字体、产品名称标准字体和其他专用字体。标准色和标准字的选用应体现准确性、关联性及独特性。

第 3 章
综合性创新平台

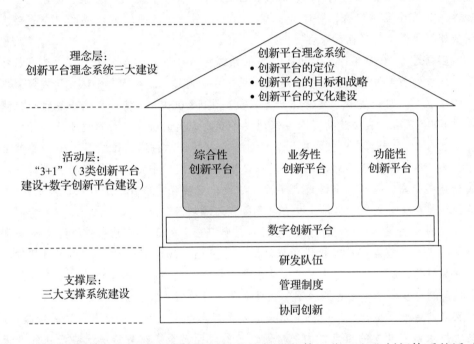

综合性创新平台是企业进行创新活动的重要载体，位于企业创新体系的活动层，统筹支撑系统的各类要素，并保证理念系统目标和战略的实现。一方面，综合性创新平台建设需要符合企业的创新愿景、使命等，以便满足企业创新需求，达成企业的创新目标；另一方面，综合性创新平台需要汇聚企业支撑层中的研发队伍、管理制度、协同创新等要素，以便形成一个能够统筹企业各项研发活动并有序组织和管理企业各类创新资源的活动平台。

开篇案例

美的集团的综合性创新平台

"科技尽善，生活尽美"——美的成立于1968年，是一家融智能家居、楼宇科技、工业技术、机器人与自动化和创新型业务五大业务板块为一体的全球化科技集团，形成了美的、小天鹅、华凌、COLMO、库卡、威灵、合康、高创、万东和菱王等多个品牌组合，每年为全球超过5亿用户、各领域的重要客户与战略合作伙伴提供满意的产品和服务。

回顾过去50多年的发展历程，美的始终将科技投入和自主研发能力培育放在集团发展的首要位置，打造了卓越的创新平台。通过"2+4+N"全球化研发网络[一]，美的建立了全球研发规模优势，研发人员超过18 000人，博士、硕士等行业顶尖人才6000多名，其中外籍资深专家超过500人，美的研发人员超过1万人。目前美的已有10个国家企业技术中心、设计中心及博士后科研工作站等，20位战略合作院士和8个院士工作站，超过80个省部级企业技术中心、工程中心、设计中心或重点实验室，并获批全国重点实验室建设，对接合作项目超100项，涉及绿色、节能、健康、智能化、机器人和自动化等技术领域。

美的集团雄厚的技术力量、扎实的科研基础、完善的基础条件，为美的集团建立省级企业重点实验室提供了资金和人才基础。2010年，由美的集团科技管理部牵头组建，制冷研究院及家用空调事业部海外东芝产品公司承建的"广东省绿色设计与制造技术企业重点实验室"获批立项。实验室紧扣低碳经济、节能减排和传统家电制造业转型升级问题，立足美的空调等典型家电绿色设计与制造关键技术、核心技术研究开发的重点方向，对促进美的集团乃至广东省传统优势产业的升级改造，提升美的集团乃至广东省家电制造业的绿色国际竞争力，推动落实节能减排和循环经济发展均具有重要意义。2023年，美的集团获批建设全国重点实验室，是首批重组后以企业为依托单位建设的综合性创新平台，美的集团将围绕国家发展战略目标，面向国际竞争，积累原始创新能力，引领和推动技术创新，聚集和培养优秀科技人才。

美的集团于2000年被国家发展和改革委员会联合科学技术部、财政部、海关总署、税务总局认定为国家企业技术中心，目前已形成了以美的集团股份有限

[一] "2"是指位于顺德和上海的两大研发中心，"4"是指在日本、德国、美国和意大利的海外研发体系，"N"则是遍布全球的本土化研发资源，正如在市场销售上形成的优势一样，美的在技术研发上也建立了规模优势。

公司技术中心为主,重庆美的通用制冷设备有限公司技术中心、安得智联科技股份有限公司技术中心、安徽美芝精密制造有限公司技术中心、无锡小天鹅电器有限公司技术中心等国家企业技术中心分中心为辅的国家级企业技术中心创新体系。以2012年认定的重庆美的通用制冷设备有限公司技术中心为例,该技术中心拥有热平衡实验室、焓差室、工况室、综合实验室、水系统实验室、噪声振动实验室等,为美的中央空调的技术品质保驾护航,最终在中央空调行业构建起"以用户需求为中心"的全产业创新体系。

美的集团积极构建以省级企业工程技术中心为抓手的工程技术应用体系。以广东省企业工程技术中心为例,美的集团于2018—2022年建设了广东省家用空调(美的)智能制造工程技术研究中心、广东省节能保鲜型(美的)电冰箱工程技术研究中心、广东省多元智慧健康生活电器工程技术研究中心、广东省白色家电工程技术研究中心、广东省空调电控嵌入式软件开发工程技术研究中心、广东省伺服电机(美的)工程技术研究中心、广东省涡旋式压缩机工程技术研究中心、广东省健康智能净饮设备工程技术研究中心、广东省净水设备(美的)工程技术研究中心等9家省级工程技术研究中心。这些工程技术研究中心面向美的集团在智能家居领域中的关键性技术问题、共性技术问题,通过自主研发、产学研结合、引进吸收等多种途径,进行系统化、配套化和工程化的研究开发,推动美的集团的工业技术升级迭代和产业结构优化。

综合性创新平台的搭建筑牢美的集团技术研究的基础,推动了一系列共性技术和关键技术的发展,促进美的集团不断进步。至2024年,美的集团已连续八年入选《财富》世界500强榜单,其中2022年美的集团跃居第245位,较2021年排名上升43位。

资料来源:2021年11月10日以及2023年3月21日,张振刚教授先后带领团队前往美的广州南沙"灯塔工厂"与佛山楼宇科技智能工厂调研,同时结合美的集团官网资料整理而成。

3.1 什么是综合性创新平台

综合性创新平台是指能够统筹企业各项研发活动,对企业各类创新资源进行有序的组织和管理,从而实现企业研发目标的创新系统。综合性体现为它是反映企业综合研发实力、统筹企业相关创新资源的载体。相比于其他创新平台,综合性创新平台是业务平台与功能平台的整合与提升,能够整合汇聚企业内部创新资源,开展企业创新活动。

从我国创新型企业建设实践来看,目前既能体现我国创新型企业建设的综合实力,又能系统整合企业各项研发资源的综合性平台主要包括传统型和新型两大类(见图3-1)。传统型又涵盖了企业重点实验室、企业技术中心和企业工程技术研究中心三种类别,这三种创新平台的认定各自都具有层级性和功能性。层级性是指它是国家、各省、各市认定的具有不同层级研发能力的创新平台;功能性体现了三种创新平台在创新链各个环节上的不同功能:企业重点实验室体现出**基础研究功能**、企业技术中心重点体现出**产品研发功能**、企业工程技术研究中心主要体现出**成果转化功能**。新型综合性创新平台为新型研发机构,由广东省率先提出,近几年得到了蓬勃发展,是投资主体多元化、建设模式国际化、运行机制市场化、管理制度现代化、具有可持续发展能力、产学研协同创新的独立法人组织,主要功能包括开展科技研发、科技成果转化、科技企业孵化育成、高端人才集聚和培养等。

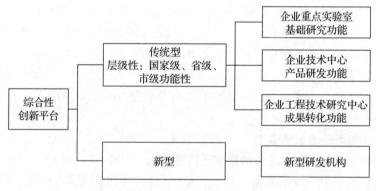

图3-1 企业综合性创新平台主要类别

需要指出的是,一些有条件的大中型企业能够建设综合性创新平台,而且这些平台往往能够获得国家与地方的认证。但是,对于一些小微型企业来说,它们更多的是围绕某一创新链上的具体业务构建平台,从而集中资源进行技术突破。由于自身条件限制,这些平台可能无法获得国家或地方关于综合性创新平台的认定。这种围绕创新链上某一环节构建的平台,本书将其称为"业务性创新平台"。综合性创新平台在具体开展业务时,其运行的内在机制能够参考业务性创新平台,具体参见下一章"业务性创新平台"的内容。同时,这些业务性创新平台达到一定规模后,在符合综合性创新平台认定条件的情况下,也可以积极申请国家、地方的创新平台认定。

不同类型和层级的综合性创新平台的申请建设要求及功能定位很明确,涉及企业技术研发、产品开发的方方面面,基本上统领了企业研发的各项工作。拥有何种级别的综合性创新平台也在一定程度上体现了一个企业的整体实力。因此，企业应该根据自身需求和实力积极申请、建设合适的综合性创新平台，提高企业的研发效率和资源整合能力。

此外，当前也有部分企业着手探索建立工业设计中心、产业创新中心等创新平台以及牵头组建技术创新中心、制造业创新中心等，不同类型的创新平台有不同的侧重点和功能。如格力电器于2016年入选工业和信息化部认定的国家级工业设计中心，意味着格力的工业原创设计能力及创新水平再次获得国家级认可。国家级工业设计中心的认定也为格力家电业的设计带来了新的活力，使得产品设计更加人性化，给消费者带来了更好的使用体验⊖。因此，当传统及新型创新平台无法满足发展要求时，企业也可以尝试建立新型创新平台。但是，本书主要聚焦于常见的企业创新平台类型，包括企业重点实验室、企业技术中心、企业工程技术研究中心、新型研发机构等。

3.2 企业重点实验室

企业重点实验室可分为国家重点实验室和省级重点实验室。国家重点实验室是开展行业应用基础研究、聚集和培养优秀科技人才、开展科技交流的重要基地，是发展共性关键技术、增强技术辐射能力、推动产学研相结合的重要平台⊜。建立国家重点实验室旨在面向社会和行业未来发展的需求，开展应用基础研究和竞争前沿共性技术研究，研究制定国际标准、国家标准和行业标准，聚集和培养优秀人才，引领和带动行业技术进步⊜。它带动并促进企业自主创新能力和行业技术水平的不断提高，是企业创新发展的需要，更是产业、国家发展的需要。省级企业重点实验室的建设可以帮助企业确立区域技术优势，组织高水准应用基础研究、聚集和培养高素质科技人才和创新团队、开展高水平学术交流，能够积极对企业生产中的问题进行技术攻关，取得良好的社会效益和经济效益。

2006年，为加强企业自主创新能力和核心竞争力，我国科学技术部开展了企

⊖ 格力电器官网.再封"国字号"：格力获"国家级工业设计中心"认定[EB/OL].（2016-01-07）[2023-11-14].http://www.gree.com.cn/Article/view/11770.

⊜ 中华人民共和国科学技术部.解读《关于依托转制院所和企业建设国家重点实验室的指导意见》[EB/OL].（2007-02-26）[2023-11-03].https://www.most.gov.cn/xxgk/xinxifenlei/fdzdgknr/fgzc/zcjd/202106/t20210628_175535.html.

⊜ 中华人民共和国科学技术部.科技部关于印发《依托企业建设国家重点实验室管理暂行办法》的通知[EB/OL].（2012-11-12）[2023-11-03].https://www.most.gov.cn/xxgk/xinxifenlei/fdzdgknr/fgzc/gfxwj/gfxwj2012/201211/t20121119_97996.html.

业国家重点实验室建设工作。截至 2020 年底，依托具有较强研究开发能力和技术辐射能力的企业共建成 174 个企业国家重点实验室⊖，节选的企业国家重点实验室名单见表 3-1。广东省科学技术厅于 2012 年开始省级企业重点实验室的建设工作，截至 2021 年 5 月，广东省共有省级企业重点实验室 142 家⊜，节选的广东省企业重点实验室名单见表 3-2。

表 3-1 企业国家重点实验室名单（节选）

序号	实验室名称	依托单位	领域
1	无线通信接入技术国家重点实验室	华为技术有限公司	信息
2	高效能服务器和存储技术国家重点实验室	浪潮集团有限公司	信息
3	中药制药过程新技术国家重点实验室	江苏康缘药业股份有限公司	医药
4	盾构及掘进技术国家重点实验室	中铁隧道集团有限公司⊜	制造
5	高性能土木工程材料国家重点实验室	江苏省建筑科学研究院有限公司	材料
6	先进不锈钢材料国家重点实验室	太原钢铁（集团）有限公司	材料
7	深部煤炭开采与环境保护国家重点实验室	淮南矿业（集团）有限责任公司	矿产
8	啤酒生物发酵工程国家重点实验室	青岛啤酒股份有限公司	农业
9	乳业生物技术国家重点实验室	光明乳业股份有限公司	农业
10	光纤光缆制备技术国家重点实验室	长飞光纤光缆股份有限公司	信息

资料来源：中华人民共和国科学技术部. 科技部关于发布 99 个企业国家重点实验室评估结果的通知 [EB/OL].（2018-06-04）[2023-11-09].https://www.most.gov.cn/xxgk/xinxifenlei/fdzdgknr/qtwj/qtwj2018/201806/t20180604_139746.html.

表 3-2 广东省企业重点实验室名单（节选）

序号	实验室名称	依托单位
1	广东省制冷设备节能环保技术企业重点实验室	珠海格力电器股份有限公司
2	广东省智能电视操作系统及应用技术重点实验室	TCL 集团股份有限公司
3	广东省智能电网新技术企业重点实验室	广东电网有限责任公司电力科学研究院
4	广东省抗病毒药物研发企业重点实验室	广东东阳光药业有限公司
5	广东省人类疾病基因组重点实验室	深圳华大生命科学研究院

⊖ 前瞻经济学人.2021 年中国国家重点实验室市场现状与发展趋势分析 未来加快筹建国家重点实验室 [EB/OL].（2021-06-16）[2023-11-09].https://baijiahao.baidu.com/s?id=1702703388016222122&wfr=spider&for=pc.

⊜ 广东省科学技术厅. 政策解读：《广东省科学技术厅关于广东省重点实验室的管理办法》政策解读 [EB/OL].（2021-05-07）[2021-11-28].http://gdstc.gd.gov.cn/zwgk_n/zcfg/zcjd/content/post_3272063.html.

⊜ 2017 年 7 月已更名为中铁隧道局集团有限公司。

(续)

序号	实验室名称	依托单位
6	广东省畜禽健康养殖与环境控制企业重点实验室	温氏食品集团股份有限公司
7	广东省特种工程塑料企业重点实验室	金发科技股份有限公司
8	广东省工业摩擦学企业重点实验室	广州机械科学研究院有限公司
9	广东省电子化学品企业重点实验室	广东光华科技股份有限公司
10	广东省环境友好涂料技术重点实验室	嘉宝莉化工集团股份有限公司

资料来源：广东省科学技术厅.广东省科学技术厅关于公布2019年度广东省重点实验室考评工作结果的通知[EB/OL].（2020-05-08）[2023-11-09]. http://gdstc.gd.gov.cn/zwgk_n/tzgg/content/post_2990485.html.

依据企业对实验室建设的投入大小，实验室建设的模式可分为企业自建实验室、共建实验室、共享实验室和利用第三方实验室四类。

企业自建实验室。企业自建实验室一般适用于资金和人才实力雄厚的大企业。这些企业往往处于企业生命周期理论中的成熟期，其现有技术水平处于行业领先地位，能够依靠自身的人才和资金优势独立地进行原始创新或在技术引进的基础上进行再创新。这些实验室主要依靠企业自身的力量进行技术研究，具备较完善的研究与试验条件。一般说来，对于需要花费较长时间进行持续创新的企业核心技术，其研究更适合选择自建实验室模式。

例如，2007年，我国科学技术部公布了首批企业国家重点实验室名单，海尔集团自建的海尔数字化家电国家重点实验室获批成为首批企业国家重点实验室之一。自建成后，该实验室一直致力于对数字家电领域前沿技术的研究，引领未来技术发展方向。通过制定国家标准，海尔数字化家电国家重点实验室减少了数字化家电领域对国外技术的依赖程度，继而提高关键技术、共性技术的自主创新能力，研究具有自主知识产权的成果，解决制约产业发展的关键技术难题，提高了海尔集团在家电行业的竞争力，也提高了家电行业的整体水平。

共建实验室。共建实验室是指企业和科研机构及其他组织依据共同目标，共同出资出力（技术和人力资本可视为投入资源）建造新实验室，最后根据各方形成的股权结构进行成果共享、风险共担。这一合作创新的实体模式广泛适用于实力中等的一般中型企业，尤其是成长期企业。共建实验室的表现形式可以是依托合作方的一级法人单位、具有相对独立的人事权和财务权的科研实体，也可以是具有独立法人结构的企业。按照公司化运营管理机制，共建实验室首先要根据优势互补、目标一致和文化兼容的原则，科学选择同行企业、高校、科研院所、金融机构、行业协会、地方政府等构成合作伙伴，各个合作主体再依据其股权对共建的实验室承担一定的义务并且享有相应的权利。

例如，2012年南车株洲电机有限公司与西安交大、时代新材联合建立了"电力设备电气绝缘国家重点实验室株洲实验基地"，形成了绝缘材料全产业研究、制造和运用的系统工程。实验室的建立，有利于整合绝缘专业资源、强化校企合作，打造研究基地以实现先进的科学技术工程化应用。由此，"南车电机"成为我国首个拥有电机绝缘系统验证评价和绝缘基础实验高端技术平台的电机研制企业，为达到世界先进水平打下了基础。

共享实验室。共享实验室是指企业与相关研究机构的现有实验室进行联合和共享，双方科技人员可以充分利用对方平台，开展合作与交流。这种模式投资少，但彼此联系相对松散，缺乏系统的研究目标和长期稳定的研究团队，成果产出速度较慢且具有不确定性。共享实验室模式通常适用于技术实力较强的企业，在其成熟期或衰退期对非核心技术或短期攻关的非成熟技术进行研究。随着全球竞争的日益加剧，技术优势和成本优势已成为企业保持竞争优势的两大支柱。相应地，以较低的成本开发核心技术，是实验室构建和运营效率提高的集中体现。当单个企业感到自身实验室的技术创新能力有限，但又不愿承担共建实验室的风险时，就会寻求外部优势资源，并通过共享实验室模式进行较低成本的合作研究。

例如，方用测试网2018年联合南方科技大学和北京中科国技信息系统有限公司在深圳建立了方用共享实验室，主要解决企业自建实验室风险问题。随着科技的发展，信息技术越来越广泛地被应用到非电子的传统行业，一系列"非标测试"和跨学科、跨领域等全新测试的需求层出不穷。但对企业来说，科研和开发活动一直是高门槛、高投入的工作，昂贵的科研仪器占据了极大部分的投入负担。通过共享实验室，企业可以整合外部资源，同时以较低成本开展研究工作。

利用第三方实验室。"第三方"是相对于企业及其已建立稳定合作关系的研究机构而言的。当企业临时需要开展某类非核心技术研究，而现有实验室的研究力量又缺乏比较优势时，企业可以选择与第三方实验室签订委托研究协议，在充分提供企业相关信息和要求的情况下，委托第三方实验室开展短期研究，并按协议条件进行成果转让或入股。企业利用第三方实验室往往针对的是面向市场的较成熟技术，一般在实力较弱的小企业的创始期使用较多。现实中，很多科技型中小企业集聚在大学城周围（最后演变为大学科技园），就是希望通过结合共建实验室和利用第三方实验室等模式，最大效率地利用大学城中众多实验室提供的各类技术。

例如，华南理工大学分析测试中心可为企业提供材料的微观形貌和晶体结构研究、微区与表面成分和化学价态分析、复杂体系分析、未知物剖析、产品质量评价与失效分析等研究活动。当企业在某个成熟技术领域有对应的研究需求时，可以与其进行合作。这种合作既最大化地利用了第三方的科研资源，也为企业降低了研究投入门槛。

3.2.1 企业重点实验室的主要功能

企业重点实验室的功能主要有四项：瞄准国际高技术前沿，针对产业和行业发展中的重大需求，开展应用基础研究、关键技术和共性技术研究，提高行业技术水平和企业自主创新能力；组织重要技术标准的研究制定；培养高层次科学研究和工程技术人才；加强行业科技合作与交流，推动技术扩散和技术储备㊀。

除了重点实验室本身的功能外，企业建立重点实验室后还可以获得国家或省级的政策倾斜。企业国家重点实验室可以申请办理进口科学研究、科技开发和教学用品的减免税手续，如2016年1月1日起可以享受支持科技创新进口税收政策。我国科学技术部在863计划、973计划、科技支撑计划等各类国家科技计划中对企业国家重点实验室进行倾斜，优先支持企业国家重点实验室承担具有行业全局性、技术前瞻性的科研项目。省级重点实验室可获得配套经费支持、经费奖励、优先支持等奖励。

3.2.2 企业重点实验室的建设条件

企业国家重点实验室的建设由来已久，我国先后印发了《国家中长期科学和技术发展规划纲要（2006—2020年）》《国务院关于印发实施〈国家中长期科学和技术发展规划纲要（2006—2020年）〉若干配套政策的通知》（国发〔2006〕6号）、"技术创新引导工程"总体部署、《国务院关于全面加强基础科学研究的若干意见》（国发〔2018〕4号）、《关于加强国家重点实验室建设发展的若干意见》（国科发基〔2018〕64号）等实验室建设规划和政策。企业国家重点实验室的主管部门为科学技术部，根据规划部署，科学技术部将有重点、有步骤地在转制院所和企业建设一批国家重点实验室。根据2012年科学技术部印发的《依托企业建设国家重点实验室管理暂行办法》，企业重点实验室申报条件见表3-3。

㊀ 中华人民共和国科学技术部.关于依托转制院所和企业建设国家重点实验室的指导意见[EB/OL].（2007-02-01）[2023-11-09].http://www.most.gov.cn/ztzl/gjzctx/200702/t20070201_41004.html.

表 3-3　企业重点实验室申报条件

企业重点实验室	申报条件
国家重点实验室	1. 符合国家产业发展政策和趋势，开展应用基础研究和竞争前共性技术研究 2. 研究实力强，在本行业有代表性，具备承担国家重大科研任务的能力 3. 具有结构合理的高水平科研队伍 4. 具备良好的科研实验条件和集中的科研用房 5. 依托单位须为在中国境内（不含港、澳、台地区）注册的具有法人资格的企业 6. 作为部门或地方省部级重点实验室运行两年以上，具有规范有效的管理和运行制度 7. 主管部门及依托单位能保证提供企业国家重点实验室建设经费和运行经费
广东省重点实验室	1. 研究领域、内容明确，近中远期建设目标清晰 2. 科技优势明显，在本领域、本行业处于国际、国内或省内先进水平；科研实力雄厚，能承担和完成国家及广东省重大科研任务，产出高水平研究成果 3. 科研人员队伍素质优良、规模适中、结构优化、能力突出，且保持相对稳定 4. 实验室主任、学术带头人科研、学术水平高，学风正派民主，注重团结协作，实验室主任具有较强的组织领导和统筹协调能力 5. 科研用房和场地相对集中且面积充足，科学仪器设备居国内一流水平并对外开放使用 6. 科研组织体系、管理体制和运行机制比较完善，创新文化氛围良好 7. 具备良好的实验室科研基础，同等条件下优先支持已建设运行 2 年以上的省直和地市等部门建设的重点实验室

资料来源：

[1] 中华人民共和国科学技术部．科技部关于印发《依托企业建设国家重点实验室管理暂行办法》的通知[EB/OL]．（2012-11-12）[2023-11-09].http://www.most.gov.cn/xxgk/xinxifenlei/fdzdgknr/fgzc/gfxwj/gfxwj2012/201211/t20121119_97996.html.

[2] 广东省科学技术厅．关于印发《广东省科学技术厅关于广东省重点实验室的管理办法》的通知[EB/OL]．（2021-03-30）[2023-11-09].http://gdstc.gd.gov.cn/zwgk_n/tzgg/content/post_3250868.html.

省级重点实验室的申报批准一般由对应的省级科学技术主管部门负责。以广东省为例，广东省科学技术厅于 2012 年颁发了《广东省科学技术厅关于省重点实验室建设与运行的管理办法》，首次明确了省级重点实验室建设条件。随后在 2021 年，广东省科学技术厅印发了《广东省科学技术厅关于广东省重点实验室的管理办法》，将学科类省重点实验室和企业类重点实验室统一管理，《广东省科学技术厅关于广东省重点实验室的管理办法》中省重点实验室的申报条件见表 3-3。

3.3　企业技术中心

国家发展和改革委员会印发的《国家企业技术中心认定管理办法》指出，企业技术中心是指企业根据市场竞争需要设立的技术研发与创新机构，负责制定企业技术创新规划、开展产业技术研发、创造运用知识产权、建立技术标准体系、凝聚培养创新人才、构建协同创新网络、推进技术创新全过程实施⊖。可以看出，与重点实验室和企业工程技术研究中心不同的是，企业技术中心更加强调技术研发功能，通过技术的创新推动产品研发，从而帮助企业在激烈的市场竞争中取得优势。因此，企业技术中心建设是提升企业技术创新能力的关键环节和重要内容，也是企业自我发展、提高竞争力的内在需求和参与市场竞争、成为技术创新主体的必然选择。

截至2023年2月22日，国家企业技术中心为1714家、分中心为113家，其中2022年当年新增确认113家企业技术中心、8家分中心⊜，节选的国家企业技术中心名单见表3-4。截至2022年6月，广东省共有1510家省级企业技术中心⊜⑲，节选的广东省企业技术中心名单见表3-5。

表3-4 国家企业技术中心名单（节选）

序号	企业名称	企业技术中心名称	地区
1	北京泰德制药股份有限公司	北京泰德制药股份有限公司技术中心	北京市
2	中微半导体设备（上海）股份有限公司	中微半导体设备（上海）股份有限公司技术中心	上海市
3	江苏铁锚玻璃股份有限公司	江苏铁锚玻璃股份有限公司技术中心	江苏省
4	贝达药业股份有限公司	贝达药业股份有限公司技术中心	浙江省
5	广州明珞装备股份有限公司	广州明珞装备股份有限公司技术中心	广东省
6	深圳市大疆创新科技有限公司	深圳市大疆创新科技有限公司技术中心	广东省
7	锦浪科技股份有限公司	锦浪科技股份有限公司技术中心	浙江省
8	厦门光莆电子股份有限公司	厦门光莆电子股份有限公司技术中心	福建省
9	洛阳轴承研究所有限公司	洛阳轴承研究所有限公司技术中心	河南省
10	三诺生物传感股份有限公司	三诺生物传感股份有限公司技术中心	湖南省

资料来源：中华人民共和国中央人民政府.关于发布2020年（第27批）新认定及全部国家企业技术中心名单的通知[EB/OL].（2020-12-22）[2023-11-09]. https://www.gov.cn/zhengce/zhengceku/2020-12/30/content_5575355.htm.

⊖ 中华人民共和国国家发展和改革委员会.中华人民共和国国家发展和改革委员会 中华人民共和国科学技术部 中华人民共和国财政部 中华人民共和国海关总署 国家税务总局令（第34号）[EB/OL].（2016-03-24）[2023-11-09]. https://www.ndrc.gov.cn/xxgk/zcfb/fzggwl/201603/t20160324_960815.html.

⊜ 中华人民共和国国家发展和改革委员会.2022年（第29批）国家企业技术中心拟认定名单公示[EB/OL].（2022-11-30）[2023-11-09]. https://www.ndrc.gov.cn/xwdt/tzgg/202211/t20221129_1342818.html.

⊜ 广东省工业和信息化厅.广东省工业和信息化厅 广东省财政厅 海关总署广东分署 国家税务总局广东省税务局关于认定第十九批广东省省级企业技术中心的通知[EB/OL].（2021-01-18）[2023-11-09]. http://gdii.gd.gov.cn/zwgk/tzgg1011/content/post_3178984.html.

⑲ 广东省工业和信息化厅.广东省工业和信息化厅关于2021年省级企业技术中心（第20批）认定名单的公示[EB/OL].（2022-05-16）[2023-11-09]. http://gdii.gd.gov.cn/gkmlpt/content/3/3931/mpost_3931224.html#2885.

表 3-5 广东省企业技术中心名单（节选）

序号	城市	省级企业技术中心所在企业
1	广州市	广州市白云化工实业有限公司
2	珠海市	珠海格力电器股份有限公司
3	佛山市	广东一方制药有限公司
4	韶关市	广东东阳光科技控股股份有限公司
5	梅州市	广东嘉元科技股份有限公司
6	惠州市	惠州亿纬锂能股份有限公司
7	东莞市	广东生益科技股份有限公司
8	中山市	中山市中智药业集团有限公司
9	肇庆市	肇庆大华农生物药品有限公司
10	潮州市	潮州三环（集团）股份有限公司

资料来源：广东省工业和信息化厅.广东省工业和信息化厅关于2021年度省级企业技术中心评价结果的公示[EB/OL].（2022-07-13）[2023-11-09].http://gdii.gd.gov.cn/jscx3230/content/post_3973354.html.

3.3.1 企业技术中心的主要功能

企业技术中心主要发挥六个方面的作用：消化、吸收满足企业中长期发展需要的战略技术、产业发展前沿技术和引进技术；新产品、新工艺、新技术的开发与在本企业的应用推广工作；行业相关信息的获取、分析和判断工作，本企业技术改造、科研与关键生产技术装备、项目投资等重大生产经营活动的技术咨询、分析工作；产学研及企业内外技术合作交流沟通的桥梁，人才引进和培养提升的基地；核心技术的知识产权管理、专利申报、维护等管理工作；企业科技活动管理、技术管理与科技资源整合与利用等工作[1]。

2019年《广东省技术创新中心建设方案》指出："广东省技术创新中心对标国家技术创新中心，是我省推动技术创新与成果转化、引领产业发展的重要载体，是我省技术创新体系建设的重要组成部分。技术创新中心建设以新一代信息技术、高端装备制造、绿色低碳、生物医药、数字经济、新材料、海洋经济等七大战略性新兴产业领域，以及现代种业和精准农业、现代工程技术等为重点，构建产学研协同创新的生态系统，使产业技术创新更聚焦技术前沿、更贴近产业需求，形成从基础研究到应用研究、规模化生产的完整的技术创新链条，加快解决制约广东产业发展的关键共性技术、前沿引领技术、现代工程技术、颠覆性技术等瓶颈

---

[1] 范翔，韦海，覃建光，等.企业技术中心如何建设的探讨[J].大众科技，2019，21（9）：135-136.

问题，着力解决'关键核心技术、关键零部件、重大装备受制于人'的问题，为产业内企业特别是科技型中小微企业提供技术创新与成果转化全链条服务，加快科技成果的转化和应用示范，为提升关键领域产业竞争力、保障国家和省经济发展安全、推进高质量发展提供强有力的支撑和保障。"

技术中心对企业的发展壮大、创新能力提升、创建创新平台、技术创新产出、创新合作机制、创新人才培养等方面也有着重要意义，能够进一步完善以企业为核心的技术创新体系。

3.3.2 企业技术中心的建设条件

技术中心作为企业技术创新的载体，能形成适应市场竞争要求和企业发展需要的企业技术开发体系及其有效运行机制，提高企业的市场反应能力资源协调能力和自主创新能力，从根本上提高企业的核心竞争能力，增强企业发展后劲。

有条件的大中型企业、企业集团和行业龙头企业应积极建立企业技术中心，充分利用企业技术研发的人力、物力和财力，实现更高效率的基础研究与应用研究结合、产品设计与工艺设计结合、软技术与硬技术结合，提高企业产品开发的能力和水平。

企业技术中心的建立难度适中，适合大中型企业、企业集团和行业龙头企业建立，并进行国家级或省级技术中心认定。

以国家企业技术中心为例，2016年国家发展和改革委员会联合科学技术部、财政部、海关总署、国家税务总局等发布《国家企业技术中心认定管理办法》，对国家企业技术中心的认定和管理做出了规定。省级企业技术中心的认定条件较国家级略低，同时各省有各自的条件要求。以广东省为例，广东省工业和信息化厅在2021年印发了《广东省工业和信息化厅关于省级企业技术中心管理办法》。国家企业技术中心及广东省企业技术中心申报条件见表3-6。

表3-6 企业技术中心申报条件

企业技术中心	申报条件
国家企业技术中心	1. 企业在行业中具有显著的发展优势和竞争优势，具有行业领先的技术创新能力和水平 2. 企业具有较好的技术创新机制，企业技术中心组织体系健全，创新效率和效益显著 3. 有较高的研究开发投入，年度研究与试验发展经费支出额不低于1500万元；拥有技术水平高、实践经验丰富的技术带头人，专职研究与试验发展人员数不少于150人 4. 具有比较完善的研究、开发、试验条件，技术开发仪器设备原值不低于2000万元；有较好的技术积累，重视前沿技术开发，具有开展高水平技术创新活动的能力

（续）

企业技术中心	申报条件
国家企业技术中心	5. 具有省级企业技术中心资格两年以上 企业在申请受理截止日期前三年内，**不得**存在下列情况： （1）因违反海关法及有关法律、行政法规，构成走私行为，受到刑事、行政处罚，或因严重违反海关监管规定受到行政处罚 （2）因违反税收征管法及有关法律、行政法规，构成偷税、骗取出口退税等严重税收违法行为 （3）司法、行政机关认定的其他严重违法失信行为
广东省企业技术中心	1. 在广东省境内（不含深圳市）依法注册，具有独立法人资格，已建立企业技术中心，并正常运作一年以上 2. 企业技术中心组织体系健全，管理规范，发展规划和发展目标明确，与高校或科研院所建立稳定的合作渠道，创新成果显著，知识产权管理水平较高，拥有自主知识产权的核心技术和品牌；技术标准体系完善，能将科技成果及时转化为技术标准 3. 具有一定的规模和较好的经济效益，制造业及其他行业（其他行业主要指与制造业发展相关的商贸流通业、信息服务业、物流业）企业年主营业务收入不低于 1 亿元 4. 具有较强的技术创新能力和较高的研究开发投入，年度研究与试验发展经费支出额不低于 800 万元 5. 拥有技术水平高、实践经验丰富的技术带头人，在行业内具有较强的创新人才优势；制造业及其他行业企业专职研究与试验发展人员数不少于 50 人，建筑业企业专职研究与试验发展人员数不少于 60 人 6. 具有比较完善的研究、开发、试验条件，有较好的技术积累，重视前沿技术开发，具有开展高水平技术创新活动的能力；制造业及其他行业企业技术开发仪器设备原值不低于 800 万元，建筑业企业技术开发仪器设备原值不低于 1000 万元 7. 具有稳定的技术创新投入，企业技术中心经费纳入企业财务年度预算；建筑业企业年度研究与试验发展经费支出额占企业工程结算收入比重不低于 0.5%；制造业及其他行业企业年度研究与试验发展经费支出额占主营业务收入比重的最低标准分段计算，并运用行业系数加以调节 （1）主营业务收入 10 亿元（含）以下部分比重不低于 3% （2）主营业务收入 10 亿元至 100 亿元（含）部分比重不低于 2% （3）主营业务收入 100 亿元以上部分比重不低于 1.5% 8. 企业两年内（指省级企业技术中心当年申请截止日期起向前推算两年）未发生下列情况 （1）司法、行政机关认定的严重违法失信行为 （2）由于企业技术或管理原因发生重大质量、生产安全、环境安全事故

资料来源：

[1] 中华人民共和国国家发展和改革委员会.中华人民共和国国家发展和改革委员会　中华人民共和国科学技术部　中华人民共和国财政部　中华人民共和国海关总署　国家税务总局令（第34号）[EB/OL].（2016-03-24）[2023-11-09].https://www.ndrc.gov.cn/xxgk/zcfb/fzggwl/201603/t20160324_960815.html.

[2] 广东省工业和信息化厅.广东省工业和信息化厅关于印发省级企业技术中心管理办法的通知[EB/OL].（2021-09-25）[2023-11-09].http://gdii.gd.gov.cn/jscx3230/content/post_3555389.html.

3.4 企业工程技术研究中心

企业工程技术研究中心是依托具有较强科技创新能力的法人单位建设的科研实体；是强化企业科技创新主体地位，促进各类创新要素向企业集聚，形成以企业为主体、市场为导向、产学研用深度融合的技术创新体系的重要载体；是聚集和培养高水平工程技术人才、开展产业共性技术研发、产学研协同推动科技成果转移转化、服务产业高质量发展的重要平台[一]。可以看到，与企业重点实验室和企业技术中心不同的是，企业工程技术研究中心在综合性创新平台中更加侧重成果转化功能，其旨在探索科技与经济结合的新途径，加强科技成果向生产力转化的中间环节，促进科技产业化。

截至2016年底，我国共建成国家工程技术研究中心347个和分中心13个，合计360个，其中，依托企业建设的国家工程技术研究中心有189个，占工程技术研究中心总数的52.5%[二]。根据科学技术部、财政部、国家发展改革委关于印发《国家科技创新基地优化整合方案》的通知（国科发基〔2017〕250号），从2017年8月起，科学技术部不再批复新建国家工程技术研究中心。2014—2022年，广东省科学技术厅已认定广东省工程技术研究中心情况见表3-7。以2021年为例，节选的广东省工程技术研究中心名单见表3-8。

表3-7 广东省工程技术研究中心认定情况（2014—2022年）

认定年份	数量（家）	认定年份	数量（家）
2014	335	2019	790
2015	589	2020	131
2016	637	2021	770
2017	1564	2022	877
2018	1136	合计	6829

资料来源：广东省科学技术厅官方网站。

[一] 广东省科学技术厅.广东省科学技术厅关于印发《广东省工程技术研究中心管理办法》的通知[EB/OL].（2022-12-16）[2023-11-09]. http://gdstc.gd.gov.cn/zwgk_n/zcfg/gfwj/content/post_4067201.html.

[二] 中华人民共和国科学技术部.国家工程技术研究中心2016年度报告[EB/OL].（2018-05-21）[2023-11-09]. http://www.most.gov.cn/xxgk/xinxifenlei/fdzdgknr/zfwzndbb/201805/P020180521579923434724.pdf.

表 3-8 广东省工程技术研究中心名单（节选）

序号	工程技术中心名称	依托单位
1	广东省大家居三维智能平台工程技术研究中心	广州极点三维信息科技有限公司
2	广东省物流领域计算机视觉工程技术研究中心	顺丰科技有限公司
3	广东省伺服电机（美的）工程技术研究中心	广东美的智能科技有限公司
4	广东省智慧港航工程技术研究中心	珠海港信息技术股份有限公司
5	广东省智慧电力工程技术研究中心	华润电力技术研究院有限公司
6	广东省 5G 智慧车联网工程技术研究中心	惠州市博实结科技有限公司
7	广东省智能 LED 教育照明工程技术研究中心	广东尔漫照明有限公司
8	广东省制冷与洗涤（格兰仕）工程技术研究中心	中山格兰仕日用电器有限公司
9	广东省高性能漆具工程技术研究中心	肇庆市美居师漆具有限公司
10	广东省遥控模型车（信宇）工程技术研究中心	广东信宇科技股份有限公司

资料来源：广东省科学技术厅．广东省科学技术厅关于拟认定 2021 年度广东省工程技术研究中心名单的公示 [EB/OL]．（2021-08-02）[2023-11-09]．http://gdstc.gd.gov.cn/attachment/0/436/436956/3450423.pdf．

3.4.1 企业工程技术研究中心的主要功能

企业工程技术研究中心的出现绝非偶然，而是现代科学技术发展和社会经济需求的必然结果。科学技术的发展从学科高度分化的基础上逐步走向高度综合。日益综合化的现代科学技术体系使得依赖原有的单一学科知识难以解决新出现的工程问题，因此必须对科学技术研究组织进行相应的改革。因此，科学技术的综合化是企业工程技术研究中心出现的根本原因，而其宗旨在于实现科学研究、人才培养和工程问题的紧密结合，进而加速高新技术研究成果的产业化[⊖]。

企业工程技术研究中心主要以企业为服务对象，主要功能有四个方面。**一是制定企业技术发展战略**。通过深入研究企业的发展需求和行业趋势，企业工程技术研究中心能够为企业制定长远的技术发展规划，包括确定关键技术领域的重点方向、规划技术研发的资源配置，以及确立技术创新的路线图和时间表。制定科学可行的技术发展战略，对于企业的长期竞争力构建和可持续发展至关重要。**二是对行业关键技术进行自主研发或引进消化并进行成果转化**。通过开展前沿技术研究和创新，企业工程技术研究中心能够推动企业技术水平的提升，为企业带来新产品、新工艺和新市场机遇。同时，企业工程技术研究中心也能够积极引进国内外领先的技术，进行本土化的消化吸收和创新转化，以满足企业对高质量、高

⊖ 王方．基于战略地图的工程中心发展战略研究 [J]．科学学研究，2015，33（2）：254-263．

性能技术的需求。通过技术成果转化，企业工程技术研究中心能够为企业带来经济效益和市场竞争优势。**三是对外进行技术交流与合作**。企业工程技术研究中心可与其他企业、科研机构、高校和行业组织建立广泛的合作关系，开展技术交流、合作研究和项目合作。通过分享经验、交流成果和合作创新，企业工程技术研究中心能够促进技术进步和知识共享，拓展企业的技术视野和影响力。同时，通过与外部合作伙伴的联合研发和共同创新，企业工程技术研究中心能够加速技术成果的转化和应用推广，实现资源共享和互利共赢。**四是培养行业或领域需要的高质量工程技术人员和工程管理人员**。通过组织内部的培训和学习活动，企业工程技术研究中心能够提升员工的技术素质和创新能力，培养专业化、复合型的工程技术人才。同时，企业工程技术研究中心还可以与高校、科研院所等合作，开展人才培养计划、共建实验室等项目，为行业输送高层次的工程技术和管理人才。这些人才的储备和培养，对于企业的长期发展和持续创新起着重要的支撑和推动作用。

3.4.2 企业工程技术研究中心的建设条件

企业可以根据自身规模建立对应的企业工程技术研究中心。在建立过程中，企业可选择先整合自身资源建立相关研究部门，在后续的发展中，逐步扩大规模，申报成为政府认定的企业工程技术研究中心。以广东省企业工程技术研究中心为例，根据2022年12月印发的《广东省工程技术研究中心管理办法》，其申报条件见表3-9。

表3-9 广东省企业工程技术研究中心申报条件

分类	申报条件
单位规模	具有一定的资产规模和相对稳定的资金来源，有持续的研发投入。其中，申报单位为企业的，上一年度主营业收入原则上不低于5000万元，上一年度研发经费不低于主营业务收入的3%（研发经费超过3000万元的，不受该比例限制）；申报单位为高校、科研机构的，近3年内在本领域的研发经费总额不低于3000万元，且上一年度研发经费不低于1000万元
科研设备	有相对集中的工程试验用房和场地，具备开展工程化研发、设计和试验的综合能力，研发设备原值原则上不低于300万元
科研队伍	拥有高水平的技术带头人和结构合理的工程技术队伍，具有培养高技能专业人才的能力。其中，工程技术队伍中的专职科研人员数，珠三角地区申报单位不少于20人，粤东西北地区申报单位不少于10人
科研成果	建有专门研发机构，研究方向和技术领域明确，具备科技成果转化能力，在本领域拥有的自主知识产权不少于5项
管理机制	申报单位原则上已建有市（区）级及以上科研平台，科研管理体制和运行机制比较完善
限制条件	未因严重违法失信行为被司法、行政机关依法列入联合惩戒对象名单；近三年未发生重大环保、安全等责任事故，未出现严重学术诚信问题；符合国家和省其他相关规定

资料来源：广东省科学技术厅.广东省科学技术厅关于印发《广东省工程技术研究中心管理办法》的通知[EB/OL].（2022-12-16）[2023-11-09].http://gdstc.gd.gov.cn/zwgk_n/zcfg/gfwj/content/post_4067201.html.

3.5 新型研发机构

新型研发机构指投资主体多元化、建设模式国际化、运行机制市场化、管理制度现代化、创新创业与孵化育成相结合、产学研紧密结合的独立法人组织。其中,"运行机制市场化"主要是指新型研发机构投入、产出、收益、分配按照企业模式面向市场运作,实现"独立核算、自主经营、自负盈亏、可持续发展"。因与传统研发机构相比拥有许多新特点,故这种组织被称为新型研发机构,其投资主体相对多元,研发经费既有政府的,也有企业的;在管理体制上,实行理事会决策制或院所长负责制,拥有相对独立的财权、人事权;在研发活动中,可根据实际需求自主确定选题,动态设立调整研发单元,灵活配置科研人员、组织研发团队、调配仪器设备等,学术自主权相对较大[1]。

广东省是全国支持新型研发机构建设较早的省份,《广东省人民政府关于加快科技创新的若干政策意见》(粤府〔2015〕1号)、《关于支持新型研发机构发展的试行办法》、《广东省科学技术厅关于新型研发机构管理的暂行办法》、《广东省自主创新促进条例》等政策文件的出台,使得广东省对新型研发机构的建设管理不断优化。2019年9月,科学技术部印发《关于促进新型研发机构发展的指导意见》,支持各地推动新型研发机构健康有序发展,提升国家创新体系整体效能。2015—2021年广东省新型研发机构认定情况见表3-10,2020—2021年度广东省新型研发机构名单(节选)见表3-11。

表3-10 广东省新型研发机构认定情况(2015—2021年)

认定年份	数量(家)
2015	124
2016	56
2017	39
2018	25
2019	53
2020—2021	43
合计	340

资料来源:广东省科学技术厅官方网站。

---

[1] 谷业凯. 新型研发机构要有新作为[N]. 人民日报,2020-07-06(19).

表 3-11　2020—2021 年度广东省新型研发机构名单（节选）

序号	项目名称
1	北昊干细胞与再生医学研究院有限公司
2	广东腐蚀科学与技术创新研究院
3	广东省大湾区华南理工大学聚焦诱导发光高等研究院
4	广东香雪精准医疗技术有限公司
5	广东越新微系统研究院
6	广东粤港澳大湾区国家纳米科技创新研究院
7	广东粤港澳大湾区协同创新研究院
8	广汽零部件有限公司
9	广州百暨基因科技有限公司
10	广州华新科智造技术有限公司

资料来源：广东省科学技术厅.广东省科学技术厅关于下达 2020～2021 年度广东省新型研发机构名单的通知[EB/OL].（2022-01-27）[2023-11-09].http://gdstc.gd.gov.cn/zwgk_n/tzgg/content/post_3801625.html.

广东省新型研发机构的建设可以分为五个阶段[1]，见图 3-2。

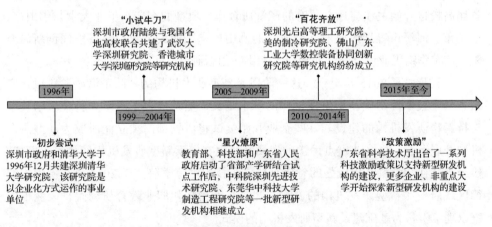

图 3-2　广东省新型研发机构发展历程

第一阶段是 1999 年前，广东省新型研发机构成立较早的是深圳市政府和清华大学于 1996 年 12 月共建的深圳清华大学研究院，该研究院是以企业化方式运作的事业单位，双方各占 50% 股份，实行理事会领导下的院长负责制。这一阶段是新型研发机构的"初步尝试"阶段。

---

[1] 赵剑冬，戴青云.广东省新型研发机构数据分析及其体系构建[J].科技管理研究，2017，37（20）：82-87.

第二阶段是 1999—2004 年，深圳市政府陆续与我国各地高校联合共建了武汉大学深圳研究院、深港产学研基地、香港城市大学深圳研究院、香港理工大学深圳研究院等研究机构。这一阶段是新型研发机构的"小试牛刀"阶段，主要特征是参考清华大学深圳研究院的成长模式，尤其是吸引了我国香港地区多所高校的加入。

第三阶段是 2005—2009 年，教育部、科技部和广东省人民政府启动了省部产学研结合试点工作后，中科院深圳先进技术研究院、东莞华中科技大学制造工程研究院、东莞电子科技大学电子信息工程研究院、佛山中国科学院产业技术研究院等一批新型研发机构相继成立。这一阶段是新型研发机构的"星火燎原"阶段，主要特征是东莞、佛山等地参考深圳的成功模式，在省部产学研试点工作推动下，陆续与中国科学院和国内重点大学共建多个研究机构。

第四阶段是 2010—2014 年，深圳光启高等理工研究院、美的制冷研究院、佛山广东工业大学数控装备协同创新研究院等研究机构纷纷成立。这一阶段是新型研发机构的"百花齐放"阶段，主要特征是组建模式更加多样化。组建方式是直接引入民营资本，有以民办非企业方式注册的新型研发机构，也有在综合实力较强的传统企业研发部门独立注册而成的新型研发机构。除了重点大学外，个别广东省属高校也开始关注与地方政府的产学研合作，典型的有广东工业大学与佛山市、东莞市、河源市等地区政府联合成立的佛山广东工业大学数控装备协同创新研究院、广东华南工业设计院、河源广工大协同创新研究院。

第五阶段是 2015 年至今。这一阶段是新型研发机构的"政策激励"阶段，广东省科学技术厅明确新型研发机构的基本定义，更是出台了一系列科技激励政策支持新型研发机构的建设。一些企业开始尝试将研发部门独立注册成为新型研发机构开展运营，更多非重点大学的省属高校也在探索新型研发机构的建设。例如，传统人文社会学科基础较强的省属高校广东技术师范学院，于 2015 年与佛山市顺德区政府按照新型研发机构的模式共建广东顺德现代职业教育研究院，改变了传统以理工学科为基础建设新型研发机构的模式。

从某种意义上说，企业之间的竞争就是企业整合各种资源能力的竞争，即企业拥有的各种平台之间的竞争。仅有研发平台，就是传统意义上研究机构的概念；仅有市场平台，就是传统意义上企业的概念；只有生产平台，就是传统意义上工厂的概念。"新型研发机构"是传统企业与现代研究机构在一个企业框架下的深度融合——市场平台向研发平台提供创新需求和资金支持，研发平台向市场平台提供有竞争力的创新产品，契合利用市场机制配置创新资源的客观规律，提高创新效率，是推动产业升级发展最活跃的重要力量。

在未来的区域创新系统中,我国高校和传统科研院所将专注于基础研究,企业研究机构将逐步成为应用研究的主体,重视颠覆性技术创新,甚至尝试开展基础性、前沿性创新研究。以广东省新型研发机构为例,按照不同类型单位主导的建设模式,其可以分为企业主导、科研院所主导、高校主导、政府主导、社会组织团体或个人主导五种类型(见表 3-12)。

表 3-12 新型研发机构的分类和定位

分类	作用定位	发展定位及政策建议
企业主导型	逐步成为应用研究的主体,重视颠覆性技术创新	重点支持发展,借鉴外资企业在我国设立的各类研究院的发展经验
科研院所主导型	重点实施行业关键技术本地化和技术扩散	重点支持发展,优先支持在粤建设分支机构
高校主导型	依托高校雄厚的学科研究基础,实施科技成果转化	重点支持发展,以科技服务模式参与建设
政府主导型	重点提供公益性的行业服务,支持关键技术创新扩散	建议未来主要依托科研院所、高校建设
社会组织团体或个人主导型	为某一具体行业提供专业的研发技术	发展成为科技合作中介组织

资料来源:赵剑冬,戴青云. 广东省新型研发机构数据分析及其体系构建[J]. 科技管理研究,2017,37(20):82-87.

由此可见,企业牵头建设新型研发机构应该是未来的重要发展方向。由企业主导的新型研发机构服务于企业技术创新,以消化吸收各类技术并实施集成创新为主要目标,未来发展将趋同于目前外资企业在我国设立的各类研究院。

3.5.1 新型研发机构的主要功能

新型研发机构作为一种新兴的研发组织业态,在科学研究与技术研发、科技成果转化与科技企业孵化、高端人才集聚和培养等方面呈现出与传统研发机构不一样的功能,在填补创新价值链缺失环节,促进科技成果跨越"死亡之谷",破解科技与经济"两张皮"等方面发挥了重要作用[一]。

大型企业或者行业龙头企业建设新型研发机构是出于企业发展的需要,其主要有三个作用。第一,开展科技研发:围绕企业所在行业领域的前沿技术、关键技术和共性技术开展研发,解决企业发展中的技术瓶颈,并培育高价值专利,为企

[一] 周泽兴,刘贻新,张光宇. 法人身份视角下的新型研发机构创新阻碍及对策研究[J]. 广东工业大学学报,2020,37(1):95-102.

业的创新发展提供支撑。第二，实现科技成果转化：推动自主研发或引进技术向市场产品转化，增强企业的产品竞争力。第三，助推高端人才集聚和培养：引进行业高端人才及团队，培养和造就优秀的科技创新人才，为企业及地方经济发展服务。

3.5.2 新型研发机构的建设条件

新型研发机构是为了弥补传统创新平台的缺点，适应数字化经济发展需要而诞生的，目前处于蓬勃发展时期，且具有多种探索的可能和方向。

以广东省为例，2022年广东省科学技术厅印发《广东省新型研发机构管理办法》，明确了申报新型研发机构应具备的基本条件，见表3-13。

表3-13 广东省新型研发机构申报基本条件

分类	基本条件
资格条件	具备独立法人资格，须注册运营达到一年以上
功能定位	具有明确功能定位，主要从事前沿技术研究、产业技术开发、科技成果转化、企业技术服务、创办科技企业等工作
研发条件	1. 拥有开展研发试验、分析检测的仪器设备和必需的条件设施与科研场地，其中自有科研仪器设备原价总值不低于200万元，固定科研场地面积不少于600平方米 2. 具有研发能力较强的人才队伍，常驻研发人员数不少于20人，常驻研发人员数占职工总数的比例不低于40%，法定代表人或主要负责人应为机构全职人员或常驻人员 3. 具有一定的资产规模和稳定的资金来源，保障新型研发机构建设与发展。上一个会计年度研究开发费用支出珠三角地区不低于500万元，粤东西北地区不低于200万元，且占同期总收入的比例不低于20%；上一个会计年度成果转化收入占同期经营性收入的比例原则上不低于30%
制度建设	具有创新、科学、规范的管理制度。建立知识产权管理、资金管理、薪酬激励、内控监督、成果转化等制度
活动要求	主要从事生产制造、教育教学、园区及孵化器管理等活动的单位原则上不予受理

资料来源：广东省科学技术厅. 广东省科学技术厅关于印发《广东省新型研发机构管理办法》的通知[EB/OL].（2022-10-14）[2023-11-09].http://gdstc.gd.gov.cn/zwgk_n/zcfg/gfwj/content/post_4029501.html.

第 4 章
业务性创新平台

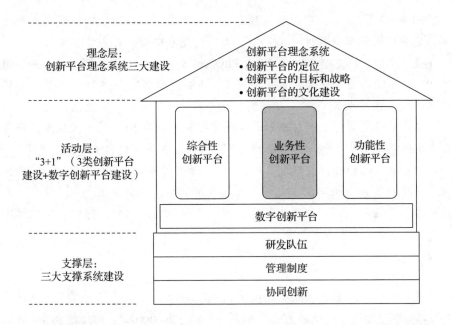

作为活动层中三类创新平台之一，业务性创新平台主要面向创新链活动，以平台化方式促进企业创新。本书对业务性创新平台的讲解围绕"技术研发平台、产品开发平台、产品设计平台、工艺创新平台、测试评价平台、产品试制平台"六个平台展开，介绍每一种平台的基本情况以及建设要点。

开篇案例

广州明珞的业务性创新平台建设

广州明珞汽车装备有限公司（以下简称"明珞"）成立于2008年6月，是一家为汽车制造业和一般工业领域的制造企业提供智能制造解决方案的高新技术企业，目前已为奔驰、宝马、奥迪、福特、大众、通用、长城、吉利、广汽、上汽、北汽等国内外多家汽车制造厂商提供车身焊装智能制造生产线，产品出口美国、德国、日本、墨西哥、南非、马来西亚等国。2020年11月，明珞数字制造与工业互联网全球总部项目正式动工，今后将进一步与粤港澳大湾区中小企业开展科技创新探索，并致力于打造国家级制造业创新中心。

1. 在技术研发平台建设方面

2020年12月28日，明珞获批通过国家级企业技术中心认定。明珞重视技术创新，建有广东省车身柔性智能制造装备工程技术中心、广东省智能工厂解决方案工业设计中心、广东省CPS（Cyber-Physical System，信息物理系统）离散制造数字化创新中心等省级平台，每年研发投入占年度销售收入的10%以上。明珞自主研制出汽车生产制造系统、自动装焊生产线/焊接夹具、高精度输送设备、汽车动力总成制造装备、电气及机器人自动化控制系统等30多项研发成果，拥有国内外自主知识产权612项，其中专利为252项，软件著作权为124项。其中的VC（Virtual Commissioning，虚拟调试）技术、工业大数据诊断分析平台、多车型共线柔性总拼系统等自主研发技术打破了国外技术垄断，实现了国产化。此外，明珞产品技术水平国际领先，有多项核心技术为全球首创。比如，明珞建立了行业首条非标数字化加工线和柔性装配线。

2. 在产品开发平台建设方面

明珞通过CRM（Customer Relationship Management，客户关系管理）体系了解客户需求并在市场变化的基础上生产M版本（Modification）[○]。此外，公司还建立了数据机床、机器人、系统间技术MISP（Malware Information Sharing Platform，开源威胁情报共享平台）等公共基础模块（Common Building Block，CBB），形成了统一管理的产品货架，推动着产品开发平台的建设。基于产品开发平台，明珞通过CRM体系细分客户群了解客户需求，并在CBB和产品货架的基础上进行产品开发。

3. 在产品设计平台建设方面

在汽车行业中，不同客户车型的结构与标准都有一定的差距，其对应的工艺流程、夹具等也有所区别，以往基本采用非标设计的方式解决该问题。但相应地，所有客户都采用非标设计将影响产品设计的效率。为实现非标设计的标准化，明

○ M版本（Modification）是针对具体客户的产品，开发周期更短，以实施服务为主，研发部门协同辅助（详情见4.3.1）。

珞通过大量标准零部件库的积累形成产品货架，并在明珞自身的行业基础上创建了知识工程体系，开发出工装自动化设计平台。工装自动化设计平台里的PLC（Programmable Logic Controller，可编程逻辑控制器）改变了以往每个项目都要重新设计的工业模式，将PLC程序设计、硬件图样设计等非标工作进行标准化、模块化设计，最终将非标程序设计工作转变为标准化的设计工作。

4. 在工艺创新平台建设方面

随着专有性工艺技术的不断积累，明珞开始培育自主工艺创新能力，组织科技人员对关键工艺技术进行攻关。明珞在建造工艺平台的过程中应用公共基础模块CBB的MES（Manufacturing Execution System，制造执行系统）进行工艺创新，通过持续不断的工艺改进和流程优化，逐渐积累了一定的核心工艺技术。例如，明珞开发了业内首条搭载WMS（Warehouse Management System，仓库管理系统）、MES等智能制造管理系统的夹具和电气装配工艺流水线。

5. 在测试评价平台建设方面

明珞在产品性能测试中，利用虚拟生产线模型对设计方案、PLC程序、HMI（Human Machine Interaction，人机交互）程序和机器人程序进行验证和测试。此外，明珞还利用Tecnomatix（一个综合性数字化制造解决方案系统）虚拟调试解决方案，以提高效率、节约时间。例如，Tecnomatix的补偿对齐功能将明珞生产线仿真的准确率提高至98%，减少了车间的返工量。

6. 在产品试制平台建设方面

明珞不仅进行了小批量生产验证测试，以研究产品生产工艺和成熟度，更进一步利用了企业自身的公共基础模块CBB，结合数字孪生技术和数字仿真技术，构建了一个虚拟的产品试制空间。通过这一空间，虚拟调试团队得以完成质量可靠性、工艺连续性等试制验证。此举显著节省了因现场误差而再次编程调试的工时，提高了数据资源利用率，进而有效控制了试制成本，为提升产品质量、生产效率和成本控制提供了有力支持。

资料来源：2021年11月23日上午，张振刚教授带领团队前往广州明珞汽车装备有限公司调研，现场获得资料，并整合明珞官方网站及公开资料编写而成。

通过上述案例可知，明珞通过业务性创新平台的构建，颠覆了传统的系统集成商只提供一次性的非标生产线系统集成解决方案的模式，形成了独具优势的智能制造解决方案，提升了自身业务竞争力。

4.1　什么是业务性创新平台

如何更好地帮助企业开展创新活动？这需要围绕创新链各个环节，搭建相应的环境与场所，以打造完整的创新链；开发适合市场需求的产品、降低企业生产成本，以提高自身综合竞争力。围绕创新链各个环节搭建的环境或场所构成了企业的业务性创新平台。创新链是描述一项科技成果从创意的产生到商业化生产销售全流程的链状结构，主要揭示知识、技术在整个过程中的流动、转化和增值效应。因此，本书将业务性创新平台定义为：企业围绕创新链各个环节而搭建的集知识、人才、技术、资金等于一体的环境或场所，主要包括技术研发、产品开发、产品设计、工艺创新、测试评价、产品试制等平台。

4.2　技术研发平台

4.2.1　技术研发平台基本情况

美国著名的经济学家布莱恩·阿瑟认为技术是可被捕获并加以利用的现象的集合[一]。该观点包含现象的三大关键点：一是可被捕获性；二是可利用性；三是集合性。以涡轮喷气式发动机（技术）为例，在其运作过程中，存在热现象（如燃料燃烧产生大量热量）、机械现象（如燃烧室中燃料燃烧产生高温高压气体推动涡轮高速转动）等各类现象。涡轮喷气式发动机技术是通过捕获、利用上述现象而形成的一种技术。一般而言，技术是通过应用科学知识和工程技能来创造、改进和使用工具、机器、设备、系统、流程等，帮助企业实现资源高效转化（如工艺手段）以解决问题和满足人类需求的方法。按重要程度从高到低，技术可以依次分为核心技术、关键技术、通用技术、一般技术[二]。本书将技术研发平台（简称"技术平台"）定义为：为满足产品开发需求而搭建的集聚各类技术的环境或场所。技术研发平台由不同层级的技术构成，其中处于上层的是为实现产品所必需的核心技术和关键技术（见图4-1）。

[一] 阿瑟. 技术的本质：技术是什么，它是如何进化的　经典版[M]. 曹东溟，王健，译. 杭州：浙江人民出版社，2018.

[二] 周辉. 产品研发管理：构建世界一流的产品研发管理体系[M]. 2版. 北京：电子工业出版社，2020.

图 4-1 技术研发平台构成

资料来源：周辉. 产品研发管理：构建世界一流的产品研发管理体系[M]. 2 版. 北京：电子工业出版社，2020.

核心技术是指企业独有的、在较长时期积累的一类较为先进复杂的、具有较大商用价值、对企业技术创新起到关键影响的技术。业界常误认为自己独有的技术和关键技术即为核心技术，其实不然。核心技术的特点包括不可替代性、可产生价值、竞争性、可管理和可保护性、独有领先性等。核心技术一定是关键技术，但关键技术不一定是核心技术。因为关键技术不要求具备核心技术的独有性，即领先于企业竞争者的独有性。

关键技术是指企业所属行业共有的、在较长时间积累的一类可以支撑行业技术发展、影响企业在行业技术地位的技术。作为行业技术发展的"共性技术"，关键技术介于基础性技术（一般技术和通用技术）与核心技术之间，担任着"承上启下"的角色，同时也是区分不同行业领域的技术标志。根据一个企业所掌握的关键技术，我们可以判断出企业所处的行业领域，还能推测出其技术创新的发展方向及发育成熟程度。因此，牢固掌握相应领域的关键技术，有利于企业在行业中立足，也可以为企业核心技术的研发提供一个相对稳定的环境。

通用技术和一般技术是指企业在日常经营、技术运作过程中普遍应用、对大部分组织成员具有广泛影响的基础性技术。其中，通用技术是指在某一个或几个专业领域的企业中普遍被采用的，形成了使用标准的一般技术。一般技术是指在各个专业领域中的企业普遍存在的、与企业从事的主营业务关系不紧密的一类基础性技术。通用技术和一般技术的竞争力并不强，但都是企业技术发展的基础。

1. 技术研发平台的目标与核心业务

企业打造技术研发平台的主要目标包括：第一，最大限度地汇聚创新资源，瞄准改变公司竞争规则的新技术、新产业、新模式和新业态，重点突破关键共性技术；第二，帮助企业建立技术标准并制定技术规划，形成核心技术以吸引客户，并在技术上领先竞争对手，形成行业影响力；第三，作为技术储备，发展新的技术增长点，实现企业价值链、创新链、产业链的协同；第四，以技术研发或承接技术攻关作为资金或利润来源，为核心产品提供成熟可靠的技术。

企业建设技术研发平台的重要前提之一是要精准识别核心技术和关键技术。为正确识别核心技术和关键技术，企业需要建立相应的技术预见方法体系。

2. 技术预见方法体系

技术预见是指在对科学、技术、环境和社会的远期未来进行整体化预测的基础上，系统化选择那些具有战略意义的研究领域、关键技术和通用技术，利用市场的最优化配置来最终实现由技术发展所推进的经济、环境与社会效益的最大化[一]。同时，技术预见除了预测技术的未来发展之外，也注重技术发展本身对区域经济、环境和社会发展的影响，以帮助特定国家、区域或组织在未来的竞争中获得竞争优势。

为了更好地帮助企业研发平台进行技术预见，研究团队通过多年的研究，构建了技术预见的三层次五维度分析模型（见图 4-2）。技术预见的三层次五维度分析模型分为战略层、活动层和基础层三个层次，包括战略价值、社会价值、经济价值、资源支撑和方法支撑五个维度[二]。三层次五维度模型是环环相扣的有机整体。具体而言，以"目标技术领域内能创造重大价值和效益的技术是什么"这一问题为导向，收集相关的数据和案例，使用适当的方法对收集的材料进行处理和分析，将数据和案例转换为信息和情报，再将信息和情报转化为领域内的知识。在此基础上，相关人员能够识别出领域内具有重要社会价值和经济价值的技术，并由此确定具有重大战略价值的技术，从而实现技术预见的目标和功能。

一 浦根祥，孙中峰，万劲波 . 技术预见的定义及其与技术预测的关系 [J]. 科技导报，2002（7）：15-18.

二 张振刚，余传鹏 . 国际前沿技术发展研究 [M]. 广州：华南理工大学出版社，2021.

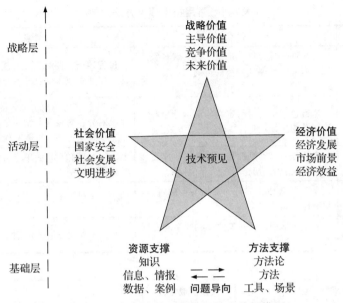

图 4-2 技术预见的三层次五维度分析模型

资料来源：张振刚，余传鹏. 国际前沿技术发展研究 [M]. 广州：华南理工大学出版社，2021.

  常用的技术预见的方法包括德尔菲法、情景分析法、计量学方法、技术路线图法、知识图谱法等（见表 4-1）。实际运用中，研发人员需要结合实际情况使用多种方法完成对核心技术、关键技术等的识别、预见。基于三层次五维度的关键技术及核心技术识别机制（见图 4-3）包含五个步骤。第一，收集特定技术领域的各类资源。第二，通过专利计量、文献计量、专家咨询、情景分析等多种方式对资源进行处理和分析，在此基础上拟定较为完整的领域内的备选技术清单。第三，通过科技情报分析、数据挖掘、文本挖掘、专家咨询等方法对备选技术清单中技术的重要性进行初步筛选，确定候选关键技术，然后根据社会价值和经济价值的三个方面的指标，通过德尔菲法等方式邀请专家对候选关键技术打分，使用层次分析法等方法对打分情况进行定量分析，从而确定领域内的关键技术，即具有重大社会价值和经济价值、对产业发展起到关键影响的技术。第四，以关键技术清单中的技术为候选对象，根据战略价值的三个方面的指标，采用德尔菲法等方式邀请专家对候选技术打分，使用层次分析法等方法对打分情况进行定量分析，从而确定技术预见主体的核心技术，即对组织具有重大战略价值、能够大大提高组织技术创新能力，并为组织带来竞争优势的技术。第五，在实践中对确定的关键技术和核心技术进行效果评估，并把评估的结果作为组织的知识存入资源库，作为下一轮技术预见的素材。

表 4-1　常用技术预见方法比较

方法	优点	缺点
德尔菲法	匿名性、反馈性、集思广益、取各家之长，多人统计保证群体决策的民主性，提升准确度	过程复杂，耗时长，可能出现随大流的情况而使少数重要意见被忽视
情景分析法	描绘过程中可进行定性与定量分析，承认结果的多样性	依赖专家和利益相关者的分析和判断，要求对分析对象有非常清晰的认识，预见中主观想象过多、可能偏离技术主题
计量学方法	定量分析，客观性强，可掌握快速发展的研究领域的情况	数据来源和数量的不足可能导致结果不够全面及准确
技术路线图法	高度概括和综合各利益相关者的观点，明确相关属性和关系	依赖于研究人员的素质和水平
知识图谱法	可视化呈现研究对象之间的联系和发展态势	数据来源和数量对分析结果有显著影响

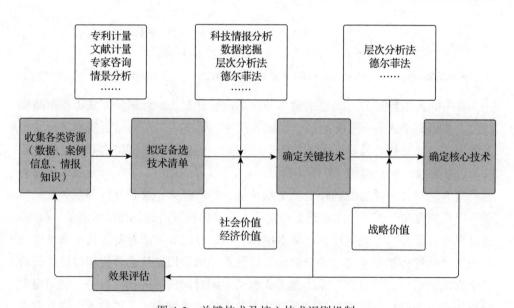

图 4-3　关键技术及核心技术识别机制

企业通过技术预测体系识别出核心技术和关键技术的重要技术后，还需要对技术的发展现状展开分析并对其发展趋势和机会进行预测，对技术预见主体战略和政策的制定起到支撑作用。技术发展预测机制见图 4-4。技术发展预测可从技术和产业两个维度来进行分析。

一是技术维度。技术维度的分析以专利和文献数据为主，其他类型的数据为辅，主要目的是分析技术的发展现状和发展方向。企业技术研发平台可以通过计量学的方法来对专利和文献数据进行处理,从中得出特定时间段内整体技术成果数量、年度产出情况和趋势、区域分布情况及领域内的技术领先组织等。在厘清技术发展现状的基础上,企业技术研发平台可以结合计量学的多种方法(如统计分析、数据挖掘、引文分析、社会网络分析)和知识图谱的可视化手段来发现特定技术领域内的研发热点、研发前沿和技术空白/机会,并通过专家咨询、德尔菲法等方法对定量分析所做的预测进行验证,以提高预测的可靠性。

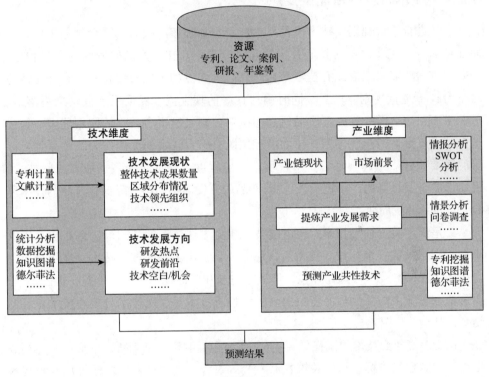

图 4-4　技术发展预测机制

二是产业维度。产业维度需要企业预测产业共性技术,即对整个行业或产业技术水平、产业质量和生产效率都会发挥迅速的带动作用,具有巨大的经济效益和社会效益的一类技术⊖。当前科技与产业竞争日趋激烈,已经从市场化阶段的技术竞争走向竞争前技术的竞争。作为竞争前技术,产业共性技术创新能够推动新兴产业的培育和形成,支撑其他多个产业实现技术突破。因此,企业技术研发平台对产业共性技术进行预测具有必要性和重要性。预测产业共性技术包含分析行

⊖　李纪珍. 产业共性技术:概念、分类与制度供给 [J]. 中国科技论坛,2006(3):45-47;55.

业所处产业链、提炼产业未来发展需求、预测产业共性技术三部分。①企业技术研发平台需要对产业链上游、中游、下游三个环节的情况进行详细分析，例如每个环节的行业构成、市场竞争格局、从业组织的地域分布、行业中的代表性企业及其最新成果等。②通过情景分析、问卷调查等方式提炼出产业未来的发展需求。③结合专利挖掘、知识图谱、德尔菲法等方法预测出产业共性技术。

4.2.2 技术研发平台建设要点

一是进行平台规划。技术研发平台应着重加强核心技术的平台规划工作，从而在产品开发工作之前对核心技术要点进行预研。在新产品研发的立项过程中，一方面，企业需要考虑原有技术平台与新机会要点的不同对接程度，有针对性地对平台技术进行规划、增强，同时确保良好的现金流，保证平台规划最终落地。另一方面，企业需要增强新产品研发团队对公司已有平台技术的应用能力，构建平台技术继承性的审核体系，比如将运用既有平台技术的比例作为新产品技术评价的重要指标。经此规划后，平台可在一定程度上保证企业掌握业界成熟技术，进而形成企业自身的产品货架⊖，使新产品的开发事半功倍，降低新产品的技术风险、成本及开发周期。

二是识别关键核心技术。在上述技术预见方法体系的基础上，企业技术研发平台识别出关键技术与核心技术后，还需要识别出关键的核心技术。虽然企业的通用技术和一般技术可选择外包，但核心技术和关键技术仍需要掌握在自己手中，以形成在行业中的关键核心竞争力。关键核心技术是关键技术与核心技术二者的结合，其概念见图4-5。

识别关键核心技术的流程见图4-6，主要包括制定检索策略、形成原始专利数据库、制定定量指标、识别关键核心专利等过程。其中，定量指标可从专利技术性、经济性、法律性三方面制定⊜。

- 专利技术性的参考指标包含专利类型、要求数量、是否为标准必要专利、专利被引用频数（自引、他引）、基于专利引证的主路径分析等。
- 专利经济性的参考指标包含同族专利和申请人类型，其中同族专利包含同族专利数量、是否为三方专利、是否为PCT（Patent Cooperation Treaty，专

⊖ 产品货架是一种将企业所有产品按照一定层级结构进行管理、便于产品开发时运用之前的成果的体系。一般会在货架上标注不同的级别，在产品开发设计时可参考产品货架，了解哪些产品和技术可直接应用，降低重复开发的可能性，实现快速交付。

⊜ 郑思佳，汪雪锋，刘玉琴，等. 关键核心技术竞争态势评估研究[J]. 科研管理, 2021, 42（10）: 1-10.

利合作条约）专利等。
- 专利法律性的参考指标包含专利付费及专利维持时间、专利法律诉讼信息、专利市场化及产业化能力信息等。

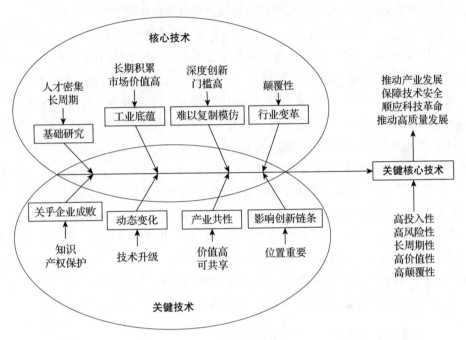

图 4-5　关键核心技术概念

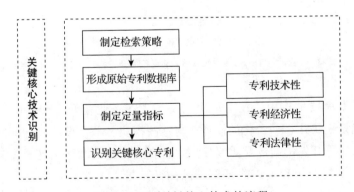

图 4-6　识别关键核心技术的流程

资料来源：郑思佳，汪雪锋，刘玉琴，等. 关键核心技术竞争态势评估研究 [J]. 科研管理，2021，42（10）：1-10.

三是采用 IPD（Integrated Product Development，集成产品开发）模式的方法，进行 CBB（Common Building Block，公共基础模块）建设，重视技术重用，明确

技术评审的流程。IPD 是在满足多样化、个性化需求的同时保证产品快速交付的一种可共享、可复制的开发模式。该模式内涵非常丰富，本书在技术研发平台建设要点部分主要介绍与技术紧密相关的内容，主要包括 CBB 的建设与管理、技术重用、技术评审内容等，其他内容将在产品开发平台部分介绍。

首先，进行 CBB（公共基础模块）建设。CBB 是指可以实现某种技术功能的器件、组件、部件，按照用途来分，可分成公用 CBB[一]和专用 CBB[二]。公司 CBB 是产品开发平台的基础，CBB 的形成可分成"组件公用/专用 CBB 技术库—CBB 入库管理—CBB 应用"三阶段[三]（见图 4-7）。第一，区分出公司公用 CBB 和专用 CBB。一方面，企业技术研发平台需要对公用 CBB 的规划、开发进行统一规定，并且需要统筹资源规定公用 CBB 的功能、接口等，并纳入 CBB 技术库。另一方面，企业技术研发平台还应建立专用的 CBB 技术库，统一规定、规范其定义、功能、接口、性能、应用场景等。第二，进行 CBB 入库管理。CBB 入库管理办法包括 CBB 入库评审规定、CBB 入库技术文档的制度规范、CBB 技术验证规范及 CBB 使用规范等内容。第三，CBB 的应用。在产品开发的过程中，企业应从以往围绕着产品开发转变成围绕着组件、模块及平台开发。以 CBB 为基础开展产品开发，这是由 CBB 形成过程决定的。因为 CBB 是由企业对已大规模商用验证过的产品进行拆分形成的，其本身已通过大量的测试验证。

图 4-7 公共基础模块的形成过程

资料来源：杨毅刚. 企业技术创新的系统方略：集成产品开发模式（IPD）应用实施 [M]. 北京：人民邮电出版社，2015.

其次，重视技术重用。技术重用主要体现在企业在开发产品的过程中，有意强调和规划模块化、平台化的设计，将这些模块、平台设计成标准件，使其尽可能地被以后再开发的新产品重复使用。若企业现有技术能满足开发需求，应加大现有技术重复使用程度以降低新产品的开发投入，缩短开发周期。根据布莱

[一] 公用 CBB 是指企业中各种不同类型的产品平台都可能用到的技术器件、组件、部件，如通信网络产品都需要用到直流电源，直流电源即为公用 CBB。

[二] 专用 CBB 是指只能在同一 R&D 团队或产品开发团队的系列产品中公用的 CBB。它具有针对某产品开发团队产品线的技术而定，被其他团队采用的概率较低的特点。

[三] 杨毅刚. 企业技术创新的系统方略：集成产品开发模式（IPD）应用实施 [M]. 北京：人民邮电出版社，2015.

恩·阿瑟的观点，组件及平台均可视为一类技术。若已有技术占的比重大，则新产品开发的技术重用度高，反之则低。但是，追求技术重用并非忽略客户需求。相反，追求技术重用的本质应是加快产品开发进程，降低开发成本，缩短产品交付时间。因此，企业管理者应构建并追求技术重用，对技术重用开展全面规划、设立指标、搭建体系、执行体系等活动。

最后，明确技术评审流程。技术评审点包括产品需求和概念评审、设计规格评审、单元概要设计评审、模块样机评审、原型整机及试制评审、技术定型评审、产品及生产双定型评审。产品需求和概念评审是指对产品包需求的完备性以及选择的产品概念是否满足产品包的需求，同时保证所选概念在技术上的可行性的过程。设计规格评审是指考量设计需求到产品设计规格完备性的过程。单元概要设计评审是指对概要设计进行评审，确保设计规格已完全、正确地在概要设计中体现的过程。模块样机评审是指对产品模型样机的质量评估过程。原型整机及试制评审是指对产品原型机的质量和初始产品的准备情况评估的过程。技术定型评审是指对产品技术方案进行最终定型评审，确定产品设计是否满足技术要求和市场需求，是否可以进入生产阶段的过程。产品及生产双定型评审是指在产品开始放量生产时，评估生产线的技术成熟度，确保产品的制造能力已适应目标市场范围内发货需求的过程。

4.3 产品开发平台

4.3.1 产品开发平台基本情况

目前，我们正在经历的信息技术革命主要以计算机、半导体芯片、软件、路由器、电信设备（从数字程控交换机、基站到终端）等产品为实现形式。理解技术进步的关键，是区分企业所开发和生产的产品、支撑企业能力的特定技术知识以及企业把知识转化为产品的组织形式。这要求企业把产品开发看成一个变化过程来研究。

产品开发平台指的是为帮助产品开发，团队在围绕产品序列开发产品的过程中，集聚企业有形、无形技术支持以及外部技术支持所依赖的环境及场所（见图4-8）[一]。其中，专业 R&D 团队是由经过专业学科训练的开发人员构成的，是产品开发的活动主体。有形技术支持系统包括环境设施（如办公室、厂房等）、工具（如

[一] 路风. 论产品开发平台[J]. 管理世界，2018，34（8）：106-129；192.

计算机系统等）、工程试验、制造和检测设备等。无形技术支持系统的主要组成部分是积累起来的经验知识（来自产品开发的实践），以及使这些经验知识发挥作用的组织系统。外部技术支持系统是为企业的产品开发供应材料、设备、元件以及技术的外部供应商网络。

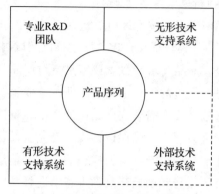

图 4-8 产品开发平台的构造

资料来源：路风．论产品开发平台 [J]．管理世界，2018，34（8）：106-129；192．

1. 产品开发平台的形态分类

运用 IPD 模式需要企业基于市场创新，而非基于客户创新。基于客户创新主要表现为按照客户的需求来创新，不做细分。基于市场创新主要表现为细分客户群，识别共性需求、主要需求和差异化需求，根据不同的需求展开创新，形成不同版本的产品。产品平台上的产品表现形态是不一样的，可将不同形态的产品划分为三个版本：平台版本（Version）、产品版本（Release）和定制版本（Modification）^㊀。某阿胶产品平台上的产品结构见图 4-9。

（1）平台版本（V 版本）。平台版本是指研发理解的产品，总体市场的产品，通常以产品或产品线表示，代表公司某一产品或其系列产品。以某阿胶产品平台上的产品结构为例（见图 4-9），该阿胶产品的 V 版本中包括阿胶类中成药、保健品两大类。由于市场需求的多样性，如果将所有功能全部开发出来再推向市场，会因开发周期拖得太长而丧失市场机会，开发资源也很难得到保障。该阿胶 V 版本分成面向公司内部的阿胶类中成药和保健品两大系列产品，并通过 V 版本划分阿胶的产品线，产品层次对应产品平台。

㊀ 周辉．产品研发管理：构建世界一流的产品研发管理体系 [M]．2 版．北京：电子工业出版社，2020．

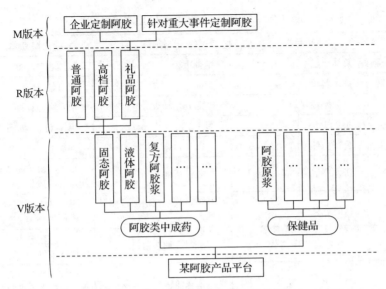

图 4-9 某阿胶产品平台上的产品结构

资料来源：周辉．产品研发管理：构建世界一流的产品研发管理体系 [M]．2 版．北京：电子工业出版社，2020．

（2）产品版本（R 版本）。产品版本是针对某一细分客户群的产品，也是最终交付给用户的产品。通俗而言，R 版本是面向外部销售的产品，每个 R 版本面向具体的细分客户群。纳入一个 R 版本的特性和功能需要综合客户及竞争需要、功能与技术需求、时间和成本四个要素。通常产品开发指的是 R 版本的开发，产品层次对应基于产品平台增加特性形成的产品。

（3）定制版本（M 版本）。定制版本是在 R 版本的基础上针对具体客户的个性化定制版本。有些客户需要在 R 版本的基础上增加个性化定制，这种定制需求不是某一系统客户群的群体需求。这样就需要在已经发布产品版本的基础上针对某一特定的客户更改（新增、改变、删除）某些功能和特性，或者对特性下的功能、性能需求进行更改。

通常 V 版本以产品平台的名称表示，是划分产品线的重要因素，而且 V 版本是 R 版本的集成平台和标准应用组件仓库，是 R 版本的开发平台，R 版本和 M 版本增加的个性化组件不允许修改 V 版本。R 版本和 M 版本个性化的组件和模块会根据成熟度和公用性分布纳入 V 版本中。简单来说可以拆解成两步：第一，V 版本代表产品系列，通过细分市场后可以分为若干 R 版本；第二，市场销售过程中需要进行定制，按照客户需求更改产品特性、功能衍生出定制化产品，即 M 版本。V 版本、R 版本和 M 版本的区别见表 4-2。

表 4-2　V 版本、R 版本和 M 版本的区别

对象	V 版本	R 版本	M 版本
市场范围	总体市场	细分市场	具体客户
开发对象	技术包	产品包	项目包
计划	产品路标规划	产品开发计划	项目实施计划
开发周期	长（以年计）	短（以月计）	更短（从几周到一两个月）
面向对象	公司内部	外部客户	外部客户
理解程度	研发理解的产品	对外销售的产品	销售与服务团队和客户共同理解的产品
产品层次	产品平台	基于产品平台增加特性形成的产品	基于 R 版本进行特性改进的产品
开发团队	研发内部固定团队	跨部门、动态组建	以实施服务为主，研发部门协同辅助
职责与考核	对技术和平台成功负责，对整体市场的财务成功负责，按计划和质量考核	对市场成功负责，按财务考核	对客户的交付和满意度负责，同时要有严格的财务考核制度，对特殊战略客户要有补贴

资料来源：周辉.产品研发管理：构建世界一流的产品研发管理体系[M].2 版.北京：电子工业出版社，2020.

2. 产品开发平台的建设现状

　　产品开发平台不但可以提升新产品的开发速度和质量，而且可以决定产品的差异与结构。随着公司要研发的产品或产品线越来越多，如何利用已有的技术、模块、子系统乃至零部件，提高通用性和重用率，变得越来越重要。比如，过去研发新产品的 70%～80% 都是采用新材料或新技术，有了产品开发平台之后，只有 20%～30% 需要重新研发，新产品开发的速度大幅提升，而且质量也得到了更好的保证。换言之，产品开发平台的积累和提升，使得企业的产品开发水平有了大幅提升。此外，产品平台不仅在很大程度上决定了产品开发的效率，而且它也决定了产品的主要差异性和成本结构，因为产品开发平台是根据客户关键的共性需求，并结合自身的核心技术搭建的。从这个意义上讲，它从根本上影响着后续一系列产品的成败。

　　国内绝大多数企业在开发新产品时，往往没有产品开发平台的概念，更多关注的是具体的产品如何开发出来，而且产品立项也只是被动地响应市场和竞争。加之各产品项目组、各产品线或事业部之间缺乏有效的沟通和协调，结果导致产品开发陷入缺乏平台整合和共享的被动局面。这通常表现为以下几种情况：

一是没有明确的产品开发平台或没有自主的产品平台。一些公司只有初步的标准化和共享的意识，没有产品平台的概念，另一些公司则没有自主的产品平台。如红旗轿车早期并没有构建自主研发的产品平台，主要借用奥迪 100 平台进行产品开发。但在实际应用中，红旗发现奥迪 100 平台是一个较落后和老化的平台，难以满足客户多样化的需求。可见，没有自主的产品平台和核心技术而导致可持续发展能力不强的问题，需要引起一些老牌企业的高度重视。

二是产生过多的平台。由于各产品技术和方案在选择时缺乏平台规划、指引和要求，选择较为随意，造成采用过多的平台。平台过多会导致不同产品之间的整合效用无法发挥出来，而且平台越多，所拥有的资源越多，相应的研发成本就会越高。

三是平台实力薄弱，资源重用率较低。由于企业未建立一个统一的技术和产品平台，不同产品间的开发活动相互封闭、缺少分享，导致资源的重用率非常低。例如，本研究团队在某电气企业调研时就发现，该企业产品研发平台的外观、接口、规则、结构、研发环境、研发工具不统一，这也导致平台重用率极其低下，严重影响了产品开发的效率，还极易导致开发出的产品质量不稳定。

四是平台缺乏继承性。很多公司在产品一代接一代的研发过程中，后面的负责人总是习惯于否定前人的成果和方案，另起炉灶，导致技术和平台无法积累和继承。如某通信设备厂商在移动通信设备研发时就不是在继承的基础上创新，而是习惯于在否定的基础上创新，造成了大量的资源浪费。

4.3.2 产品开发平台建设要点

1. 运用集成产品开发理念建设产品开发平台

通过技术研发平台的简单介绍可知，IPD 是一套系统的产品创新管理思想、模式和方法论，是基于市场和客户需求驱动的规划和开发管理体系。在 IPD 模式下，R&D 中的 R（Research，技术研发）和 D（Development，产品开发）是有区别的，技术研发侧重于原理研究，强调技术的领先性和影响力，而产品开发则偏重于技术成果的产品化。技术研发和产品开发是异步的，一般是技术先行，并将研发出来的 CBB 产品（如器件、组件、部件）分层放置在产品货架上。而后，在 CBB 的基础上，按照顾客需求开发出一个个细分客户群的产品，完成产品开发。这样，产品开发过程中共享下层部分，不再做重新开发，能够准确、快速、低成本和高质量地满足客户的需求。

IPD 的基本框架主要包含三部分：基于市场的产品包开发、流程重组、产品重组（见图 4-10）。

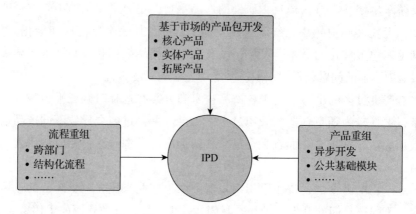

图 4-10　IPD 的基本框架

基于市场的产品包开发。第一，IPD 强调产品创新一定是基于市场需求和竞争分析的创新。为此，IPD 把理解市场作为流程的第一步，开始就把事情做正确。第二，产品开发实质上是产品包的开发。产品包是指为满足客户需求，产品开发团队对客户交付的事物的总和，包含核心产品、实体产品、拓展产品三部分。

- 核心产品是指核心顾客价值或实质产品，可为消费者提供基本效用或利益。
- 实体产品是指核心产品借以实现的形式，如质量、包装、品牌、设计等。
- 拓展产品又称无形产品，是围绕着核心产品和实体产品的衍生产品，如售后服务、保证/担保、免费运送等。

流程重组。流程重组是指跨部门团队集成于一起，一方面运用多种手段、工具以有机"集成"企业各类资源，另一方面根据产品开发项目的不确定性，开发流程在非结构化和过于结构化之间找到平衡的过程（IPD 结构化流程见图 4-11）。其中，跨部门团队包含集成组合管理团队（Integrated Portfolio Management Team，IPMT）、组合管理团队（Portfolio Management Team，PMT）、产品开发团队（Product Development Team，PDT）、技术开发团队（Technology Development Team，TDT）。集成组合管理团队（IPMT）的主要职责包含制定产品战略、规划商业模式和组织设计、高层资源与客户关系管理等。组合管理团队（PMT）的主要职责包含理解市场、管理细分市场并评估绩效等。产品开发团队（PDT）的主要职责包含形成概念产品、开发计划、产品开发、产品验证、产品发布等产品全生命周期开发工作。技术开发团队（TDT）的主要职责包含平台与技术的开发等[1]。

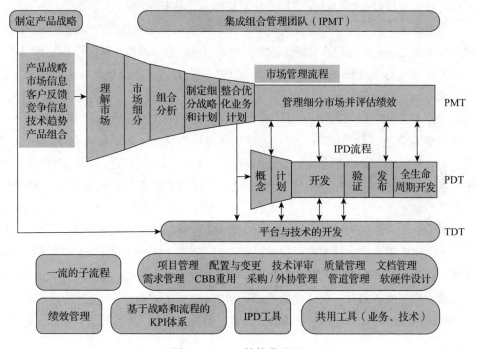

图 4-11 IPD 结构化流程

资料来源：周辉. 产品研发管理：构建世界一流的产品研发管理体系 [M]. 2 版. 北京：电子工业出版社，2020.

产品重组。前文中对公共基础模块的内容已进行过讲述，此处我们主要讲解产品重组中的异步开发。异步开发就是通过严密的计划、准确的接口设计，把原来许多后续活动提前进行，这样可以缩短产品上市时间。不同的团队或开发者可以在同一时间并行地进行开发，而不必等待彼此完成工作。具体来说，异步开发通常涉及以下步骤：

划分模块：团队根据产品需求将整个项目划分为多个独立的模块或子系统，每个团队或开发者负责开发其中一个或多个模块。

接口定义：在划分好模块后，团队需要定义好各个模块之间的接口，以确保不同模块之间的交互和数据传递正常进行。

---

[1] 周辉. 产品研发管理：构建世界一流的产品研发管理体系 [M].2 版. 北京：电子工业出版社，2020.

并行开发：在接口定义完成后，不同团队或开发者可以开始并行地开发各自的模块，而不必等待其他团队或开发者完成工作。在开发过程中，各个团队需要遵循约定好的接口规范，以确保不同模块之间的协作顺畅。

集成测试：在各个模块开发完成后，团队需要对整个系统进行集成测试，以确保各个模块之间的交互和数据传递正常。如果出现问题，需要及时进行修复和调试。

异步开发需要遵循"下一层面的开发工作完成时间不能拖延上一层面的开发工作"的原则。在异步开发中，在不同的团队或开发者在同一时间并行地进行开发，这就要求每个团队或开发者尽可能准确地预估自己的工作时间，并且确保自己的工作进度不会拖延其他团队或开发者的工作进度。这个原则的核心是要求团队或开发者在完成自己的工作之前，先完成自己的依赖项。换言之，团队或开发者按照依赖关系的顺序依次完成工作，不能把下一层面的开发工作拖延到上一层面的工作之后再开始。

例如，在一个异步开发的 Web 应用程序中，前端团队和后端团队可以并行开发。前端团队需要先完成界面设计和前端代码开发，然后才能将前端代码交给后端团队进行后端接口的开发和集成。因此，前端团队的工作完成时间就是后端团队的依赖项，后端团队需要在前端团队完成工作之前完成自己的工作，否则将会延误整个项目的进度。CBB（公共基础模块）的建设参见 4.2 节"技术研发平台"的内容。

2. 打造产品开发货架，缩短产品生产周期

第一，产品开发货架是将公司内部所有产品和技术按照一定的层级结构统一分类归档的有机整合系统。产品开发货架中不同层次或级别的产品或技术都是货架的一部分，并在产品货架进行标注，以利于产品开发时能够便捷地共享已有成果的产品技术管理系统㊀。以系统级设备商为例，货架可分为 7 个层次，见图 4-12。在该模式下，产品开发的总体结构会形成细腰形架构，见图 4-13。第二，根据关键的市场需求和产品体系结构选择并规划产品平台。优秀企业的做法是在新产品线正式投入产品开发之前，提前（如两年）进行技术的预研和平台规划，在这个过程中探索不同的技术和平台并进行选择。当然，只有当原有的公共基础模块技术库中合格的模块、部件及平台不能满足设计要求时，才能开发全新的模块、部件及平台。在 IPD 模式下，产品开发平台实质上是围绕着企业 CBB 技术库组成的技术平台和市场需求而进行产品开发，并将产品按照一定层级结构放置于平台之上，构建产品开发货架。

㊀ 周辉.产品研发管理：构建世界一流的产品研发管理体系[M].2 版.北京：电子工业出版社，2020.

第 4 章 业务性创新平台 · 121

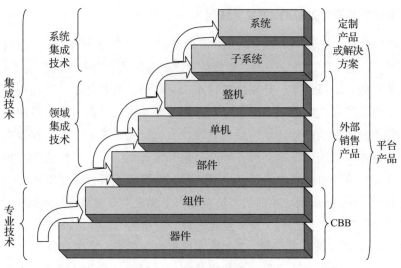

图 4-12 产品开发货架层次

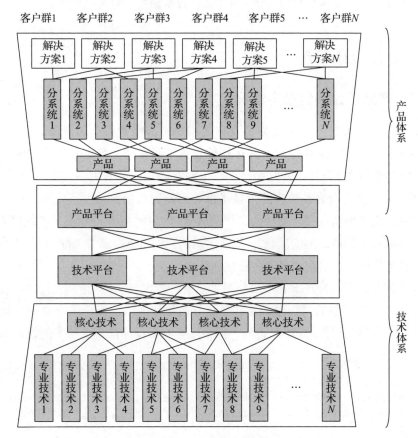

图 4-13 细腰形架构

3. 关注产品开发过程的"647"法则

"647"法则,即 6 个阶段、4 个决策评审点、7 个技术评审点。6 个阶段包括概念阶段、计划阶段、开发阶段、验证阶段、发布阶段、生命周期阶段。4 个决策评审点包括概念决策评审、计划决策评审、可获得性决策评审、生命周期决策评审。概念决策评审主要评审在营销、产品线战略和研发之间达成一致的稳定的产品包,若通过评审则同意计划阶段的资源投入。计划决策评审时,评审内容主要包括产品范围、功能、成本、服务等产品包开发计划。可获得性决策评审是产品正式公开发布及推向市场前的最终决策评审,需要集成组合管理团队(IPMT)明确做出继续/终止的决策。生命周期决策评审主要是生命周期管理团队(LMT)要向集成组合管理团队(IPMT)提交停止销售、停止生产、停止服务的时间表建议,由 IPMT 做出继续/终止的决策。7 个技术评审点包括产品需求和概念评审、设计规格评审、单元概要设计评审、模块样机评审、原型整机及试制评审、技术定型评审、产品及生产双定型评审(详见 4.2 节"技术研发平台"的内容)。

4.4 产品设计平台

4.4.1 产品设计平台基本情况

本书将产品设计平台定义为企业在把用户需求映射为功能需求,融合科学、技术、文化、艺术、市场等因素并运用综合技术形成产品的过程中依赖的环境或场所[一]。当前,用户消费心理复杂多变,他们在购买产品时更多考虑到情感需求,要求新产品个性化及高品质。除了技术推动创新和市场拉动创新之外,设计也能驱动创新。设计创新通过研究社会文化的演变,赋予产品新的意义(产品意义是用户情感需求在实物产品上的反映),从而满足用户的情感需求[二],故产品设计的研究也能和技术变革一样给企业带来突破性创新。

设计创新的重要性在于它不仅能帮助企业开发出与众不同的产品,吸引客户,从而大幅提升新产品的销售绩效,并且良好的设计战略也能帮助企业很好地应对技术变革[三]。尽管设计创新如此重要,但很多企业将设计仅当成技术创新的辅助手

[一] 赖红波,芮明杰,梁磊. 设计驱动的产品创新对顾客感知和购买意向影响实证研究 [J]. 研究与发展管理,2016(4):22-30.

[二] 赖红波. 设计驱动创新微观机理与顾客感知情感价值研究 [J]. 科研管理,2019,40(3):1-9.

[三] 蔡瑞林,唐朝永,孙伟国. 产品设计创新的内涵、量表开发与检验 [J]. 软科学,2019,33(9):134-139.

段,甚至为了控制成本,将设计外包,导致创新成果极易被模仿⊖。基于此,企业有必要构建产品设计平台自行管理企业内部设计创新,这样产品设计才能发挥至关重要的作用。

产品设计平台具备的特征如下:一是综合性,产品设计平台能根据企业产品规划方向整合丰富的素材,包括美学元素、设计工艺、结构功能、品牌特色等方面;二是灵活性,产品设计平台注重与顾客互动,根据顾客需求来进行产品的设计与改进,按照顾客的思路进行实时调整;三是应用性,产品设计平台通过搭建好的各类互动平台,如公众号、新媒体、电商等,使用户直接快速地了解到最新产品,企业也能以市场为导向,按应用场景分类整合形成企业产品设计资源库⊜。

1. 产品设计平台的目标与核心业务

产品设计平台的核心目标是要满足客户的需要和期望。再好的设计都应该始于客户,终于客户。具体来说,一是能使企业对众多用户需求、概念方案进行全面、科学的设计评价,并筛选出各方面都能满足设计目标的最优方案,保证设计品质;二是能使企业在技术原理、结构设计、工艺方式、材料选型及色彩搭配等设计参数评价活动中准确、高效地进行决策,以获得规范、明确的产品开发设计目标,提高设计效率,降低开发成本,增强企业核心竞争力;三是能够适时排除不符合用户和企业需求、实现可行性低且不具备市场竞争优势的方案,确保产品开发始终遵循正确路线;四是能够更好地协同多个开发阶段的评价需求,最大化调节与匹配企业技术、知识和信息等能力、资源与产品创新绩效间的关系;五是在规范化和制度化全流程设计评价过程中,能使企业通过不断发展、创新和积累符合自身情况的评价标准、方法、流程及组织形式等设计开发相关经验,为企业获取持续性竞争优势提供制度保证。

随着工业技术、经济水平及信息技术的发展,市场竞争环境日益复杂多变,产品设计平台逐步向产品开发全过程延伸,旨在提升设计品质、降低开发风险、增强企业核心竞争优势。核心业务如下:

第一,进行用户需求准确定位。随着信息技术的不断发展以及体验经济的到来,用户体验对消费者决策的影响力不断增强,企业理应关注用户行为逻辑需求。用户需求获取、识别、评价是企业产品开发活动实施的前提条件,也是企业获得

⊖ 俞湘珍,陈劲.企业设计创新能力的构成及培养研究:产品语义学视角 [J].科研管理,2017,38(1):37-45.
⊜ 陈雪颂,陈劲.设计驱动型创新理论最新进展评述 [J].外国经济与管理,2016,38(11):45-57.

产品设计创新及成功开发的基本保证。对用户需求准确定位主要是为了发现企业市场机会、创新机会和竞争机会,并界定设计范围,明确设计目标及规划发展方向。企业根据用户现实性需求,整合技术、市场和用户需求等信息资源,对市场流行趋势进行把握,破解市场竞争环境约束等条件,进一步获得产品开发目标任务,从而提供符合用户需求的产品。

第二,考量技术创新与用户需求是否匹配。产品开发技术创新被认为是竞争优势和商业成功的主要驱动力。但有研究表明,技术创新常常既伴随着积极影响又伴随着消极影响。一方面,技术创新可以满足用户需求,对获得商业成功产生积极影响;另一方面,技术创新会导致企业变革和潜在环境变化,对获得商业成功产生消极影响。因此,技术创新并不总是产生正面影响,这要求企业在进行技术创新时,应该均衡评价技术创新对用户需求和企业现状的影响,明确自身技术优势,确定技术创新方向,避免技术创新不确定性影响整个项目的产品开发周期。产品设计平台应将抽象的用户需求信息转换为相应的代用技术特性,并将其体现在产品零件、工艺及生产与控制过程中,在概念设计之前就对产品技术、结构、工艺、材料及成本问题进行分析、考虑,使设计结果直接深入到与批量化生产相衔接的状态,有效保证产品开发效率和设计品质。

第三,进行概念方案择优。在综合所有产品设计要素的基础上,设计者需要优选、优化设计方案,依靠美学品位、行业工艺、结构标准、产品和品牌的风格调性等指标对概念方案进行整体综合评价,除此之外还应包含产品人机尺寸、操作界面体验、功能有效性、色彩及材质搭配、结构件装配等要素。经过设计者多轮评价后,企业创新平台才能把选择出的概念方案确定为最终方案。

2. 设计管理体系

设计管理作为设计与管理知识的融合,其含义不仅包括对设计流程和生产实施的掌控,更重要的是通过设计管理产生商业策略,达到商业创新目的。本书主要探讨在产品开发过程中的设计策略与方法。

从众多产品开发中的策略实施可以发现,虽然其在操作顺序和具体步骤上并非一致,但更多的只是适用范围的不同。图4-14中提出的产品开发设计策略流程基于企业的产品创新策略而定。该策略显示:设计方法的输入围绕项目分析、创造性阶段、细化阶段、执行实施四个阶段性基础模型展开,并分别得到相应的结果输出[⊖]。

⊖ 李晓英,周大涛.企业产品开发全过程设计评价流程与方法研究[J].科技进步与对策,2018,35(24):144-149.

这是设计策略共有规律的定式：从项目分析中寻找个性方法，从创造性阶段中开拓方法的活性应用，从细化阶段的诉求中获得合理的评价，从执行实施中展现方法的价值内涵。

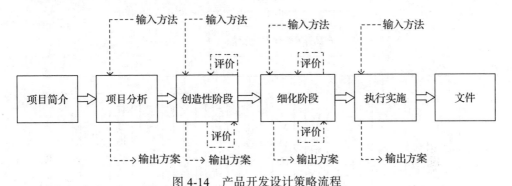

图4-14 产品开发设计策略流程

资料来源：李晓英，周大涛.企业产品开发全过程设计评价流程与方法研究[J].科技进步与对策，2018（24）：144-149.

设计项目在推进过程中直接面对的问题和需要解决的问题各具差异，这就需要针对内容、问题、阶段、目标采用一定的优化方法，有效主导和推进。在明确项目开发策略的基础上，抽取已有的产品开发管理方法系统中的方法模块，以某个方法模块作为核心方法组成模块组植入到产品开发策略的整体流程中，从产品开发管理策略制定、寻找产品机会、产品定位和实施、产品评估过程到产品方案和文本的输出，各阶段始终紧扣产品开发工作内容，同时为获得有效的用户分析数据，根据设计要求在不同阶段选择不同的设计管理方法（见图4-15）[一]。

在上述设计管理基本策略和方法模块选择的基础上，结合相关文献，本书梳理了基于设计管理方法的产品开发策略模型（见图4-16）。模型显示：在产品开发的设计管理方法应用中，设计步骤以设置工作运作结构的方式相互决定和影响。从产品开发管理策略制定、产品开发阶段寻找产品机会、产品开发阶段产品定位和实施、产品开发阶段产品评估过程到产品方案和文本的输出，各阶段始终紧扣产品开发工作内容。同时，为获得有效的用户分析数据，开发过程需要根据不同阶段的设计要求选择合适的设计管理方法[二]。

[一] 蔡瑞林，唐朝永，孙伟国.产品设计创新的内涵、量表开发与检验[J].软科学，2019，33（9）：134-139.

[二] 原长弘，章芬.战略管理学的混合方法研究：设计策略与技巧[J].科学学与科学技术管理，2014，35（11）：28-39.

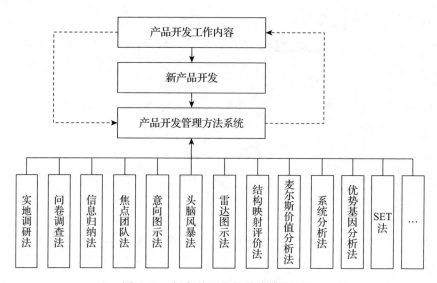

图 4-15　新产品开发的设计管理方法

资料来源：蔡瑞林，唐朝永，孙伟민.产品设计创新的内涵、量表开发与检验[J].软科学，2019，33（9）：134-139.

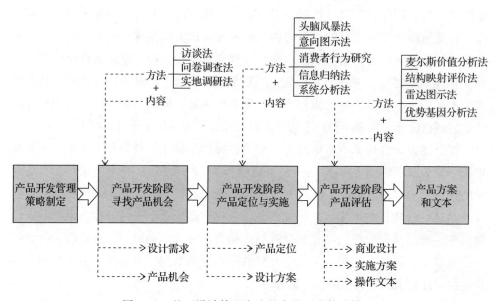

图 4-16　基于设计管理方法的产品开发策略模型

资料来源：原长弘，章芬.战略管理学的混合方法研究：设计策略与技巧[J].科学学与科学技术管理，2014，35（11）：28-39.

4.4.2 产品设计平台建设要点

一是树立设计思维。设计思维作为一种以用户为中心的创新方法，始于人的渴望和需求。通过深入理解用户，获得灵感，并以此作为起始点，寻求突破性创新。设计思维在实际操作中一般分为五个步骤进行，即具备同理心、进行问题定义、形成创想（创意产生）、进行原型开发、测试。第一，具备同理心，即换位思考。可以去当一次用户，体会用户有什么问题。第二，进行问题定义，即阐述一个观点（Point Of View，POV）。第三，形成创想，即通过头脑风暴，尽可能多想自己的项目可能涉及的人以及具体的方法。第四，进行原型开发，用最短的时间和尽量少的花销来得出解决方案。第五，测试，即测试产品原型[1]。

二是完成产品零部件的通用化。搭建产品设计平台前，需要完成产品零部件的通用化。通用化是指在相对独立的系统中，选择和确定具有功能、尺寸互换性的功能单元的标准化形式。零部件的通用化能最大限度地减少零部件和制造过程中的重复劳动，比如在同一类型的不同规格的产品中总有部分零部件的用途、结构相近，通用化使之具有互换性。通过对历史产品的零部件物料清单进行分析整理，相关人员可以剔除那些已不再使用的编码，并将尺寸相同或相近、材料相同的物料进行合并。合并后的清单将会提交给企业认证部门进行审核，批准后最终归档，以实现产品零部件的通用化。

三是实现同类产品的设计系列化。在构建产品设计平台之前，需要进行相关的工作，对同类产品进行设计系列化。系列化是指对同一类产品中的一组产品通盘规划，形成标准化形式。经过技术分析、经济比较，可以对产品的主要参数、功能、基本结构做出合理的规划和安排。通过明确同一类产品中产品族名称、代号、特征的异同，企业创新平台可以制定产品基本参数，选择相应的技术标准，实现某一类产品的结构和功能优化，从而实现同类产品的设计系列化。

四是搭建信息展示子平台。信息展示子平台的功能包括产品介绍和常见问题解答。前者是指通过动态 Flash（动画）或"文字+图片"的形式展示产品外观和性能，使顾客了解产品特征和优势，以培养顾客对产品的好感；后者则是指通过汇总顾客在产品使用中所产生的疑问，解答共性问题，使顾客尽快熟悉产品和网站。

五是搭建需求收集子平台。需求收集子平台的功能包括网上调查、定制、留言板和电子邮件。其中，网上调查指企业在平台中发布市场调查问卷，并进行数

---

[1] 陈劲，宋保华. 首席创新官手册：如何成为卓越的创新领导者 [M]. 北京：机械工业出版社，2017.

据回收和整理分析；定制是指为顾客提供可供选择的产品形状、颜色、性能和型号等；留言板和电子邮件往往结合使用，便于顾客联络企业。

4.5 工艺创新平台

4.5.1 工艺创新平台基本情况

1. 工艺创新平台概念界定

工艺创新作为技术创新的重要组成部分，其与产品创新共同演化促进了产业创新的发展。产品创新直接面对消费市场，经济效益明显，而关乎企业可持续发展能力的工艺创新所带来的效益往往比较隐晦，容易被企业忽视。但是企业的发展始终离不开工艺创新的支持，单纯的产品创新难以长期维持效益的增长，工艺创新则是技术竞争取胜的关键。工艺是指将原材料、半成品加工成产品的工作、方法和技术等，包括制作工艺和工艺程序。生产离不开三个要素：生产工人、机器设备以及原材料和半成品。生产效率的高低由这三方的协调配合程度决定，因此工艺不是由单一要素决定的，而是生产工人、机器设备以及原材料和半成品三方配合的结果。本书将工艺创新平台定义为在原材料、半成品加工成产品的过程中，采取技术上新的或有重大改进的生产方法进行产品生产的环境或场所。

目前，我国企业对工艺创新的重要性认识不足，对产品开发的重视程度远远强于工艺开发。国家973计划、863计划等政府资助项目也主要集中在产品创新上，较少对工艺创新进行资助。而在企业研发生产实践中，由于对工艺创新存在认识误区，容易导致两种不良的结果。

一是研发项目的立项内容中不包括工艺创新环节。项目的计划进度往往到新产品通过测试和试制为止，至于研制出的新产品能否批量生产，项目成员概不负责。最后可能出现技术项目顺利结题了，但是产品不能大规模生产，或是生产出来的产品不能达到一定标准的情况。

二是研发人员认为工艺创新是"低级"工作，不屑于参与工艺创新活动。产生这样的认识，主要是由于工艺改进归属于生产部门，而非研发部门。研发部门主要负责项目立项、技术研发和产品开发工作，部门间的沟通不顺畅容易造成对工艺改进的疏忽。

工艺创新旨在使新产品能够批量生产，提高生产效率，降低质量事故。工艺创新平台的功能主要有：将产品系列化、标准化，拟定相关的技术规范和产品标准；负责器件封装及应用产品的工艺研究工作；联系和统筹公司各分厂工艺部门工作；以各产品技术研发所的中试工厂、设备工艺科为创新主体，进行工艺制造技术的研究开发；负责工艺技术的改进研究，新工艺技术创新研究，新产品工艺创新技术开发，并协助解决企业生产中出现的工艺及质量问题。

2. 工艺创新平台体系

提升工艺创新的工艺技术水平，需要构建相应的体系。目前我国多数企业还没有针对工艺创新建立相应的体制机制，缺乏系统性管理。结合工艺创新活动自身特点，可以将工艺创新体系分解为决策机制、动力机制、组织机制、激励机制，从而更好地进行设计，提升工艺改进能力。工艺创新平台体系见图4-17。

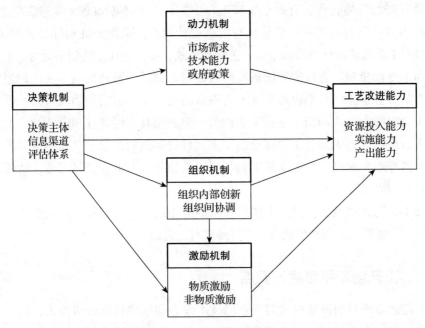

图4-17 工艺创新平台体系

资料来源：李显君，高歌，孟东晖，等.工艺创新机制研究：来自中国汽车企业的实证[J].科研管理，2016，37（12）：37-45.

（1）**决策机制**。制造企业工艺创新决策是指决策主体对工艺设备、工艺技术和工艺管理创新等是否实施以及如何实施的选择过程。决策机制在技术创新机制中处于主导地位，是设计其他技术创新机制的基础，贯穿各机制运行的始终。与工艺创新直接相关的决策过程，可以从决策主体、信息渠道以及评估体系等三个方面进行分析。信息渠道或信息来源是信息化水平的重要组成部分，只有及时有效地获取市场需求和政策导向信息，决策主体才能有效做出应对决策。建立科学的决策评估体系需要将资金投入、风险指数、可能的收益情况等指标进行量化，进而对决策进行评估，选取最优的决策方案。

（2）动力机制。该机制主要由市场需求、企业自身积累的技术能力和政府政策三个方面构成。市场需求通过刺激企业的产品创新活动间接影响企业工艺改进和工艺创新能力的提升。企业自身积累的技术能力越强，越有机会探索出新的工艺方法、新的工艺流程等，从而促进工艺创新能力的提升。政府政策可以鼓励企业积极加大对创新的投入，用于工艺装备等硬件设施和工艺管理技能等软件设施建设。

（3）组织机制。良好的企业创新文化可促进组织内部创新，用有限的资源激发更多的创造力，有助于产品设计中的工艺改进、创新。组织内成员的较高业务水平及有效的沟通合作，有助于发现工作中的问题并不断改进，促进工艺创新。组织间协调可以有效实现产品设计与工艺设计同步，从源头处理好二者的关系，进而提高工艺流程设计效率和改善工艺管理模式，提升企业工艺创新能力。

（4）激励机制。有效的激励机制可以使组织成员以最佳的效率为实现组织目标做贡献。若企业创新平台对提升工艺创新的员工给予适当的物质激励，则可以使员工自愿投入更多的精力进行工艺创新。但激励具有时代性和时效性，这要求企业进行激励时考虑到员工对尊重的需求、自我实现的需求、参与感的需求等更高层次的非物质激励，让员工真正参与到工艺创新平台的建设过程中，增强员工的归属感、幸福感和满足感。

（5）工艺改进能力。通过上述四种机制的作用，工艺创新平台能够提升资源投入能力、实施能力和产出能力，更好地进行工艺改进。

4.5.2　工艺创新平台建设要点

工艺创新平台的发展模式与企业的技术能力和战略目标密切相关，是一个动态选择过程。企业的工艺创新通常始于工艺设备和制造技术的引进，以国产化作为企业工艺技术发展的突破口。通过持续不断的工艺改进和流程优化，企业逐渐积累了大量的核心工艺技术，开始有实力对关键工艺技术开展自主研发，并着力实现工艺技术的跨越式发展。工艺创新平台的阶段性选择要与企业的规模和技术能力相匹配。大企业往往拥有更为雄厚的经济实力，可为工艺创新的开展提供更多物质保障，尤其是战略性工艺创新需要投入大量资源，更适合规模大实力强的企业开展。企业工艺创新平台的演进可以归纳为五个阶段，即工艺技术获取阶段、工艺技术改进阶段、规模生产阶段、自主工艺创新阶段和工艺技术更替阶段（见

表4-3）。各阶段的工艺创新各有侧重，而工艺创新平台的建设也各有侧重。

表4-3 企业工艺创新平台演进的五个阶段

项目	工艺技术获取阶段	工艺技术改进阶段	规模生产阶段	自主工艺创新阶段	工艺技术更替阶段
企业规模	小	小	中/小	大/中	大型企业集团
工艺创新战略	引进工艺设备与技术	工艺改进和零部件自产	工艺流程优化	关键工艺技术的自主研发	工艺技术的跨越式发展
研发能力	弱	较弱	一般	较强	强
技术能力	形成基本生产能力	生产能力的积累与完善	规模生产能力	自主工艺创新能力	战略工艺创新能力

资料来源：刘欣，陈松. 技术后发企业工艺创新战略的演进：以上汽集团工艺创新实践为例[J]. 科学学与科学技术管理，2017，38（1）：134-141.

（1）工艺技术获取阶段。由于资源基础和技术能力薄弱，在发展之初，企业往往直接引进国外先进的制造技术和工艺设备，以尽快形成基本的生产能力。虽然企业完全按照引进技术的标准生产产品，对外部技术的依赖性较大，但这是企业最初也是最重要的工艺创新形式。在此阶段，工艺创新平台主要侧重于平台软硬件设施的建设，如工艺装备等硬件设施和工艺管理技能等软件设施，为平台后续工作的开展奠定资源基础，以形成基本生产能力。

（2）工艺技术改进阶段。这一阶段的工艺创新以渐进性的工艺改进和局部适应性的工艺调整为主，工艺创新的主要任务是解决产品生产过程中的技术问题，努力实现零部件国产化，不断完善提高企业的生产水平。在此阶段，工艺创新平台侧重于技术突破，尤其是关键核心技术，故平台应加强工艺改进技术的研发，增加技术的竞争力。

（3）规模生产阶段。通过对引进技术的反复学习和应用，企业基本掌握了技术原理，该阶段工艺创新以降低生产成本和提高生产效率为主要目标。在此阶段，工艺创新平台应着力于企业生产流程的优化，以充分发挥现有生产线和制造设备的潜力，保障企业规模化生产。该阶段平台建设应重点投入专业资源，聚焦生产流程的改进与优化。

（4）自主工艺创新阶段。随着专有性工艺技术的积累，此时企业需要培育自主工艺创新能力，组织科技人员攻坚关键工艺技术，以摆脱对外部技术的依赖。这一阶段的工艺创新需要企业投入大量R&D资源，并承担巨大创新风险，创新主体也以技术雄厚的大中型企业为主。在工艺创新平台的决策机制方面，应及时进行战略规划，调整平台战略；在组织机制方面，则应加大专业人员的培训，确保关键技术的人才供应。

（5）工艺技术更替阶段。当企业竞争环境发生变化，尤其是所处行业出现突变技术时，为积极应对工艺技术轨道的更替，平台应加大对战略性工艺创新的投入。此时的企业通常已经发展为大型企业集团，具备了实现工艺技术跨越式发展的实力。在此阶段，工艺创新平台应专注于工艺创新技术的升级，加大对基础性技术以及关键核心技术的研发投入，着力突破工艺技术瓶颈[①]。

4.6 测试评价平台

4.6.1 测试评价平台基本情况

1. 测试评价平台概念界定

测试是企业在产品运行时进行的动态分析过程。测试的对象是产品原型、中间产品和最终产品，测试的方法包括单元测试、集成测试、系统测试、验收测试等。以产品为对象的测试可将产品提供给消费者，按照消费者的意见和建议改进产品，以获得当前产品的优缺点，明确产品对细分市场的吸引力。测试评价平台是指通过技术、装备及软件等研发试验或检测体系，分析消费者意见和需求，进而验证产品稳定性及可靠性，以更好地实现产品创新的环境或场所。

解决技术进步过程不确定性问题必须进行试验，从产品开发过程看，试验（工程验证）伴随着设计的全过程，所以试验设备实际上是主要的工具。但许多（特别是关键）试验设备是高度产品特定（Product-Specific）和企业特定（Firm-Specific）的，所以进行复杂产品开发的企业往往具有很强的试验设备开发能力。

特别地，试验设备往往是测试评价平台中最昂贵的部分。例如在设计核电站的反应堆时，甚至需要用专门的反应堆（高通量工程试验堆）来进行试验。在实践中，识别一个企业是否具备良好测试评价平台的主要标准，就是看它是否具备有效的试验手段。

2. 测试评价平台的目标与核心业务

测试评价平台旨在尽早发现在生产线环境和模拟用户使用环境中，产品设计存在的问题，并加以解决，使技术、质量、生产工艺更完善，进而实现大规模生

[①] 刘欣，陈松. 技术后发企业工艺创新战略的演进：以上汽集团工艺创新实践为例[J]. 科学学与科学技术管理，2017，38（1）：134-141.

产，确保产品交付质量的稳定可靠。测试体系的工作一般包括以下两个方面：一是产品测试，尤其是生产验证测试和可靠性验证测试，以提高产品质量；二是制造系统设计，包括工艺设计、专用设备研发、物料技术认证等。例如，华为公司的测试部实现了与软件开发的同步工作。在一个新的软件项目立项时，测试部就开始做软件的可靠性评估以及测试模块的设计工作；在软件功能研发时，测试部也根据同一份功能设计开始测试软件的编写；当软件功能的研发接近完成时，测试部开始对这些功能和软件代码进行自动测试。测试的各种分支情况可以达到上万种，把可能的问题消灭在开发的过程中。测试部通过仿真以及实验室环境再做系统级的软功能及兼容性测试，以确保对硬件系统的支持。

测试评价平台要负责跟踪全球最新的软件测试方法、测试的技术手段，还要对产品实现从整体（系统级）到模块级的自动测试。在规范的研发过程中，测试工作一般占到整个研发工作量的30%~40%。国内许多企业都建立了自己的产品测试部或产品测试平台，但在产品质量控制上仍然存在漏洞。产生这一结果的原因有：测试手段和方法欠缺；测试人员和研发人员都同一个研发部门的同事甚至是上下级，真正做到独立测试很难；测试人员的能力不足；有时由于时间紧而来不及测试。因而，测试部门尤其是系统测试和验收测试的部门需要树立权威性，保证独立性，严格把好产品质量关。总体来看，测试评价平台的核心业务主要包括以下几方面：

- 负责为研发提供完备的实验条件；
- 负责对原料、包装材料、产品的检验和试验状态标识，对检验质量负责；
- 负责科研过程中的支持性检测服务，如试制样品的检测等；
- 负责各项产品的测试、检测、环境试验；
- 参与产品质量分析，产品质量事故调查、报告、处理，确保产品各项功能、性能指标符合要求；
- 参加质量改进方案的制定；
- 负责制定和修订企业标准及检验操作规程；
- 负责其他企业相关材料、器件和产品的检测和鉴定。

测试软件开发是测试评价平台建设的关键环节，测试软件从软件系统的大三层分类（系统软件、支撑软件、应用软件）来讲属于"支撑软件"。支撑软件长期被发达国家垄断，国产化程度低，目前基本都处于"卡脖子"状态。我国工业和信息化部印发的《"十四五"软件和信息技术服务业发展规划》明确将开发支撑软件列入关键基础软件补短板的重点研发方向,加速程序静态分析、动态测试、仿真测试、自动化测试平台等测试工具研发。广州掌动智能科技有限公司(以下简称掌动科技)是我国领先的数字化转型基础支撑软件核心技术提供商,是工业和信息化部认定的国家级专精特新"小巨人"企业。掌动科技以"赋能中国质量"为使命,旨在研发基础支撑软件"卡脖子"技术,提升我国底层信息技术核心竞争力。针对如何保障数字化系统尤其是在信创环境下如何保障数字化系统稳定可靠高质量运行的行业痛点,掌动科技建立了"四位一体"基础支撑软件平台以提升数字化系统质量(见图 4-18),并应用于五大应用场景(见图 4-19)以提高测试效率,推动数字化系统的高质量开发和运行。掌动科技的核心技术获得了国家在测试工具软件核心技术研发领域的认可和支持,多次获得科技进步奖与电力科技创新奖等荣誉奖项。与此同时,掌动科技参与制定多项国家、行业及团体标准,获得了一系列高水平资质认定并取得 19 项专利授权与百余项软件著作权。

图 4-18 掌动科技"四位一体"基础支撑软件平台

资料来源:掌动科技提供。

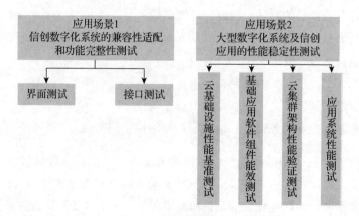

图 4-19 掌动科技测试软件五大应用场景

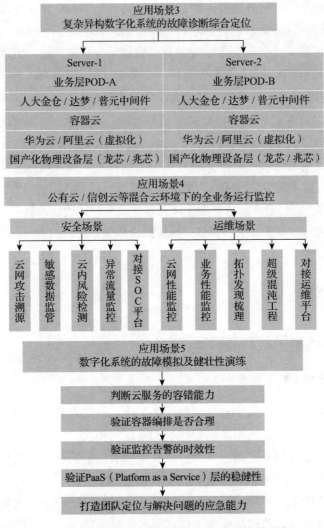

图 4-19　掌动科技测试软件五大应用场景（续）

资料来源：掌动科技提供。

4.6.2　测试评价平台建设要点

一是加强技术文档库和交流社区平台建设。技术文档库是测试评价平台建设当中的重点，是技术积累、技术推广应用的平台。技术文档库建设的内容包括技术理解文档、测试案例/测试列表、测试角度、各种方法、模板、报告、工作文档、重点故障分析文档（内部、外部）等。

二是学习型测试团队的建设。加强测试团队的培训是建设学习型团队的重要基础。这种培训包括公共知识技能培训与专业知识技能培训。其中，公共知识技能培训包括公司制度、企业文化、研发测试管理流程规范、工作方法、团队文化等；专业知识技能培训主要由内部专业技术交流学习组成，诸如工作范围内和技术相关的内容讲解、内部的规章制度、业务工作流程等。

三是利用大量测试数据建立产品测试数据库，并为关键指标提供参考标准。积累的测试数据结合多种工具进行复杂分析，以了解哪些是产品性能影响的关键因素。比如进行重复配对产品测试的方法，主要是为了获得顾客对产品的偏好程度信息，并对目标市场中"无区别"顾客（对产品没有明确偏向，导致购买产品时犹豫不决的顾客）进行测评。这有助于保持每次产品测试的协调统一，具体体现在样本量、置信区间、测试方法、数据分析和报告格式等方面。

4.7 产品试制平台

4.7.1 产品试制平台基本情况

1. 产品试制平台概念界定

产品试制平台是为了衡量产品性能、工艺性、稳定性和可靠性等质量指标是否达标，是否符合设计说明书要求所依赖的环境或场所。试制完成后，研发部门须及时完成项目结题报告并附上各种反映技术内容的原始记录或试验报告，以及必需的工艺文件并交管理部门存档。

为使复杂新产品的各项指标都能达到设计的标准，新产品正式生产前须进行零部件、子系统和产品的试制试验，用试制的结果验证和评价前期各项工作的效果。产品试制平台负责产品的小批量生产验证测试，以及产品生产工艺、产品从研发转生产（即转产）前的成熟度研究，是促进企业研发产品产业化的重要平台。搭建试制平台有助于控制与优化试验流程，提高试制试验质量和控制成本，缩短试制试验周期及提升资源利用率。

2. 产品试制平台的目标

产品试制平台的目标是"做好产品"，发现产品可能的质量问题并在研发早期加以解决。在实现产品试制平台目标的过程中，企业需要培养生产人员以着手解决最紧迫的产品质量问题。产品试制工作一般包括三个方面。一是试生产。在生产线环境下，由试制人员完成，研发人员提供全程的技术支持。二是整合基础产品数据。生产人员需要参与产品数据管理，为试生产和批量生产、销售合同及订单处理等提供技术文档资料等基础产品数据。三是设计安装维修，提高产品可服务性。

如何在较短的开发周期内保证做出高质量的产品？对于这个问题，建立科学合理的产品试制流程（见图 4-20）对新产品开发和试制验证工作具有重要的实用价值和意义。充分发挥产品试制过程中涉及部门的各种优势及特性，合理优化资源，简化交接流程，严控必要质量把关环节，可以提高产品试制的质量和管理水平。这在缩短产品试制周期、降低试制成本、改善试制产品质量、提高试制效率等方面起着至关重要的作用。产品试制平台的核心业务主要包括以下几方面：

- 消化新产品的技术资料，对新产品技术状态、测试环境要求、控制难点及要点进行规划；
- 组织进行新产品中试（编制中试计划，落实中试需要的设备、环境、仪器、人员的需求计划与配置准备，组织编制中试需要的相关工艺文件）；
- 在产品中试过程中测试验证整机、模块，完成故障维修及数据分析，对中试过程中出现的问题进行分析、提报，并跟踪问题的解决进度，在中试结束后组织编写试生产报告，组织中试评审；
- 及时协调试制中存在的技术问题，进行产品的故障分析和定位，确保产品的可生产性；
- 负责小批量的转产工作、样机试制工作，拟制转产测试规程和生产工艺支持，协助完成产品整机 BOM（Bill of Material，物料清单）；
- 研发所用和生产使用的测试工具的开发和维护；
- 对生产部门的技术支持。

企业在产品试制平台上应以工艺设计、容差设计为重点，突出商品特性，进一步强化产品的可生产性、可销售性研究试验。产品试制工作是品质稳定性的保障，试制的任务是优化和稳定新产品，即通过反反复复的测试、优化工作为新产品盖上品质的印章。产品试制平台的工程师们要怀着高度的责任感，针对每一处电源的设置、每一根信号线的走线合不合理，不同环境中各项参数的稳定性是否下降等问题进行仔细推敲。

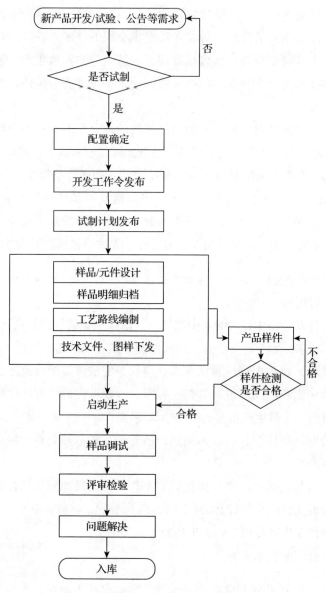

图 4-20 产品试制流程

资料来源：乌利齐，埃平格．产品设计与开发：原书第 6 版 [M]．杨青，杨娜，等译．北京：机械工业出版社，2018．

4.7.2 产品试制平台建设要点

一是统筹平台资源。产品试制平台由众多软件和硬件资源构成。为了加强产品试制平台资源的统筹工作，有必要进行软件、硬件单元级别的构建模块功能验证（Building Block Functional Validation，BBFV）和构建模块集成测试（Building Block Integrated Test，BBIT），并妥善管理最终的制造过程技术文档，发布最终的产品规格及相关文档。工艺技术文件是产品验收的依据，从源头上规定了检验的工作内容和方法，而评价检验内容和方法的正确性是测量系统设计的主要工作。只有形成了工艺文件可指导、可操作、可执行的工作目标，才能从源头上杜绝错漏检，提高质量把关能力，防范质量风险。

二是做好产品试制项目管理。在产品试制期间，项目负责人需要负责制订项目计划、全过程统筹协调、跟踪项目关键节点、处理项目风险、充分利用项目资源等工作，做好资源的分配与管理，保证项目按计划进行，并做好过程中质量控制。同时，项目负责人需要根据现有条件、资源及工作经验预测可能会出现的风险，提前采取预防措施，将风险降到最低。

（1）做好项目计划与策划。使用 PERT（Program Evaluation and Review Technique，计划评审技术）做好产品的试制计划，以及计划完成情况的预估。

（2）明确成员项目职责。在项目执行中，职责定义不清晰的问题经常出现。各专业人员不知道这些工作属于谁，导致这些工作没有人去做，或者互相推诿，这样就会影响项目进度、工作效率。

（3）明确定义各专业的工作边界规则。在项目执行中，经常会出现工作边界不清晰的问题。例如一些边界工作、不同部门之间的传递衔接业务、流程没有覆盖区域，这些地方如果没有明确就容易变成"三不管"地带，导致该工作无人管理，因此在项目启动时就定义清楚很有必要。

（4）监控项目关键节点。在项目管理中，关键节点的管理是极为重要的。项目管理者应从全盘考虑，把控好各个关键节点，审查已完成阶段交付物，判断下阶段工作是否启动，保证关键节点的顺利实现。

（5）做好项目风险识别及管理。在项目推进中，企业各大组织常出现各种各样突发的风险，这需要项目负责人及时处理和应对，在使风险降到最低的同时及时反馈，避免未来项目中同类问题的出现。同时，风险也会有高、低、紧急、不紧急之分，有的风险会直接导致计划能不能按时、按质、按量完成。这时就可以对风险进行分级，主要分为以下几种：一般风险，重要风险，紧急风险。一般风险对计划不造成影响，在试制周期内可解决；重要风险会影响计划，并可能造成计划拖期；紧急风险会导致产品试制计划暂停，导致计划拖期。分好级之后就可以在相关阶段集中人力、物力、财力来处理紧急风险。

（6）试制过程问题管控。这需要对产品构件问题及评审报验问题录入 CPC（Collaborative Product Commerce，协同产品商务）系统进行管控，确保问题关闭。CPC 系统管控流程见图 4-21。

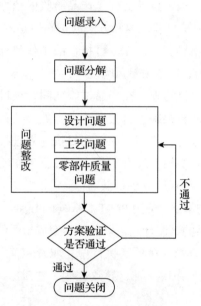

图 4-21　CPC 系统管控流程

资料来源：周辉. 产品研发管理：构建世界一流的产品研发管理体系 [M]. 2 版. 北京：电子工业出版社，2020.

三是善用数字化技术，实现试制过程的可视化。企业应综合自身能力进行自主研发或者借助其余平台研发出自身可视化系统，通过系统集成把平台资源（包括自身软件、硬件设施测试模块，有价值数据等）整合、打通，最终通过 App 等进行可视化，提高工作效率。

第 5 章
功能性创新平台

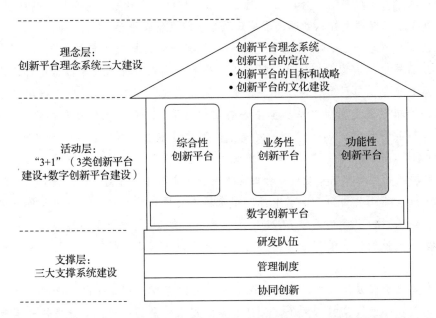

功能性创新平台在企业创新平台中处于活动层，属于辅助性的创新平台。这类创新平台并不直接创造经济价值，而是在经济价值创造的过程中起到支持作用。功能性创新平台主要包括信息管理平台、知识管理平台、质量管理平台三种类型。

开篇案例

白云电气的功能性创新平台建设

白云电气集团（以下简称白云电气）在1979年创业起步，1988年开始专注于电力装备制造领域，历经三代人、六个发展阶段，逐步发展成为中国机械工业百强、中国电气工业竞争力十强、中国工业行业排头兵企业。其旗下公司白云电器（603861）于2016年3月22日在上海证券交易所主板成功上市。

作为电力装备制造行业龙头企业，面对配电开关设备制造中"订单批量小、交货周期短、非标程度高、运营维护复杂"等典型离散型制造的特点，为了更高效地响应个性化定制、更全面地保障质量安全、更切实地提高组织效率，白云电气致力于推动工厂数字化、管理网络化、调控智能化。目前，白云电气建有国家认定企业技术中心、广东省工程中心、院士专家工作站、企业研究院等核心科研机构，还构建了信息管理、知识管理、质量管理等功能性创新平台。

在信息管理方面，白云电气充分利用数字技术，构建了包括能效管控平台、智能仓储平台、运营管控平台、机电设备全生命周期管理系统等信息平台，实现了信息集成化、工厂管控网络化、设备调配智能化。其中，白云电气推出基于大数据的城市轨道交通供电系统全生命周期管理平台，监控已经销售的供电设备，实时反馈异常项目、剩余寿命、故障评估等关键信息，帮助售后人员及时发现、准确识别、高效解决问题，打破了传统城市轨道交通供电系统故障发现难、识别难、解决难的困境。信息管理平台的应用给白云电气带来了可观的经济效益，2019年白云电气旗下公司白云电器中标广州市轨道交通新建线路供电系统设备及运维服务采购项目，中标金额为77.21亿元，其中有约20亿元属于运维费用。白云电气利用系统性的信息管理平台，极大地降低了运维成本，提高了运维效率，形成了公司新的利润增长极。

在知识管理方面，白云电气被认定为"2020年度广东省知识产权示范企业"。白云电气在不断提高核心竞争力、打造专业技术壁垒的同时，十分重视知识产权建设，白云电气凭借着知识产权创造、运用、管理与保护，以及建设完善的知识产权体系，提升了知识产权综合实力和防止专利侵权风险能力，不断激发员工发明创造的积极性。

在质量管理方面，白云电气坚持质量优先，推行全面质量管理。为了打造安全可靠、智能环保的品牌形象，推动公司向领先的电气能源综合解决方案服务商转型，白云电气构建了全面质量管理模式（见图5-1）。一是采用进货检验、过程检验和出厂检验等专业的质量检验方式确保产品质量；二是严密管控供应商质量、制造质量和运行质量，保障供应链质量；三是通过体系策划、体系监督和体系改进，构建可靠的质量保障体系。全面质量管理模式使白云电气实现产品质量、整体运作质量和创新能力与国际接轨，打造了良好的品牌形象。

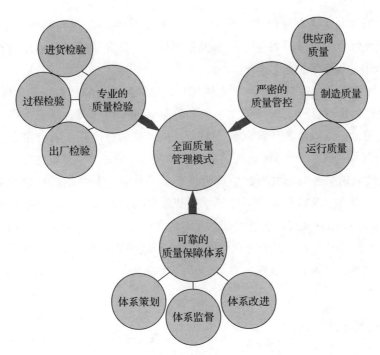

图 5-1　白云电气全面质量管理模式

白云电气近年来发展迅猛，其产品广泛应用于国家电网、南方电网、中广核电集团、29 个城市的轨道交通配电及控制设施及其他各种国家重大项目和大型工业企业，有力保障了国内外重大工程的电力安全。其旗下公司白云电器的营业收入从 2015 年的 12.64 亿元上升到 2020 年的 30.28 亿元，年复合增长率为 19.1%。集团先后获得国家科学技术进步奖特等奖 2 项、一等奖 1 项、二等奖 1 项以及中国专利奖 1 项，在配电设备制造行业起到了"以柔性制造为特征的配电设备智能制造新模式示范"和"以全生命周期管理为特征的配电设备远程运维保障示范"的标杆作用。

资料来源：2020 年 11 月 16 日下午，张振刚教授带领团队前往广州白云电气集团调研，并根据网络资料整理而成。

从上述案例可知，白云电气通过构建信息管理平台、知识管理平台、质量管理平台等功能性创新平台，为企业迅猛发展打下了坚实的基础。

5.1　什么是功能性创新平台

功能性创新平台是指企业为了获得和保持创新优势、取得创新绩效而搭建的以软件设施和制度体制建设为主要方式,以提供研发共性管理服务为主要功能,以提高研发效率、效果、效益、效能为主要目的,贯穿于研发活动全过程,承载特定研发辅助功能的环境或场所。

功能性创新平台通常不依附于实体场地,更多存在于软件系统和制度体制中,主要包括信息管理平台、知识管理平台和质量管理平台三类。这三类平台并不是孤立存在的,它们均渗透于产品研发过程(从产品创意产生、项目定义、技术预研、产品设计与开发、产品测试与验证到产品发布)的每一个阶段。

功能性创新平台与前文所述的综合性创新平台和业务性创新平台的不同点在于:首先,功能性创新平台并不直接承担研发任务,而是贯穿于产品研发的全过程,起到辅助作用;其次,功能性创新平台的作用效果难以明确衡量,例如,新的信息管理平台到底产生了多少绩效,提高的生产效益能否覆盖成本(包括员工的学习成本),这些都较难具象显现出来。

5.2 信息管理平台

5.2.1 信息管理平台简介

1. 信息管理平台概述

信息管理平台是指以现代信息技术为手段,对企业的技术、产品、市场等信息进行综合,以方便内部员工对信息资源进行有效开发和利用的功能性载体。企业研发活动的进行会产生大量即时性的信息和数据。提高研发全过程信息化程度,是现阶段企业数字化转型的主要目标之一。

互联网和信息技术的高速发展为企业创新平台信息管理提供了可行的、全新的技术支撑,也对企业的信息管理水平提出了更高的要求。局部性的研发信息管理工具,如产品工艺设计的数据管理、产品试验及质量数据的分析程序、缺陷统计程序、研发进度管理工具等,已经无法满足现代企业创新平台研发信息快速性、安全性和实时性的需求,而面向研发业务全局管理构建全局性和系统性的信息管理平台成为现代企业信息管理的主流。

2. 信息的来源

对企业创新平台而言,信息的来源渠道主要有四种:一是咨询机构提供的信息,它是企业创新平台获取信息的主要来源;二是行业信息,主要可以通过各种会展、产品发布会、行业文献、行业年会等渠道获得;三是科学文献、专利数据库、论文数据库等中的信息;四是高校、科研院所提供的信息,企业可通过开展产学研合作获得高校、科研院所提供的信息。

信息源收集是对信息的选择过程,是根据不断变化的用户信息需求从已确定的信息源体系中连续地选择、提取和接收信息的过程。信息采集的主要渠道有大众传媒渠道、出版发行渠道、信息系统渠道、人际关系渠道、文献情报机构渠道、专业性学会渠道、行业协会渠道、社会中介渠道、信息发布机构渠道、互联网渠道、各类会议渠道等。

常见的信息采集方法主要有八种,见表 5-1。

表 5-1 常见的信息采集方法

信息采集方法	主要内容
内部信息索取法	内部信息是组织内部交流的资料,需要在征得对方许可的情况下获取
互通有无的交换法	信息部门之间开展信息采集的一种常见方法,如不同高校学报之间的交换,不同信息机构之间内部资料的交换,不同国家之间出版物的交换等
委托或咨询采集法	委托信息服务机构(必要时付费咨询)采集自己所需要的信息
实物样品分析法	通过对实物样品的观察、测试和分析,可以了解关于其外观和内涵的种种信息
实地考察法	通过实地考察可以采集到较为真实可靠的第一手信息资料
间接调查法	通过信函、表格、电话和网络问卷等方式进行间接的调查采访,从而获取所需要的信息
网络查询法	借助互联网,通过网上信息查询工具采集所需要的信息
大众传媒采集法	采集报刊、书籍、广播、电视、网络等大众传媒平台上发布的种种信息

5.2.2 信息管理平台建设要点

1. 确定信息管理平台各模块功能

信息管理平台致力于实现创新平台研发全流程的信息化,针对产品研发的论证规划、功能分析、方案设计、工艺优化、试验测试、批量生产及性能改进等流程。归纳起来,信息管理平台主要是产品研发计划及资源信息管理(包括研发计划信息管理、研发资源信息管理、研发项目进度信息管理)、产品的研发试验及其数据管理(包括研发试验数据处理、研发试验任务管理)和新产品的生产工艺信息管理三大模块[一]。三大模块相互联系、相互支撑，共同为新产品的方案设计、新产品生产的工艺优化、新产品整机原型测试以及批量生产等环节提供支持，实现研发计划制订、研发试验及测试、生产工艺及流程的数字化、网络化和智能化。

（1）产品研发计划及资源信息管理模块。产品研发计划及资源信息管理模块致力于实现对研发项目的进度计划信息的管理、计划明细数据的处理以及进度查询与统计功能。该组功能在研发流程的各环节都需要调用，特别是在方案设计环节、工艺优化和原型测试环节以及批量生产环节。在研发项目执行过程中，该组功能为研发项目经理提供产品研制过程中关键环节的进度统计和计划执行的偏差分析等信息，辅助研发项目经理判定进度影响因素和调整进度计划。

（2）产品的研发试验及其数据管理模块。产品的研发试验及其数据管理模块对研发进程中需要进行的技术验证试验、关键组件性能测试和样机测试试验、组件失效试验等工作的数据进行采集和分析，基于典型的数值模型来完成试验中的数据处理，包括对产品性能、性能外推及其稳定性等的分析测算，为项目经理提供确定产品研发状态的定量依据。

（3）新产品的生产工艺信息管理模块。新产品的生产工艺信息管理模块为产品的生产进程，特别是新产品生产进程的质量稳定性提供基于定量测算的在线监测，为质量跟踪和效果改进提供定量依据。

2. 建立研发全流程管理信息系统

随着信息管理技术的进步，传统割裂、独立的研发信息管理工具已经无法满足现代企业创新平台的发展要求，信息管理越来越向平台化、集成化靠拢。对研发过程而言，信息管理平台一般以软件系统的形式存在，其中，系统架构设计是将系统的需求转换为可运行的软件程序系统的重要步骤。通过合理的系统架构，开发者对可执行的程序模块进行有效的组织和配置，对数据结构、程序算法、功能单元、永久性的业务数据以及外部配置数据等进行合理划分，建立信息系统稳定的总体框架，在此基础上开展软件的详细设计工作。对企业创新平台而言，研发信息系统一般采用四层架构进行设计（见图5-2）。

[一] 张少洋. 东菱公司产品研发管理系统设计与实现 [D]. 大连：大连理工大学，2019.

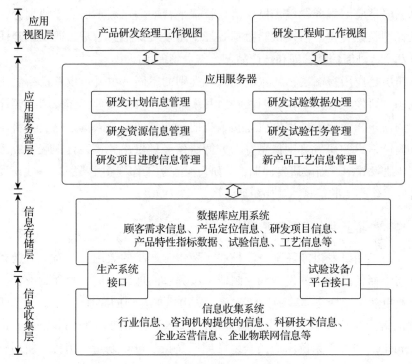

图 5-2　企业研发信息管理平台系统架构

资料来源：张少洋. 东菱公司产品研发管理系统设计与实现[D]. 大连：大连理工大学，2019.

第一层是信息收集层，主要收集行业信息、咨询机构提供的信息、科研技术信息、企业运营信息、企业物联网信息等。

第二层是信息存储层，数据库技术是信息存储的有效手段，它要求对于给定的应用环境，构建出适当的数据库模式，建立起数据库应用系统，并使系统有效地存储数据，满足用户应用方面的各种需求○。数据库中存储的信息大多为顾客需求信息、产品定位信息、研发项目信息、产品特性指标数据、试验信息、工艺信息等。企业创新平台采用的主流数据库为通用性的关系数据库○服务器，同时，根据企业创新平台需求的不同，信息管理平台应采用不同类型的关系数据库，例如，针对有大量用户的网约车信息管理平台，一般采用 MySQL 数据库服务器，若信息管理平台仅仅应用于研发信息小范围存取，则可以选择 Access、FoxPro 和 dBase 等桌面数据库服务器。

○ BERCIC B，GEORGE C. Identifying personal data using relational database design principles [J]. International Journal of Law & Information Technology，2009，17（3）：233-251.

○ 关系数据库：在一个给定的应用领域中，所有实体及实体之间联系的集合构成一个关系数据库。

第三层是应用服务器层，根据信息管理平台的应用需求以及模块划分，主要有研发计划信息管理、研发试验数据处理、研发资源信息管理、研发试验任务管理、研发项目进度信息管理和新产品工艺信息管理等应用。

第四层是应用视图层，针对研发人员类别的不同，主要可设置产品研发经理工作视图、研发工程师工作视图两种。其中，产品研发经理工作视图主要针对资源调配的需求，为研发经理提供完整系统的企业创新平台人员信息、物料需求信息、供应链信息和研发进度信息等，方便研发经理做出决策，合理调配资源，以提高整体研发效率，缩减研发周期；而研发工程师工作视图主要针对一线研发人员提供研发工作必要的信息，如岗位职责、工作技能等。

3. 构建产品全生命周期管理系统

传统的产品研发以产品本身为核心，聚焦于产品的效用，以满足消费者的需求为导向。而信息技术的发展和"制造+服务"的理念为信息管理赋予了新的内涵，企业更加关注用户体验的持续改善，从而增加客户的黏性[一]。由此，企业对信息管理的诉求发生了新的变化，催生了产品全生命周期管理（Product Lifecycle Management，PLM）系统。产品全生命周期是指从设计制造、销售、使用、维修到回收再处理的全过程，是基于个体产品的完整信息链条。对企业创新平台而言，研发过程中将产生大量的数据，而且信息在各参与方之间一般是独立、割裂的，无法将信息采集和共享延伸至整个闭环供应链范围。对闭环供应链而言，只有全生命周期信息才能最大程度、精准地为回收再处理流程服务，提高整个链条效率，节约再处理和再制造成本，同时这些信息能够用于更准确地识别用户的个性化需求，优化产品设计和生产，对于优化供应链同样具有重大意义。

全生命周期管理模式下，产品信息来源方式多种多样，产品全生命周期管理的主体是单个产品，信息管理贯穿于产品的研发、采购、生产、销售、客户使用、维修与产品的回收过程，覆盖产品的整个生命周期。PLM的信息采集分为正向信息采集、逆向信息自动采集和客户信息采集。

（1）正向信息采集。正向信息采集包括采集供应商、制造部门和销售部门等提供的产品本身的信息和市场信息。产品本身的信息包含产品制造工艺、使用原材料、设计图样，产品的市场信息包括市场需求和销售信息。正向信息大多基于产品类别，由正向企业直接提供，平台在此基础上进行共享和分析。正向信息对

[一] 王鸿鹭，蒋炜，魏来，等. 基于物联网的产品全生命周期质量管理的模式创新与展望 [J]. 系统工程理论与实践，2021，41（2）：475-482.

于供应链上游企业的预测有较大意义,如生产数量、市场需求等预测。事实上,这类信息在实践中已经能较好地应用于共享和预测。产品全生命周期管理平台能及时有效地协调供应链上下游,提高运作效率。一方面,有效减缓正向环节的"牛鞭效应",使上下游企业及时沟通、获得预警并做出反应;另一方面,平台中大量回收品的相关信息,对正向环节企业做出准确的需求、制造等预测起到积极作用[○]。

(2)逆向信息自动采集。逆向信息自动采集过程发生于销售之后的产品使用过程中,通过使用传感器和物联网技术,将用户正在使用中的产品状态信息传送给平台,起到实时监控和及时预警作用。逆向信息的采集提升了产品回收再处理效率。回收再处理是闭环供应链最关键的环节,一方面平台通过正向信息对回收数量和时间进行预测,制订合理的回收计划;另一方面平台针对每个个体产品的使用状态信息使得对回收品的价值确定更加及时、精准,有助于提升再处理效率,降低成本。

(3)客户信息采集。对客户而言,产品全生命周期管理平台提升了客户服务体验。信息管理平台能为客户提供相关产品的全部信息,能在有数据可追踪的情境下提高产品使用的安全性,有效延长企业对产品的负责期,提升客户售前、售后的服务体验。

5.3 知识管理平台

随着知识经济的不断发展,企业间的竞争越发激烈,创新成为企业持续获得竞争优势的核心。知识基础观指出,知识是企业提升能力、实现发展的关键,是企业创新发展的基础[◎]。创新的每一个环节都伴随着知识的获取、整合与利用,有效的知识管理是企业创新发展的重要途径和手段,能为企业创新发展提供重要的智力资本[◎]。近年来,知识经济迅猛发展,知识管理在公司中的分量越来越重。在我国,几乎所有领军企业都开展了多年的知识管理。知识经济背景下,企业的竞争实力几乎可以用其拥有的知识存量与扩散程度来代表,再加上企业创新平台具有知识密集性和知识复杂性的特点,知识在企业创新平台中流通更快,价值更高。

○ 马永开,李仕明,潘景铭.工业互联网之价值共创模式[J].管理世界,2020,36(8):211-222.

◎ GRANT R M, BADEN-FULLER C. A knowledge accessing theory of strategic alliances [J]. Journal of Management Studies,2004,41(1):61-84.

◎ 张永云,郭鹏利,张生太.失败学习与商业模式创新关系:知识管理与环境动态性的影响[J].科研管理,2021,42(11):90-98.

5.3.1 知识管理平台简介

1. 知识管理平台概述

知识管理是指通过获取、存储、共享知识等活动管理组织内外知识的过程。知识管理平台是为积累和总结企业创新平台运行过程中产生的经验和知识、形成有效的知识库而搭建的环境或场所，旨在提升研发人员获取知识和利用知识的能力。知识经验的总结、维护、共享和利用是提高企业员工知识和科研水平、增强组织凝聚力的重要手段，也是把宝贵的经验（隐性知识）从各个技术人员头脑中逐步显化、储存在知识管理系统中的重要方式，更是提升企业创新平台科研能力和效益的关键因素。

知识管理平台将知识管理要素整合起来，将不同小组、部门的知识管理体系整合起来，将分散的知识获取、知识存储、知识利用系统整合起来，充分发挥平台的统一作用和桥梁作用，将知识管理提升到了公司的战略层面。

2. 知识管理的主要任务

知识管理的主要任务是对企业的知识资源进行全方位的汇总、细致的梳理、充分有效的开发和最大限度的利用。知识管理平台将分散在各处的知识和经验科学组织起来，构建成一个知识库，以该库为支撑，研发人员的工作会因为该平台而变得更为轻松、高效、准确和规范。

5.3.2 知识管理平台建设要点

结合知识创造理论，知识管理平台主要从事四个方面的工作：一是隐性知识显性化，充分挖掘出员工和专家头脑中的经验、想法、思路，并将其以可视化的文档、视频等形式保存；二是显性知识系统化，将相互独立、零散的、缺乏联系的知识按照一定的逻辑联系形成全面体系化的知识；三是知识应用场景化，根据不同的工作场景动态匹配相关知识，并进行智能推送，让员工在具体场景中将显性的知识内化为自身的知识；四是知识复用增值化，在知识应用的过程中，员工将知识反复利用并加以重组，增加知识的价值。在实际建设实践中，企业一般遵循"知识资产化—知识场景化"的逻辑流程构建知识管理平台。

1. 知识资产化

知识资产化主要包括隐性知识显性化、显性知识系统化两个过程，同时企业创新平台将知识视作企业的资产进行有意识积累，采用资产管理的模式，将知识管理的重点放在知识库的内容建设上。

（1）明晰企业的核心知识。构建企业知识管理平台的原则是要明晰企业战略，通过对企业战略的解读，分析得出基于企业的发展战略，需要对哪些核心知识进行管理，并找到企业需要进行管理的核心知识，从而为企业知识管理平台的建设打好基础。

（2）获取核心知识。企业通过外部知识获取和内部知识创造相结合的方式获得核心知识。首先是开展外部知识获取。企业外部知识获取来源主要有高校与科研院所、非营利性私人机构、企业、网络及个体等不同层面的公共和私人知识库，获取策略包括雇用技术人员、开展正式和非正式合作以及构建战略联盟或签订合作协议等。具体而言，基于外部知识获取的特征和目标，上述策略可划分为外部知识的直接市场交换和构建战略联盟。

一是外部知识的直接市场交换。外部知识的直接市场交换属于最快捷的获取方式。外部知识可以通过外部研发和直接收购获得（比如购买设备、获得技术许可、咨询、招聘具有特定知识的员工以及全部或部分收购）。二是构建战略联盟。构建战略联盟有利于复杂和专业知识的获取。战略联盟包括大学合作伙伴关系，合资企业和通常由政府机构推动的非股权合伙企业以及与竞争对手、客户和供应商的合作。例如，珠海霍普金斯研究院建立了开放嵌入型知识网络管理系统，将人才管理作为知识管理的重要载体，建立知识激励导向机制，发挥人才在知识创造和流动中的关键作用，并依托中美生物医药国际技术转移平台，加强与美国霍普金斯医学研究所、克利夫兰医学中心等的合作，充分发掘开放式创新的外部知识获取途径，增强企业知识推动的技术能力。

其次是企业通过研究和组织学习进行内部知识创造，企业员工研发中进行的战略规划、概念构思、原型设计、测试和工艺改进等过程都会产生多种知识。孔子曰："温故而知新。"企业中的知识管理也不例外，研发过程产生知识后，技术人员可以通过自我总结产生新的知识。另外，组织学习过程中充分利用社会化、外部化、组合化和内部化（SECI）⊖的知识闭环，促进知识螺旋上升，也是企业内部知识创造的重要方式。因此，组织学习、头脑风暴、知识交流在企业的知识获取活动中是不可或缺的。

⊖ SECI知识闭环是指组织在知识社会化（隐性知识转化为隐性知识）、外部化（隐性知识转化为显性知识）、组合化（显性知识转化为显性知识）、内部化（显性知识转化为隐性知识）过程中不断传递和创造知识的过程。

（3）对核心知识进行分类。企业建立知识管理平台后，如果每个员工随心所欲地上传，查询者将面对知识管理平台内成千上万、形色各异的文档不知所措，这样就会大大降低知识管理的效率。这就像我们随意将所有的衣物都扔进一个大的储物柜，找衣物的时候将会一团糟，但在储物柜中横向和纵向都打出隔断后再将衣物有序放入，便可提高找衣物的效率。同样，企业的知识管理平台也需要类似的"隔断"。在对企业知识进行分类时，最常采用知识目录将企业的知识结构化，强调将各类知识与员工所在岗位职能相结合，以方便员工进行知识上传和搜索。

此外，设置知识目录需要遵循两大原则。一是相互独立不重复、完全穷尽不遗漏（也称为 MECE[①]）。相互独立是指一篇文档在一个目录下存在了，就不能在其他目录下存在，目录之间没有重叠或交叉覆盖的地方。完全穷尽是指知识管理平台目录里面的文档应该囊括企业的所有文档，避免出现有文档找不到合适的目录对应的情况。二是层级不宜过多。一般来讲，企业知识管理平台目录设置不超过五层，如果超过五层，导致创建、上传一篇文档时需要非常复杂地找到对应的目录，就会让客户在使用时感到不便。

（4）构建知识存储库。知识存储是指企业通过建立系统性的知识库来存储业务流程中的知识，帮助研发人员快速地寻找并获得相关知识。企业常用编码化模式和人格化模式这两种模式开展知识存储，这两种模式分别服务于显性知识和隐性知识。编码化知识是指易于通过文档、数据库阐述清楚并通过知识库传播的知识；而人格化知识是指无法进行显性编码，只能通过人与人之间的交流、互动传播的知识。

首先，企业研发知识管理平台通常采用知识仓库来存储编码化知识。知识仓库中包含知识积累存储库、知识安全权限、图书管理等，将可以文档化的知识分门别类地归档，并通过数据库技术提供完善的仓库功能，方便每一位员工获取已经存储的知识。其次，企业研发知识管理平台采用知识社区的方式对人格化知识进行存储和传播，其中包括专家网络、知识问答、知识论坛等。这些隐性化的知识存储于专家、某些员工的大脑中，无法编码化存储于知识仓库，只能通过知识社区采用非正式交流的方式进行传播，而知识管理平台主要提供交流的便利性和管理激励制度，多方面促进知识的交流和传播。知识存储架构见图5-3。

[①] MECE：全称 Mutually Exclusive Collectively Exhaustive，中文意思是"相互独立，完全穷尽"。这一分析法强调对于一个重大的议题，分类上争取能够做到"相互独立不重复、完全穷尽不遗漏"，并借此有效把握问题的核心，从而解决问题。

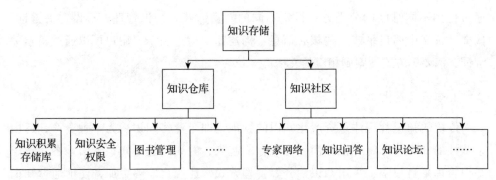

图 5-3　知识存储架构

资料来源：根据上汽通用汽车有限公司提供的培训资料整理。

（5）设计知识的索引地图。对创新平台知识目录进行梳理后，为了提高知识管理平台的检索效率，企业还需要建立企业知识管理平台的索引——知识地图。知识地图强调从员工习惯的查询维度进行设置。例如，一个新员工进入企业后，既需要知道入职流程，也需要知道一些老员工总结的岗位经验，但这两类文档很可能分散在不同的知识目录下，不便于查询。这时企业便可以建立新员工知识地图，将新员工需要掌握的知识都放在这个知识地图下，方便员工快速学习。

（6）设定知识管理平台权限。权限设置是为了解决知识共享与保密的矛盾，即实现在可控范围内的最大化共享。例如，一个财务部新入职的员工可以查看的内容，可能是企业创新平台相关部门的一个入职三五年的老员工不能查看的。设置用户权限时可以根据部门和职级两个维度来划定。但企业创新平台因其组织特性、组织架构和管理者个性等不同，具体的权限设置需要分析后量身定制。知识文档安全体系落实到每一篇文档还有一些技巧，比如，企业可以通过系统把一篇文档的标题、目录、摘要和关键词共享，让所有的员工都能看到，但是这篇文档的正文或全文是可以通过系统控制的，而不是共享给所有员工的。这样可以保证看到文档信息的员工在必要的情况下能够通过文档的授权获得全文。

（7）定位检索，快速查找文档。知识文档的数量在几百篇、上千篇时，用户能够清楚定位他想要的文章。当文档积累到几十万篇甚至更多的时候，用户检索这些文档就会遇到困难，无法找到想要的内容，或者输入主题词后展示的文档远远超出需求，犹如大海捞针。因而，知识管理人员需要建立一套完备的命名规则来增加检索的便利性，通过丰富文档检索方式，提高知识搜索效率。例如，可以通过使用不同维度的分类方式设定不同的搜索方式。知识管理人员设定关键词、摘要、正文中的目录或一些核心信息,构建知识检索引擎,用户可以通过检索关键词、摘要等方式搜索到相应的文档。

2. 知识场景化

传统的知识管理注重资产化知识的管理,即企业将知识视为一种资产,运用系统性的知识仓库将知识分门别类地存储起来,并通过建立知识索引地图、设定知识管理平台权限、采用知识积分等管理方式,让用户能够更加方便地通过知识管理平台检索到需要的知识。而相对于传统的资产化知识管理而言,当前知识管理实践逐渐向面向组织赋能的场景化知识管理演变。

场景化知识管理是指在企业具体的业务中,根据不同场景/业务的要求,通过有效的场景化知识管理模型(简称"场景化模型"),将完成某项工作的人、知识与业务/任务要求融合为一体,以此建立完成某项工作的标准工作包,为后续类似工作提供参考,进一步实现知识工作的标准化[○]。场景化知识管理下,知识可服务于具体的业务场景,如特定产品的设计、研发、产品测试与验证等场景,每一个步骤有对应的标准化模板,最后的产出也有特定的要求,以此实现项目端到端的知识管理[○]。

(1)**场景化知识管理的适用情况**。一是需要创造性的知识密集型工作。知识密集型企业中有相当比例的工作业务需要通过知识创新来完成,包括客户需求创新、技术发展创新等,因此适合开展场景化知识管理。二是涉及多人/多岗位协作完成的工作。对于在不同岗位之间信息、文档、知识交互比较多的工作,其需要考虑如何实现具体场景下的知识协同。三是对成果没有严格标准限定的工作。这类工作在知识密集型企业或项目型企业中很常见,往往会以任务的形式出现,其工作内容也会基于客户需求的变化而变化,产出的成果不固定,对知识场景化要求较高。对企业创新平台来说,工作的知识密集程度越高、项目的任务性越强,场景化知识管理的适用性就越高。

(2)**场景化知识管理的实践路径**。知识管理的场景化可以从"规划设计""执行监控""反馈优化"三个层面展开。

○ 袁磊.知识管理中如何实现"场景化协同":知识管理场景化协同模型的建构过程分析[EB/OL].(2020-05-21)[2020-12-15]. https://zhuanlan.zhihu.com/p/142474931.

○ 杜杏叶,刘远颖,王铮.实现企业知识管理的场景化路径:《知识管理论坛》专访中国移动设计院知识管理专家朴勇梅女士[J].知识管理论坛,2017,2(5):448-456.

首先，规划设计。场景化知识管理的规划设计是指针对具体业务场景，明确任务、知识及人员三方面的要求，建立好场景化知识管理模型，以便在实际工作中按既定的管理模型展开。规划设计过程需要做好三方面工作：

一是业务/任务梳理与规划。第一，定义业务/任务说明。知识管理人员需要根据客户需求或工作要求等内容，确定某项业务/任务的具体说明，这份说明的主要内容是明确要做什么以及做成什么。业务/任务说明是所有场景化工作展开的核心，也是不同层面场景化的终极目标。第二，确定业务/任务要求。在完成业务/任务定义后，知识管理人员需要根据定义清晰的工作说明，确定具体的工作成果要求，比如某项工作应在什么时间完成、产出的成果是什么等内容。第三，确定业务/任务的完成方式。知识管理人员根据工作要求，确定完成此项工作的具体方式，比如该工作是由个人单独完成还是多人协作完成，是将工作分配给个人完成后再汇总还是经过多轮次的讨论完成。能否将这些工作完成方式界定清晰，将直接影响场景化知识的运用效率。

二是知识整理与应用。第一，界定相关知识范围。知识管理人员根据业务/任务要求，从"存量知识集合"中明确可使用的知识范围。这里的"存量知识集合"既包括内部已有的成果、经验类知识，也包括可向外部获取的外部知识内容。知识管理人员对应不同的工作要求，初步框定完成某项工作需要参考、借鉴的知识范围，如以往案例、研究报告等，以便研发人员在具体应用场景中调用。第二，确定知识来源并整理。在界定了知识范围之后，知识管理人员需要对知识的可达性进行分析，明确可通过何种方式获得哪些知识内容。比如，对于外部知识，是通过人工收集的方式获得，还是数据库对接的方式获得？对于内部知识，哪些既有的资料可以拿到并参考使用？综合考虑内外部知识来源之后，管理人员再根据分析结果形成针对这些工作的具体知识集合。第三，确定知识应用方式。结合业务/任务要求，知识管理人员需要进一步确定这些可参考的知识要通过什么方式获得，以及这些知识如何推送或传递到相关业务环节和工作人员处，是通过会议交流方式，还是通过后台的信息系统自动推送等知识应用方式。

三是人员的界定与管理机制的明确。第一，界定人员角色与职责。知识管理人员需要在工作开展前明确工作对应的专家、主导者、参与者及汇报对象，并进一步明确在工作完成过程中各个角色应该承担什么工作职责。第二，确定人员参与方式及管理要求。根据业务/任务要求，知识管理人员进一步明确不同角色人员参与工作的方式，以及相关的管理要求，如参与频率、时间要求等，形成配套的管理机制，任务的参与者与监督者的角色分工等。第三，基于具体的业务场景，规划构建清晰的场景化模型。在完成场景化模型构建后,知识管理人员将根据构建的模型开展工作,并结合实际情况进行动态的调整,使储备的知识更好地满足具体工作要求。

其次,执行监控。在规划好场景化模型的基础上,场景化知识管理人员还需要严格地执行管理工作并进行严密的监控,以保证相关工作高效地开展。执行监控一般需要由专门的知识管理人员负责,这一过程需要做好两方面工作:

一是人工/自动化驱动执行。第一,知识管理人员根据工作内容确定具体的执行计划。基于对具体场景化模型的设定,知识管理人员可以考虑采用WBS分解①的方式,并根据任务要求和人员参与要求,制订执行计划。第二,人工/自动化驱动执行。结合具体的执行计划,如果有业务流程自动化工具支撑,知识管理人员可以将计划和模型固化其中,通过系统的自动提醒,驱动相关工作的完成;如果没有业务流程自动化工具,就需要考虑任务监督者的监督驱动,可以设定专岗,按具体的工作要求(工作计划)定时或按任务要求监督检查相关工作的完成。

二是动态模型调整。针对工作中无法逾越的障碍,知识管理人员可以实行触发调整机制,对场景化知识管理工作模型进行动态调整。调整机制一旦启用,将回溯到"规划设计"过程,重新优化场景化模型。整个驱动执行过程是场景化模型的落地过程,也是验证模型是否适合的过程。

最后,反馈优化。在完成规划设计和执行监控后,知识管理人员还需要对管理结果进行反馈优化。第一,进行工作总结。知识管理人员根据设定的场景化工作模型,结合具体的工作执行及成果完成情况进行系统性总结,形成整体工作的知识地图,涵盖整个知识管理过程中产生的主要工作成果与典型问题的解决方案等。进行工作总结的过程也是"增量"知识产生的过程,知识管理人员将"增量"知识反馈到已有的知识集合中,能够进一步充实系统中可供未来综合利用的知识内容。第二,对成果进行优化。对于在具体业务场景下完成的工作,知识管理人员还需要进行系统性的成果提炼与知识萃取,进一步形成可供同类工作参考借鉴的可复用知识。这些有价值的知识总结和优化内容可以作为后续类似场景化模型的经验参考,从而提升未来这些工作的完成质量。

---

① WBS(Work Breakdown Structure),即工作分解结构,是以可交付成果为导向对项目要素进行的分组。它归纳和定义了项目的整个工作范围,每下降一层代表对项目工作的更详细定义。

5.4 质量管理平台

5.4.1 质量管理平台简介

1. 质量管理平台概述

质量管理平台是指在企业研发生产过程中负责对质量进行监控的载体。质量管理的发展经历了三个阶段：质量检验阶段、统计质量控制阶段、全面质量管理阶段[一]。质量检验阶段侧重于事后把关，保证产品符合既定标准；统计质量控制阶段相对于质量检验阶段来说，最大的特点是在生产过程中控制，把工作重点扩大到设计过程，检测手段更加多样。随着企业界逐步认识到质量所涉及的广泛领域，全面质量管理（Total Quality Management，TQM）思想引起了人们的重视。

全面质量管理是一个以人为中心的管理系统，它致力于在不断降低成本的同时提升顾客的满意度。全面质量是一个综合的系统方法（而非一个孤立的领域或项目），是高层级战略的组成部分，它横跨所有的职能和部门，涉及所有的员工，从高层到基层，并前后延伸至供应链和顾客链。而质量管理平台正是基于全面质量管理的理念而构建的，帮助企业实现全面质量监控的平台。

2. 质量管理平台的主体与任务

质量管理平台的责任主体需要负责质量方案的设计、质量计划的管理和监控。其中，质量方案设计的责任主体为项目的系统级工程师或总设计师，质量计划管理的责任主体为项目经理或质量管理部门，监控的责任主体是质量管理部门或PQA（Process Quality Assurance，全程质量检测验证）工程师。本书基于周辉的《产品研发管理：构建世界一流的产品研发管理体系》一书，将各责任主体在质量管理平台中的任务梳理如下[二]。

（1）系统级工程师在质量管理平台上的活动。系统级工程师通常在产品开发中负责产品需求分析和总体方案的设计，保证产品的设计规格、开发质量。这包括将客户的质量要求转化为产品包需求，并通过需求的分解和分配完成规格设计。在规格设计的基础上，系统级工程师需要组织进行系统设计和硬件、软件及结构的概要设计，并负责评估概要设计和控制基线。其具体活动如下。一是产品需求

[一] 尤建新，周文泳，武小军，等. 质量管理学 [M]. 3 版. 北京：科学出版社，2014.
[二] 周辉. 产品研发管理：构建世界一流的产品研发管理体系 [M]. 2 版. 北京：电子工业出版社，2020.

管理：负责产品包需求定义并提出产品概念，评估产品包开发的技术风险；制订和负责实施知识产权计划及 CBB（公共基础模块）分享。二是产品开发总体方案管理：组织产品的总体设计工作，在产品的设计中构建成本体系，并保证软件、硬件等详细设计的质量；负责进行产品规格定义、系统需求分析、开发可行性分析及总体方案的具体执行。三是技术研发项目的质量管理：组织对产品概念进行技术评审，提交评审报告，确定产品概念；为决策评审提供技术相关的建议；负责组织对总体方案进行技术评审，并提交评审报告。四是技术基线控制：总体系统的运行跟踪、技术支持、组织维护等工作；在产品发布前进行产品技术准备评估；负责产品配置管理、产品数据管理工作。

（2）PQA 工程师在质量管理平台上的活动。PQA 工程师确保产品开发按照公司产品开发流程进行，全流程统筹协调各功能领域的质量保证活动。其具体职能如下：一是根据公司质量方针或特定业务领域的质量方针，制定产品的质量目标；二是制订和监控产品质量计划；三是在流程执行过程中进行质量活动的引导和审计，以达成产品质量目标和计划；四是作为产品中 QA（Quality Assurance，质量保证）工作的总负责人，全流程统筹协调产品的质量活动，协调各个功能领域 QA 的相关问题；五是完成产品质量报告，报送相应部门，作为决策时的参考；六是组织技术评审，确保技术评审按规定的过程进行。

5.4.2 质量管理平台建设要点

随着全面质量管理和产品全生命周期管理理论的发展，企业质量管理不再仅以产品的问题管理和缺陷归零管理为内容，而是演化为企业的系统工程，从而有针对性地改善企业事前不做充分的质量管理规划及预防、事中不做严谨的质量管理监测和评估、事后再花大量时间完善产品质量的管理弊端。通过从系统职能体系的角度思考质量管理问题，企业得以节省大量的管理资源，提升整体效益。

系统高效的质量管理平台，一般需要包含六大要素：理念、流程、原则、方法、工具和组织。六大要素相互影响、相互支持，最终形成完善的质量管理平台建设体系（见图 5-4）。

图 5-4　质量管理平台建设六大要素

1. 要素一：理念体系

在质量管理实践中，企业创新平台需要根据实际研发需要，引导形成或组织建立一系列具有普遍意义、示范价值的管理理念、管理制度和质量文化等，并通过管理标准、作业流程、知识管理不断进行优化和固化，指导研发质量的提升和改进，并在实践中丰富和完善，形成理念型质量管理体系和模式。

有效的质量管理理念不断在员工心中回响，指导员工思想、约束员工行为，使研发过程更加有序、规范，研发质量明显提高。典型的质量管理理念有零缺陷质量理念、完美质量理念、质量生命理念、精益理念等。不同质量管理理念适用的研发场景不同，企业创新平台需要根据研发情况选择最佳质量管理理念。

2. 要素二：流程体系

流程体系是指对研发全过程进行质量管理的体系，主要子体系包括质量控制、质量改进和质量保证等[1]。

（1）质量控制，即为满足研发质量要求而采取的活动，如产品图样与设计文件的评审控制、设计质量过程验证、样件质量控制、部件/系统/产品设计认可控制、质量问题管控等。

（2）质量改进，即为增强质量能力而采取的活动，如设计改进预防、潜在失效分析与预防、产品图样与设计文件的变更改进、问题改进与再发防止等。

（3）质量保证，即为确保质量要求得到满足而进行的活动，如设计和开发项目的监视、供应商研发体系的监视及评价、量产一致性监视、内部审核等。

质量管理平台应注重将质量管理体系与产品开发流程紧密联系，以保障质量活动与产品开发活动的良好衔接。下面以格力电器的"534"研发管控流程为例进行说明。

格力电器遵循"五方搜寻、三层论证、四道评审"的"534"法则，严控产品开发流程。五方搜寻是该流程的首要环节，是指为获取产品开发创意，充分搜寻客户需求信息、合作伙伴知识、市场信息、科技中介资讯、员工建言提案五个方面的内容，并把有价值的创意融入产品开发中，这一过程有助于提高产品开发创意来源的多样性，为筛选出有价值的产品方案提供支撑。三层论证是指通过提出单位初步论证、承担单位详细论证、专家团队全面论证，三个层次的论证确定产品开发方案，严格审查设计、工艺、生产、安装、使用等方面的质量问题。四道

---

[1] 段心林，陈科，李天博. 汽车研发组织精益质量管理体系构建及优化方法研究[J]. 科技管理研究，2019，39（10）：217-222.

评审是指通过开展"立项评审、方案评审、样机评审、确认评审"四步走活动，严格把控产品开发各阶段的质量，为大批量生产高质量产品奠定坚实基础。通过遵循"534"研发管控流程，格力电器得以从源头把控产品研发质量，有效提升质量管理效率和水平。

3. 要素三：原则体系

质量管理平台的运行需要遵循一系列管理原则，以保障各项质量管理活动的有序开展。管理原则主要有七项质量管理原则（ISO 9000：2015）、四项分离原则等。

（1）七项质量管理原则（ISO 9000：2015）。2015年国际标准化组织（ISO）正式发布ISO 9000：2015，将质量管理原则由原来的八条变更为七条。变更后的七项质量管理原则要求更严格、适用范围更广，内容如下：

一是以顾客为关注焦点——把顾客的满意作为核心驱动力；二是领导作用——以强有力的方式全面推行；三是全员参与——保证所有人员的工作都纳入标准体系；四是过程方法——通过对每项工作的标准维持来保证总体质量目标的实现；五是改进——使ISO 9000体系成为一项长期的行之有效的质量管理措施；六是循证决策——使标准体系更具有针对性和可操作性；七是关系管理——将本企业标准体系的要求传达到上游供应商，并通过上游供应商的标准体系加以保证。

（2）四项分离原则。为了使质量活动更加规范，企业在产品开发中应遵循四项分离原则。一是规划与系统设计相分离。这可以提前将需要解决的技术难题做到技术规划中，并进行预研，以保证在产品开发中没有需要解决的技术难题。二是设计与实现相分离。方案的设计由高级别的工程师进行，包括需求的分解分配以及规格说明书、各模块的概要设计。而设计完成后的基线控制和管理则交由低级别的工程师进行，且不允许对方案进行任何基线外的设计更改。三是实现与测试相分离。在产品开发实现的过程中，代码检视等可以由开发工程师进行，但在产品测试过程中，测试必须由独立的部门进行，必要时甚至需要开发测试工具、设计测试样例。四是测试与验证相分离。验证必须在实体环境中进行，但不能只通过测试就直接进行大批量生产和销售。

4. 要素四：方法体系

质量管理的方法体系是指服务、优化质量管理流程的程序和方法，采用方法体系，能给流程体系带来效率、精确度的提升。构建质量管理方法体系，首先需要确定实现质量管理有机联系的几个阶段，其次确定每个阶段大致的工作内容、作业程序和关键要点，再次明确每个阶段相互衔接的要领、运作方向，最终形成一个有效的闭环。典型的质量管理方法体系有 PDCA 循环（戴明环）、D-CTFP 模型、DMAIC 模型等[一]，下面主要介绍 PDCA 循环（戴明环）和 D-CTFP 模型。

（1）PDCA 循环（戴明环）。PDCA 循环的内涵为"Plan（策划）—Do（实施）—Check（检查）—Action（处置）"，由著名质量专家戴明提出，因此也被称为"戴明环"[一]。PDCA 循环作为戴明质量管理理论体系中最重要的构成部分，对全世界的质量管理活动产生了深远影响，是在任何管理活动中都可以发挥重要作用的工具。

PDCA 循环的基本理念是，在一个不断循环的过程中持续提升研发、产品和服务质量，在合理可行的质量改进计划指导下，利用适当的质量工具和手段实施改进，再进行成果的检验和持续跟踪，并对这一过程中形成的经验加以总结。每一次循环均包括策划（P）、实施（D）、检查（C）、处置（A）四个阶段。

策划阶段：根据产品和运营现状找出当前研发存在的问题，确定质量改进目标，并以此制定实现这些目标需要采用的具体措施和步骤。这一阶段应形成质量方法、目标和改进计划。

实施阶段：按照质量改进计划实施质量改进行为，将质量方针落实为具体的质量活动。

检查阶段：对照质量改进计划对质量改进实施效果进行检查和验证，及时发现和解决改进过程中出现的问题。

处置阶段：对质量改进的成果加以巩固和保持，使其成为常态；对改进过程中产生的经验加以整理，形成关于这一问题的标准、规范或者制度；对于过程中出现的问题或失败的教训加以总结和归纳，防止问题再次发生。

总体来说，PDCA 循环就是依据质量目标和研发现状制订质量改进计划，在计划的指导下选取适当的质量改进方法有步骤地实施质量改进活动，并进行持续跟踪和反馈，完成一轮质量改进。经过一段时间的运行，好的经验和做法被集成和固化之后，在新的质量目标下开始新一轮的质量改进活动，从而形成一级又一级阶梯式不断上升的质量提升趋势。在一次又一次的 PDCA 循环中，产品和服务质量得到不断改进，质量管理水平得到不断提高，企业创新平台的研发和质量成本不断降低，最终实现组织管理的全面完善。

[一] DMAIC 模型是实施六西格玛的一套操作方法。DMAIC 分别是指 Define、Measure、Analyze、Improve 和 Control。它是用于改进、优化和维护业务流程与设计的一种基于数据的改进循环。

[一] 上海质量管理科学研究院，上海交通大学中国质量发展研究院. 企业质量管理模式提炼路径[M]. 北京：中国标准出版社，2021.

（2）D-CTFP 模型。质量技术创新循环（D-CTFP）管理方法是格力电器全面质量控制模式的核心（见图 5-5），由格力电器董事长董明珠在 2016 年首次提出（D 代表董明珠），是格力电器在质量管理领域多年实践探索的理论总结，具有极强的可操作性、有效性和可复制性。

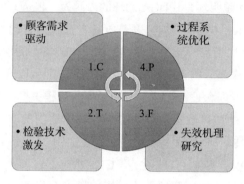

图 5-5　格力电器 D-CTFP 模型示意图

D-CTFP 模型的内涵为"顾客需求驱动（C）—检验技术激发（T）—失效机理研究（F）—过程系统优化（P）"，从四个方面运用适宜的质量工具和方法，深入排查质量隐患，有效保证质量技术创新的效率和成功率，持续提升质量管理水平。

其基本运行逻辑的要点如下：一是格力电器以顾客需求为驱动，着力构建完美质量的体系，输出完美的产品和服务，努力满足顾客对美好生活的追求；二是一旦出现质量事故，将通过反向追溯机制，通过检验技术查找质量问题产生的根源，进行质量整改；三是对质量问题产生的根本原因进行分析，分析质量事故产生的机理，采取相应措施，避免问题再次发生；四是基于事故原因对事故主体逆向追责，保证质量行为和质量责任相匹配，将质量责任主体明确到个人，强化对个人质量行为的约束。此外，格力电器开展团队质量学习活动，以典型问题进行案例分析，举一反三，完善机制，有效避免同样的质量问题再次发生。

D-CTFP 模型不仅优选了各环节最为有效的质量工具与方法，为质量技术创新提供了高效的途径和模式，还结合了六西格玛方法[⊖]、TSQ[⊖]等技术和工具，是崭新的创新质量控制模式。该模式实施以来，格力电器获得的质量技术类技术专利数

⊖ 六西格玛方法是一种改善企业质量流程管理的技术，强调以"零缺陷"的完美商业追求，带动质量大幅提高、成本大幅降低，最终实现企业财务成效的提升与企业竞争力的增强。

⊖ TSQ（质量可靠性整体解决平台）是依托工业和信息化部电子第五研究所的整体技术服务而形成的，以"问题整体解决"为目标的技术服务平台，帮助企业解决运营中遇到的质量可靠性战略、管理和技术难题，已在国内多个行业多家企业实施。

量大幅度增长。不仅如此，通过检验技术创新、质控体系建设完善，格力电器售后故障率下降趋势也十分明显。

5. 要素五：工具体系

企业创新平台可以综合运用一些有效的、易于掌握的质量控制、质量改进工具，形成特殊的工具箱，为方法体系提供量化、操作性的工具支持，方便在质量管理流程中灵活调用。常用的质量管理理论和工具有田口方法、KANO[一]、TRIZ[二]、FTA[三]等，以下主要介绍田口方法的构建和使用。

第二次世界大战之后，日本的田口玄一博士将试验设计方法应用于改进产品和系统质量，并研究开发出田口质量工程方法（简称田口方法），提升了日本产品质量及研发设计能力。田口方法是通过正交试验以及各种评价指标来有效地评定不同设计参数对相应指标单独以及交互的影响作用，并给出最佳工艺参数组合。该方法广泛适用于制造业质量控制和改进中，通过选择可控因子的最优水平组合来降低优化目标对噪声因子变化的敏感程度，从而提高目标质量特性的稳健性。

田口方法采用质量损失函数描述产品质量，即质量是指产品在使用时给社会带来的损失（不包括功能本身产生的损失），包括直接损失（如产品造成的经济损失、噪声和空气污染等）和间接损失（如销售损失、企业名誉损失和顾客忠诚度损失等）两个方面[四]。田口方法通过质量损失函数把产品质量与经济损失联系在一起，定量描述了产品质量对社会的影响，从而使不同的产品质量有了量化衡量标准和比较依据。田口方法对质量的定义有两种优点：一是从质量缺陷的角度定义质量有利于吸引更多对质量的关注；二是从量化的经济角度来衡量质量更容易确定目标质量水平。设质量特性为 y，目标值为 m，k 为常数，则质量损失函数 $L(y)$ 可表示为

[一] KANO 模型是东京理工大学教授狩野纪昭（Noriaki Kano）发明的对用户需求分类和优先排序的有用工具，以分析用户需求对用户满意的影响为基础，体现了产品性能和用户满意之间的非线性关系。

[二] TRIZ 意译为"发明问题解决理论"，由阿奇舒勒在 1946 年创立。TRIZ 理论成功地揭示了创造发明的内在规律和原理。该理论着力于澄清和强调系统中存在的矛盾，其目标是完全解决矛盾，获得最终的理想解。实践证明，运用 TRIZ 理论，可大大加快人们创造发明的进程而且能得到高质量的创新产品。

[三] FTA（Fault Tree Analysis），即故障树分析法。故障树分析法是在对系统的可靠性进行分析时最常用的方法之一，是指在系统设计或改进过程中，对可能造成系统故障的各种因素进行分析，画出逻辑框架图，从而确定系统故障原因的各种可能组合方式及其发生概率，以此计算系统的故障概率并采取相应的措施，以提高系统可靠性的一种设计分析和评估方法。

[四] 上海质量管理科学研究院，上海交通大学中国质量发展研究院. 企业质量管理模式提炼路径[M]. 北京：中国标准出版社，2021.

$$L(y) \approx k(y-m)^2$$

质量损失函数表明当质量特性恰好趋近目标值时,质量损失最小;质量特性偏离目标值越远,质量损失越大。

质量损失函数背后的哲学是"波动造成质量损失,波动越小,质量损失越小",这一质量管理哲学为学术界人士和管理者们指明了质量改进的方向,那就是减少波动,无论制造过程中的波动还是研发过程中的波动。

6. 要素六:组织体系

组织体系是指企业创新平台的质量管理组织架构,它为整个质量管理系统提供支撑和组织保障,一般包含四类角色:质量战略制定者、质量保障人员、质量控制人员、质量审计人员[一]。

一是质量战略制定者,一般是公司质量管理部的质量管理工程师。企业创新平台可以建立一个横跨所有业务部门的质量组织,以确保企业的质量战略能够支撑和匹配企业的业务战略,确保业务目标的完成。这个质量组织往往是一种虚拟组织:公司质量战略委员会,包括委员会主任〔由企业创新平台总裁、首席执行官(CEO)或首席运营官(COO)担任〕、委员会副主任(由首席质量官员或创新平台质量部总监担任)、委员会委员(由创新平台各业务部门的一把手或二把手担任)、委员会秘书(由创新平台质量部负责)。

二是质量保障人员,这类人员确保建立和完善研发整体质量管理体系。这一类质量组织和质量人员一般有如下层级:公司级质量部,由质量总监或首席质量官负责;事业部级质量部,由质量经理或质量总监负责;部门级质量小组,由质量组长或质量经理负责。

三是质量控制人员,这类人员确保企业创新平台研发流程执行中的各关键点能得到检查和控制,最终完成质量目标,即满足业务流程和客户的要求。参与检查和控制的组织和人员有研发流程关键节点检测和控制部门,以及质量经理与品质检验人员(含质量工程师等)。

四是质量审计人员,这类人员主要是在研发关键环节中设置技术评审点,及时发现问题、解决问题,一般由技术专家组成,包括内部审计专家和外部审计专家。技术评审点相关内容详见第4章。

[一] 杨大跃. 首席质量官:华为管理转型与质量变革[M]. 北京:企业管理出版社,2020.

第 6 章

数字创新平台

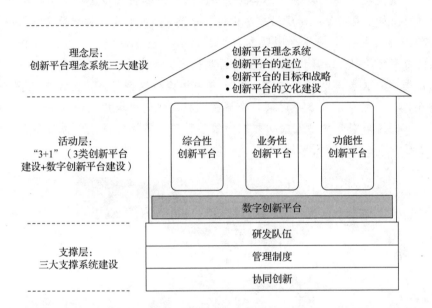

如前所述,企业创新平台的活动层包括综合性创新平台、业务性创新平台和功能性创新平台的建设活动。在新一轮科技革命的背景下,数据在价值创造过程中发挥着越来越重要的作用,赋能企业创新的全过程,数字创新平台的建设成为企业创新发展过程中的关键。本章主要探讨什么是数字创新平台,分析数字创新平台的整体架构与赋能逻辑,并给出数字创新平台的建设要点。

开篇案例

金域医学的数字创新平台建设

作为我国第三方医学检验行业与数字经济融合的先行者,广州金域医学检验集团股份有限公司(以下简称金域医学)凭借不断积累的"大平台、大网络、大服务、大样本和大数据"等核心资源优势,占据了我国第三方医学检验行业约1/3的市场份额,是目前我国服务范围最广、检测项目最多、质量认证最多的第三方医学检验机构。

面对数字经济时代的机遇与挑战,金域医学制定了"坚守医学检验主航道,以客户为中心,以临床和疾病为导向,通过多技术平台整合和提供卓越服务,成为中国第三方医学检验行业长期领导者"的总体战略。董事长梁耀铭向我们介绍,数字化转型战略是金域医学发展的重中之重,而转型的关键在于数字创新平台的建设。应金域医学董事长梁耀铭先生的邀请,本书作者团队多次深入金域医学开展实地调研,与企业高管一起研讨数字化转型升级方案的制定,构建数字创新平台。

2020年5月,本书作者团队参与并帮助金域医学制定了"两库一中心一基地"的数字化转型升级建设规划(生物医学样本资源库、区域性医学检验与病理诊断大数据库、医学诊断创新中心、第三方医学检验数字经济产业示范应用基地,见图6-1),计划利用3~5年时间将金域医学打造成健康医疗领域的信息化和数字化企业,成为国家公共卫生疾病防控和医学科研的重要支撑,成为第三方医学检验数字经济产业示范应用基地。

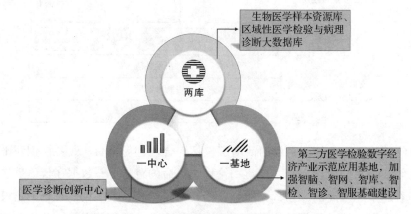

图6-1 金域医学"两库一中心一基地"建设规划

金域医学积极探索医学检验诊断的智能化、数字化发展模式,以5G、大数据、云计算、工业互联网等新兴技术与医学检验诊断行业的深度融合为重点,加强智脑、智网、智库、智检、智诊、智服基础建设,充分发挥金域医学的平台性、综合性、整合性功能,开展产业创新、科技创新、商业模式创新和产品创新,为国家和社会提供更优质、更高效、更丰富的智慧医学检验诊断服务。首先,金域医学在国内率先探索并利用数字创新平台赋能流程管理,推进流程管理信息化、数字化、智能化;其次,金域医学通过数字创新平台实现数据连接、交易联动、发展联体，构建金域"学术网、物流网、实验室网、客户网、信息网"，实现"五网合一"，相互促进；最后，金域医学通过数据赋能三部曲"智能感知、智能认知、智能决策"推动公司数字化转型和高质量健康发展，进而带动第三方医学检验行业持续进步（见表6-1）。

表6-1 金域医学数据赋能三部曲

层级	方式	定义	举措
智能感知	智网	基于数据与资源互联互通的医学检验诊断新模式	建立以中心实验室为核心、区域实验室为支点的医学检验数据网络，打通数据交互渠道
	智检	基于AI技术的智慧实验室	开展AI宫颈癌筛查、AI辅助免疫组化定量、疾病知识图谱等医学检验AI探索及应用
智能认知	智库	基于海量医学数据的智能样本库、医学大数据库，并将数据变成信息	梳理超过3.54亿份历史报告单及39.1万张数字切片，医学检验数据存量超过1.2PB（1PB = 104.86万GB，相当于50%的全美国学术研究图书馆藏书资讯内容）
	智脑	基于云计算与AI技术的业务数据智能整合与决策辅助	建立管理驾驶舱，监控公司各项日常运营数据状态，助力企业运营效率提升。建设KMCS（Knowledge Management Consultation System，知识管理咨询系统）医生管理系统，与1200多家客户系统对接。对样本进行从客户下单到物流运输、实验室接收检测、报告传输或配送全流程的信息化监控，实时预警
智能决策	智诊	基于知识图谱的诊断信息整合与决策辅助	开发多平台智能综合报告单系统，辅助个性化治疗，优化医生及患者诊疗体验
	智服	基于智能化、信息化的客户服务，实现连接、联网、联动	设立智能化临床咨询三级客户服务体系，并通过工单管理实现智能客服监控与质检

通过数字创新平台建设的不断完善，金域医学将继续努力打造中国特色的第三方医学检验品牌，为中国乃至全世界人民提供优质的医学检验服务，助力健康中国和质量强国建设。

资料来源：根据2020—2021年张振刚教授帮助金域医学制定的数字化转型升级方案整理。

从以上案例可以看出，数字创新平台建设对企业的数字化转型发展起着至关重要的作用。金域医学在行业内率先探索大数据的应用和治理，利用大数据和新一代信息技术的优势，赋能医学检验行业高质量创新发展。

6.1 什么是数字创新平台

6.1.1 数字创新平台的概念

近年来，国际政治经济环境中不确定性因素增加，各国经济增长趋于平缓，外部市场增长乏力。与此同时，新兴技术飞速发展，新产品、新服务和新商业模式层出不穷。市场环境不确定性的激增使得企业传统的管理模式、产品创新模式和合作伙伴协同模式在应对外部环境的严峻挑战时愈发捉襟见肘。企业亟须加快实现以数字创新平台建设为核心的组织数字化能力提升，通过建立数字创新平台，为企业商业模式、运营管理和合作模式的数字化变革提供广泛的连接与技术支撑，促进数字技术和业务的深度融合与创新，实现数字创新平台对企业创新发展的高效驱动。

对数字创新平台的定义多由对苹果和谷歌等成功案例的研究总结而来：从技术架构视角来看，数字创新平台是一组产品或服务的技术集合，即提供该产品或服务的底层功能的集合，随着技术的不断拓展延伸，集合也处在不断完善和发展的动态平衡之中，为业务发展和机构运营积蓄势能；从互补创新生态系统视角来看，数字创新平台提供模块共享的核心功能，以及平台使用者和开发者、模块与模块之间进行交互操作的接口[一]，有利于促进互补创新型的产品、技术或服务的形成[二]；从产出与服务的视角来看，数字创新平台赋予了传统产品与服务更加高效、更具创新属性的差异化竞争优势。

在实践中，2019年华为企业BG（Business Group，业务群组）推出"数字平台"，华为企业BG总裁将其解释为"部署在云上的一组软件管理平台+一个数据湖+一组开发工具，被封装在一个平台中"[三]，以此来聚合华为的所有技术研发和产品创新优势。目前数字平台的类型可分为三种[四]。一是交易型平台，围绕供需双方匹配特定的服务或交易，通过促进双方或多方参与者实现产品与服务之间的连接和交换来创造价值的数字平台，具有明显的中介性。常见的此类平台包括淘宝、亚马逊、美团等。二是社交型平台，主要为用户提供进行内容创造与交换、增进彼此社会交流的数字平台，具有较强的双向交叉网络效应，其服务内容兼有信息性和社交性。常见的此类平台有苹果开发者社区、微博、哔哩哔哩、YouTube等。三是创新型平台，也被称为技术型平台，主要通过对创新需求的精准感知与创新资源的广泛连接构建创新生态，为研发人员进行技术研发和产品开发等提供数字技术基础，如海尔HOPE平台、苹果iOS平台、谷歌安卓平台等。创新型平台的主

[一] GHAZAWNEH A，HENFRIDSSON O. A paradigmatic analysis of digital application marketplaces[J]. Journal of Information Technology，2015，30（3）：198-208.

[二] 彭毫，罗珉. 数字化平台战略：理论与实务 [M]. 北京：经济管理出版社，2021.

[三] 壹观察. 华为数字平台：撬动数字化转型的阿基米德支点 [EB/OL].（2019-03-06）[2022-03-26]. https://news.qudong.com/article/552531.shtml.

[四] 魏江，刘洋. 数字创新 [M]. 北京：机械工业出版社，2021.

要价值来自平台自身的计算能力和数据处理能力。

本章所讨论的数字创新平台是在数字基础设施之上创建和培育的，能在企业内外部之间实现价值创造互动的服务和内容的一系列数字资源组合[⊖]。这一定义强调了以可扩展的数字技术为核心、以互补的创新生态系统为基础，实现快速灵活的资源重组、重用，进行互补创新与价值创造。这可以从三个方面进行理解：第一，数字创新平台实质上是以云为基础的 PaaS（Platform as a Service，平台即服务）层概念，是基于云计算 IaaS（Infrastructure as a Service，基础设施即服务）层部署的一系列平台服务，融合了技术领域的 IT 组件以及社会领域的用户和组织；第二，企业数字化转型需要 5G、人工智能（AI）、云等多种技术的协同，每种技术都有一个数字创新管理平台；第三，数字创新平台通过数据集成与数据开发工具的部署，降低用户的使用门槛与成本，缩短客户业务的上线周期。

6.1.2 数字创新平台的特性

数字创新平台具备融合性（Integrated）、智能性（Intelligent）、可传承性（Inheritable）的 3I 特性[⊖]，见图 6-2。

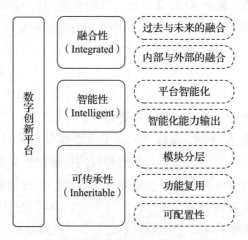

图 6-2　数字创新平台的 3I 特性

资料来源：孙杰，高志国，张骁. 对企业数字平台建设和发展的思考[J]. 信息通信技术与政策，2020（5）：61-66.

⊖ 闫俊周，姬婉莹，熊壮. 数字创新研究综述与展望[J]. 科研管理，2021，42（4）：11-20.
⊖ 华为. 拥抱变化，智胜未来：数字平台破局企业数字化转型[EB/OL].（2019-04-12）[2022-11-04]. https://e.huawei.com/cn/ict-insights/cn/ict_insights/201809301120/Analysts/201904120903.

（1）融合性。数字创新平台的融合性体现在过去与未来的融合、内部与外部的融合两个维度。首先，数字创新平台能够利用可拓展的数字技术，实现企业历史数据、旧有的传统技术架构与未来的新技术、新数据、新服务和新架构的融合。数字创新平台具备整合和重构能力，能够凭借先进的数字技术进行数据感知和智能分析，降低企业数据管理和运营的复杂度，并通过与各方主体的高效互动和资源的快速整合，提升需求洞察的精确度和服务供给的个性化，实现面向未来的多主体价值共创。其次，数字创新平台不仅可以融合企业内部的技术文化、企业文化等因素，保证数字创新平台的功能与企业目标的一致性，其技术普惠性也能降低标准服务接入壁垒，助力企业快速接入外部数字服务，增强企业与外部技术、消费者、供应链上下游等外部因素融合的数字化能力，保证数字创新平台的迭代与连通。

（2）智能性。数字创新平台以数据为核心驱动平台智能化和智能化能力输出。首先，数字创新平台所有组件具备智能化特征，将智能设备、智能技术和智能算法应用到数据采集、处理、存储和使用的全生命周期，平台能够实现数据治理、智能运维和智能安全，并驱动企业研发、生产和营销等环节的数字化。其次，通过全量数据处理与数据价值挖掘，数字创新平台能够进一步进行数字能力构建并对外提供智能化能力（包括 AI 计算能力、AI 分析能力、AI 数字服务能力等），不断对企业数字化架构进行颠覆和重构，形成模型的沉淀和复用。

（3）可传承性。数字创新平台的可传承性体现在它的分层模块化、共性功能复用和服务的可配置性。数字创新平台的一个显著特点是，它是一组边界资源共享的数字资产集合，具有开放应用程序接口，呈现出独特的分层模块化架构。新兴的应用技术与业务的不断深入结合将带来新数字化产品、新数字化服务、新数字化业务模式的爆发式增长。而数字创新平台能够根据业务服务和应用的需求，抽取共性实现复用，还可实现松耦合及有弹性的标准化数字服务，通过平台的标准化和可拆解性打破企业间的资源边界和知识边界，通过部署边界资源将创新能力传递给互补者，激发网络效应。这样能使平台的参与者一定程度上主动参与平台的开发和创新，提高平台的"生成性"，并以分布式和互补式创新回馈整个生态，进一步促进价值创造，增强企业的数字化转型能力。

6.2 数字创新平台的整体架构与赋能逻辑

6.2.1 数字创新平台的整体架构

企业数字创新平台的整体架构以多云管理为基础、以数据分析与管理为核心、以数字服务为接口，将数据作为关键要素，发挥其在数字创新平台运转过程中的重要作用，为客户、消费者、合作伙伴、供应商、员工等终端提供支持和服务⊖。企业数字创新平台的整体架构，见图 6-3。

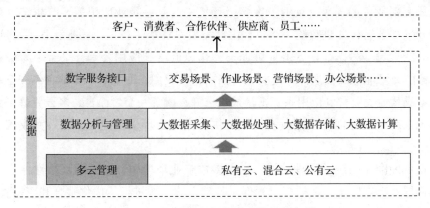

图 6-3　企业数字创新平台的整体架构

资料来源：孙杰，高志国，张骁. 对企业数字平台建设和发展的思考 [J]. 信息通信技术与政策，2020（5）：61-66.

1. 多云管理是数字创新平台的基础

云平台是企业数字创新平台的物理基础，企业通过搭建或使用私有云、混合云或公有云的方式，将物理设备虚拟化，灵活、有弹性地为上层功能提供服务。多云管理平台能对本地和云端的数据进行统一管理和运营，使数据流动起来，解决在混合云、边缘计算等复杂场景中的数据迁移、复制、同步等问题。多云管理平台作为企业数字化转型的底座，对云端资源进行全生命周期管理，需要具备以下四个重要的功能⊖：

一是智能分析和前瞻性洞察功能。多云管理的数据量更加庞大，数据来源和结构更加多样化，应用环境更加复杂多变。因此，企业对多云管理平台的运算性能以及智能化应用提出了更高的要求。多云管理平台通过对应用环境的运行态势进行智能分析，对其中潜在的问题进行前瞻性洞察，可以在高效管理海量资源的基础上，把问题消灭在萌芽阶段，避免对业务造成更严重的影响。只有及时发现和解决问题，在实践中不断迭代和完善多云管理平台，才能避免数字创新平台性能严重下降或业务停滞事件的发生。

⊖ 孙杰，高志国，张骁. 对企业数字平台建设和发展的思考 [J]. 信息通信技术与政策，2020（5）：61-66.

二是跨云、跨域的统一资源调度和灵活编排功能。对企业而言，互联网业务具有短时爆发的特征，需要提前考虑业务快速爆发时的资源支撑和灵活调配，这就需要多云管理平台智能感知、快速调配所需资源，优化资源使用成本，使平台功能适应新业务的需求。同时，在多云环境中，某些企业应用需要跨越多种环境进行开发和部署，并进行统一交付，因此需要对资源进行灵活编排和管理。例如，就企业的促销、秒杀、团购等业务而言，快速调度和应用公有云平台中海量资源的服务能力可能是最佳选择；就安全可信而言，应用企业私有云本地存储安全敏感型数据或其他受监管的应用系统则是最优选择；就统一交付而言，多云管理平台能够实现在统一的界面中编排所有云服务供应商的云环境及应用，高效完成该交付任务。

三是标准化的统一管理功能。在大多数企业环境中，业务的复杂性往往导致数据管理标准难以统一，但多云管理对基础设施资源进行了优化整合和统一管理，有助于提高平台的标准化程度和灵活性，提高企业信息化管理效率。此外，多云管理平台标准化的统一管理可帮助加快企业业务及应用场景的数字化配置和部署，减少容易产生错误的人工步骤，有助于进一步提升企业管理的标准化、安全性与合规性水平。

四是成本分析和成本优化功能。企业的日常经营往往多项目同时进行，存在项目建设周期不一、物资采购和管理不统一、不同产品和服务可能来自多个不同供应商的云服务等问题，大量的数据处理和使用需求使企业的数据管理成本显著增加。这时候就需要考虑项目的成本分析和成本优化问题，而多云管理平台是解决此类问题的重要工具。例如，在部署跨境业务时，企业可基于所掌握的多云信息，通过多云管理平台对比不同厂商的产品和服务，并进行智能化综合考量和决策，优先使用高性价比的产品和服务，从而节省企业的投入费用。

2. 数据分析与管理是数字创新平台的核心

在将物理资源云化处理之后，需要进一步以传统的大数据平台为技术底座，将数据汇聚在一起，进行数据分析与管理，完成数据价值挖掘、创造和转化，最终为最上层的应用提供服务。

大数据平台是企业数字创新平台的技术基础，其核心为分布式存储和分布式计算，即由各处分散的存储设备共同构成虚拟存储资源，通过网络完成各存储设备中的数据连接，并进行数据上传和运算。大数据平台的主要功能分为四方面，分别为大数据采集、大数据处理、大数据存储、大数据计算。大数据采集是对各种非结构化与结构化数据进行收集和聚拢；大数据处理是为了提高数据质量，对采集到的原始数据进行清洗、转换、加载以及结构化等操作；大数据存储采用可扩展的系统结构，将数据分布式存储在集群的节点上，以保证数据的高可用性和高可靠性；大数据计算是依靠离线或实时的分布式计算方式，运用网络和通信技术，对数据进行分析和统计。

数据分析和服务层为上层业务应用提供数据基础，需要结合业务场景（如精准营销、风险控制等），通过数据价值挖掘赋能业务应用。传统数字平台中数据的分析和服务基本是以业务为驱动和导向，基于大数据平台的数据处理能力将原始数据转化为数据资产，依赖于核心的联机分析处理（Online Analytical Processing，OLAP）和联机事务处理（Online Transaction Processing，OLTP）对数据资产进行统计、聚合、挖掘，然后通过服务接口输出为各项业务能力[⊖]。但企业数字化转型不是纯技术的转型，而是追求技术和业务融合的高效转型，企业从内部业务变革到拥抱社会商业环境的变化，其业务的规模、复杂性以及变化频度，都远远超越了前期单纯聚焦内部业务经营时的状态。因此，新一代企业应用的数字创新平台将共性需求做大做强，为所有内外部机构赋能。应用的关注点也不再完全以功能为主，而是围绕数据资源谋求互联共享，赋能业务场景，以数据作为核心视角给客户带来新价值。

3. 数字服务接口是数字创新平台的服务层

数字服务接口是实现业务需求的各种系统平台，如数据大屏、统计报表、专题分析、个性化推荐等。传统技术架构的各层均能完成该层的既定任务，但随着企业的发展和数据量的激增，传统的技术架构凸显出很多问题。例如，传统体系架构未对 AI 能力予以足够的重视，AI 需求增多后，大多数企业的做法只是进行生硬的堆砌，缺乏科学的规划和管理，造成了资源和算力的浪费；企业不注重元数据的管理、数据质量的监管、数据之间的融合，各自为政，且数据的流转始终是自下而上的，难以形成闭环，不利于数据的循环与再生。

数字服务接口为合作伙伴和终端客户等提供应用服务，企业应把应用场景建设作为数字化转型和数字创新平台建设的重要聚焦点。数字创新平台的服务层包含客户、消费者、合作伙伴、供应商、员工等，企业通过交易、作业、营销、办

⊖ 杨明川, 钱兵, 赵继壮, 等. 企业数智化转型之路：智能化数字平台建设及应用实践 [M]. 北京：机械工业出版社，2022.

公等应用场景与内外用户发生各种交互，实时了解自身业务运行状态、精细化运营管理过程，实现企业数字创新平台服务一体化，为制度完善、服务优化和决策制定提供更为精准的依据。各类商业组织可基于数字创新平台的整体能力和针对行业的市场分析，瞄准用户需求，开发更多数字化应用场景，保证数字服务接口的重用性和可扩展性，进一步提升数字创新平台的商业服务水平○。

6.2.2 数字创新平台的赋能逻辑

数据是影响创新平台发展的重要资源。随着大数据、云计算和人工智能等新一代数字技术的加速发展，越来越多的创新平台通过加速数据化、信息化、智能化来提高研发效率、降低生产成本，进而获取新的竞争优势。

1. 数字创新平台赋能的五化阶段

数字创新平台向数字化、信息化、智能化发展和进化的过程是长期的、循序渐进的。根据美国科学哲学家艾可夫（Ackoff）总结的"数据（Data）—信息（Information）—知识（Knowledge）—智慧（Wisdom）"模型，即DIKW模型，以及社会实践的发展经验，我们将数字创新平台的发展和进化分为自动化、数字化、信息化、知识化和智能化五个阶段。

DIKW模型自1989年提出后被学者广泛应用于信息管理、信息系统、知识管理等领域。艾可夫认为数据、信息和知识三者之间的逻辑关系能以金字塔的形式呈现（见图6-4）。金字塔的底层是海量数据，上一层是经过数据处理后获得（还原）的信息，再上一层是经过验证的、被人类吸收和积累的知识，顶层是人类的智慧。

数据、信息和知识三者之间联系紧密，但又有着本质区别。数据是信息的符号表征；信息是数据的目的，是知识的来源；知识是不断延伸的对世界的经验与认识。三者的核心皆为世界的信息，数据是人类对世界的记录和描述，是获得世界信息的原始材料；数据经过处理后，人类可以获得（还原）世界的信息；经过经验总结和理性分析，人类可以借由世界的信息总结出关于世界的知识○。不同的是，数据是最原始的素材，是未被加工解释的对于事实的记录和描述，数据本身没有

○ 孙杰，高志国，张骁. 对企业数字平台建设和发展的思考[J]. 信息通信技术与政策，2020（5）：61-66.

○ 赵刚. 数据要素：全球经济社会发展的新动力[M]. 北京：人民邮电出版社，2021.

任何意义；数据处理活动赋予了信息意义和动态特性；知识是经过验证的、正确的经验或认识。

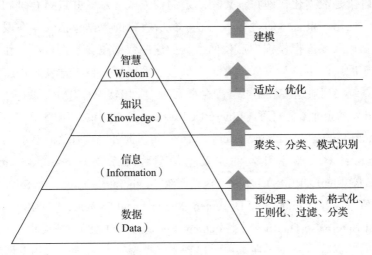

图 6-4　DIKW 模型

资料来源：ACKOFF R L. From data to wisdom[J]. Journal of applied systems analysis, 1989, 16（1）：3-9.

结合 DIKW 模型对于数据、信息、知识和智慧关系的研究以及对社会实践发展的认识，企业数字创新平台的发展和进化可以划分为五个阶段（见图 6-5）。

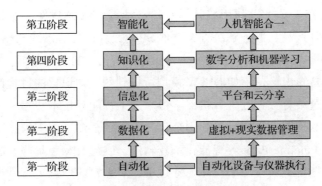

图 6-5　数字创新平台赋能的五化阶段

资料来源：王立. 数字化实验室建设实用指南 [M]. 大连：大连理工大学出版社，2021.

第一阶段是自动化，利用机器设备完成生产过程，并自动采集所有数据，将人类从简单的、重复性的体力劳动中解放出来。在早期，很多工作都依赖于人工，所采集的数据也是用纸来记录和存档的，这不利于数据的保存、流通和后续的使用，生产效率较为低下。因此，如何实现自动化是平台应该解决的首要问题，平台可以通过购买自动化设备与仪器来提升平台自动化水平。常见的自动化设备供应商包括西门子、艾默生等，仪器供应商包括赛默飞、沃特世等。

第二阶段是数据化，即将信息用二进制的方式表示，并进行合理的存储、计算、分类、使用、报告等的过程。一般平台所收集的数据包括大量在现实生产中产生的数据以及在虚拟模拟中产生的数据，这些数据蕴含了新资源、新资产和新资本，对于后续的生产与发展具有重要价值。平台可以自主开发软件或采用商业化的管理系统实现对这些数据的管理，常见的商业化软件有 SAP、西门子、通用电气等公司开发的企业资源管理（Enterprise Resource Planning，ERP）系统、制造执行系统（Manufacturing Execution System，MES）等。此外，还有莱博韦尔（LabWare）、达索等公司针对实验室开发的实验室信息管理系统（Laboratory Information Management System，LIMS）、实验室执行系统（Laboratory Execution System，LES）、企业文档管理系统（Enterprise Document Management System，EDMS）、企业质量管理系统（Enterprise Quality Management System，EQMS），以及针对生产工艺设计和优化的数据分析系统。在国内也出现了一些商业化软件，如用友网络开发的 ERP 系统、三维天地开发的 LIMS 等。

第三阶段是信息化，即通过信息技术的广泛革新从所存储的数据中提取有价值的信息。信息技术对原始数据和中间数据或是综合不同来源的数据进行相关分析，以增加信息含量、提供新的附加值，并促进信息的有效传递和互联互通。企业创新平台研究人员可以利用统计学、信息学等系统或软件，如商业数学软件 MATLAB、统计产品与服务解决方案软件 SPSS、统计分析系统 SAS 等进行分析，并通过报告、网站、企业平台和云平台等渠道进行信息展示与分享。

第四阶段是知识化，正如 DIKW 模型所提到的，知识化的过程以所获得的信息为基础，通过结合数据处理、机器学习、人工智能等技术和相关理论，不断更新人类的认知和理解。平台可以利用统计分析系统 SAS、用于信息整合和流程定制的科学平台 Pipeline Pilot 等智能化工具软件，或与 IBM、华为、联想等相关企业合作，将智能化工具应用于实际业务过程，对平台的信息进行学习、量化、模拟和预测，通过进一步改进、优化或重建原有实践，推动形成更加合理、科学的创新环境和路径。

第五阶段是智能化，即将智能化的过程和工艺固化在自动化设备与仪器上，以认知为中心，通过机器学习、计算机视觉等智能技术建立全新的人机交互模式，由人类智慧指导机器完成所有工作，从而实现人和机器在智能化基础上的一体化。这个过程的实现需要软件和人工智能的支持，更重要的是要有高通量的微芯片和高速度的处理器等对智能化过程具有决定意义的硬件技术。

2. 数字创新平台赋能的四大环节

在上述 DIKW 模型的基础上，本书认为数字创新平台赋能是把数据转化为价值的过程，其概念内涵可以从数据感知、智能认知、动态决策、精准执行四个环节进行解读（见图 6-6）。

图 6-6　数字创新平台赋能四大环节

数据感知是指企业利用信息通信技术建立数据连接的机制，从观测对象中获取数据，以供企业捕捉数据特征、进行数据分析，实现产品后期跟踪、设备健康状态监控等的过程。华为公司将数据感知分为软感知和硬感知两种。软感知指的是在"软件"层面的感知，使用软件或各种程序进行数据收集，通常不依赖于物理设备。例如，网页或 App 中的"埋点"、电子产品系统上的日志记录、通过爬虫获取的网络数据等。硬感知指的是"硬件"层面的感知，是使用硬件设备进行的数据收集，收集对象为物理世界中的物理实体（人、设备、产品、环境等），或是以物理实体为载体的时间、流程、状态等信息，如语音、视频、图像、RFID（射频识别）、条码/二维码、传感器等㊀。

智能认知是指借助一系列将物理世界运行原理逻辑化、代码化的分析模型，对数据进行结构化处理，理解数据之间的关系和逻辑，并将数据转化为信息和知识的过程。常见的智能认知技术包括 AI 视觉、数据挖掘、深度学习、数字仿真等。智能认知有三大功能，即描述、诊断和预测。描述是指从数据中总结、抽取相关的信息和知识，帮助人们分析发生了什么。诊断是指从描述中知道"是什么"后，解释"为什么"，分析事物之间的关系和发展模式，解释特定现象发生的原因。预测是指根据已掌握的知识，预先推知并解释将会发生什么，判断事件未来发生的可能性。

动态决策是指企业在通过智能认知提炼出有价值的信息和知识的基础上，运用大数据、人工智能和运筹优化算法等智能技术进行智能评估、智能求解、模拟择优以实现决策优化的过程。该过程根据实时反馈的信息做出决策，具有实时性、

㊀ 华为公司数据管理部. 华为数据之道 [M]. 北京：机械工业出版社，2020.

动态性、高频性的特点。企业通过动态决策能进行无人为干预或低人为干预的动态资源优化配置，从而实现资源利用的最优化和价值创造的高效化。

精准执行是指企业通过动态决策形成资源优化配置和行动方案后，通过硬软件设备实现对决策的响应反馈、精准控制的过程。例如在产品研发过程中，一方面，借助"人工智能＋数据"的数据精准分析和处理过程能充分挖掘客户痛点，利用用户反馈的数据，持续优化产品研发环节；另一方面，利用传感器数据和场景交互数据，对研发材料适用性和用户体验感进行精准预测，能有效提高研发环节材料的筛选效率。精准执行是数字创新平台赋能的落地环节，也是创造价值的直接方式。

综上所述，数字创新平台赋能是企业遵循数据感知、智能认知、动态决策、精准执行的逻辑流程，通过建立适当的连接机制感知事物、获取数据；运用分析模型将海量数据转化为有价值的信息和知识，从而认知事物；针对多元的应用场景开展动态决策，对数据资源、物力资源、人力资源、财务资源等进行高度整合，推动企业资源利用效率的提升；依据动态决策的结果精准执行行动方案，实时反馈、动态控制，从而实现更加有效的价值创造的过程。其中，数据感知是基础，利用多种信息技术帮助企业获取数据；智能认知是保障，在帮助企业对现象产生的原因进行精准分析的基础上，对未来进行预测，帮助企业提前做好准备应对未来的挑战；动态决策是关键，使企业具有动态响应和决策能力，实现自主适应；精准执行是手段，是企业数字创新平台赋能价值创造的实现环节，以精准性、实时性、动态性为特征。

在新一代信息技术快速发展的背景下，数据成为助力企业发展的重要资源。在近年的商业实践中，数字创新平台赋能引起了广泛的关注和讨论。阿里巴巴、腾讯、京东等大型平台企业都在强调数字创新平台的赋能价值，侧重于运用大数据技术为赋能对象的能力提升提供支持和帮助，用数据服务助力平台商家的业务发展，实现共同受益。格力、美的、海尔、华为等制造业企业也在积极探索数字化转型，借助大数据、云计算、人工智能等技术建立数字创新平台，降低运营成本，提高产品质量，提升服务品质。许多中小企业也借助工业互联网建设的契机，积极上云上平台，利用大数据驱动企业降本增效。由此可见，企业通过建立数字创新平台形成更高效的运作模式已是大势所趋，数字创新平台赋能成为驱动企业高质量发展的重要力量。

6.3 数字创新平台建设要点

6.3.1 构建数字创新平台概念模型

协同产品开发是企业进行产品创新时用到的概念。协同产品开发（Collaborative Product Development，CPD）是指基于互联网的虚拟协作环境，团队成员承担各自的开发任务，并行、交互、协同完成共同的开发目标，在分布于不同地区的团队成员之间实现项目和设计协同，这种协同包括空间上的协同、时间上的协同和对象上的协同。1986年，麦格拉斯（McGrath）及其公司团队成员共同提出产品及周期优化法（Production and Cycle-time Excellence，PACE）的概念，这一概念成为集成产品开发（IPD）的理论基础。IPD方法的核心思想在第4章"业务性创新平台"中有详细介绍，其中与数字创新平台建设相关的主要有四个方面：一是强调产品创新一定是基于市场需求和竞争分析的创新；二是采用跨部门、跨组织的协同产品开发团队组织形式；三是采用并行工程和公共基础模块；四是在结构化流程和非结构化流程中寻找平衡。

企业数字创新平台的构建正是基于协同产品开发的理念，并在其基础上进行延伸，目的在于实现在物联层、资源层、数据层和应用层的协同，是更为广泛的服务协同或技术协同，以最终实现管理层面和业务操作层面的应用，即完成企业数字创新平台协同应用开发（Collaborative Application Development，CAD）。

协同应用开发是基于企业数字创新平台、面向应用开发（如产品开发、技术应用、服务创新、数据挖掘等协同应用）而构建的概念模型（见图6-7）。数字创新平台协同应用开发概念模型的构建从四个方面进行，分别为应用模型、过程模型、资源模型、组织模型。从数字创新平台的构建来看，构建过程需要根据应用的变化而变化，即应用模型的变化要求对过程模型进行重构，而过程模型的优化是为了更好地实现应用目标。过程模型的正常运作和进一步重构需要消耗企业资源，包括设备资源、材料资源、软硬件资源等，并受到资源条件及其合理配置的限制和约束。数字创新平台构建主体根据过程模型的需要创建应用开发团队和组织，同时过程模型的重构要求对组织模型进行同步变更，这对组织提出了更高的要求，需要适应性、灵活性强的团队成员。数字创新平台协同应用开发概念模型较为全面地描述了协同应用开发的主要逻辑，体现了企业数字创新平台的构建理念，对企业数字创新平台建设具有指导意义㊀。

㊀ 刘广. 企业创新平台及其数字化构建 [M]. 北京：清华大学出版社，2022.

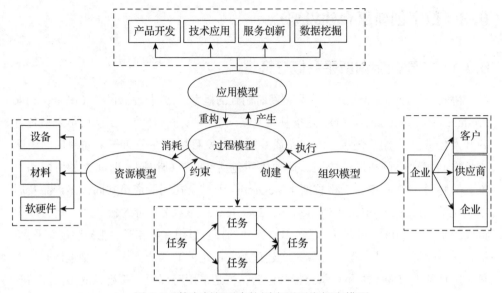

图 6-7 数字创新平台协同应用开发概念模型

资料来源：刘广.企业创新平台及其数字化构建[M].北京：清华大学出版社，2022.

6.3.2 重视数据挖掘和应用

企业搭建数字创新平台的基本前提是获取大量数据样本，运用数字技术对数据资源进行获取、存储、分析和应用，完成数据价值挖掘并创造企业利益。这里以数字实验室为例，根据前文讨论的数字创新平台赋能的五化阶段和四大环节等内容，结合数字实验室建设的具体需求，提出自下而上的数字实验室建设路径，见图 6-8。

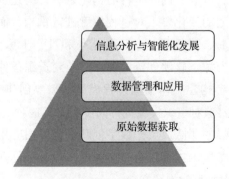

图 6-8 数字实验室的建设路径

资料来源：王立.数字化实验室建设实用指南[M].大连：大连理工大学出版社，2021.

第一步，原始数据获取。实验室数字创新平台建设应该从数据源头开始。对一般的实验室来说，数据源头主要包括人眼观察或识别的数据和仪器设备采集的数据两类（见表6-2）。随着硬件技术的发展，仪器设备越来越自动化和智能化，这也促使数据的采集、计算、存储和传输变得更加快速、安全和准确，从而从数据源头确保了数据的完整性、准确性和有效性。

表 6-2 不同类型数据源的采集和记录方式

数据源	内容	采集和记录方式
人眼观察或识别的数据	需要实验人员观察并记录的数据，如颜色、状态、气味等	传统的实验数据只能记录在纸本上再输入系统，现在可以通过拍摄功能进行数据采集，并上传到LIMS等实验室管理系统中
仪器设备采集的数据	实验室最常见的数据源，无法直接观察读取，只能通过仪器设备输出	通常有四种数据输出方式：一是通过数据接口将输入的模拟信号转换成数字信号；二是仪器设备输出结果文件；三是仪器自身具有数据工作站，可以直接将结果传回系统中；四是对于完全无法直接产生数字化结果记录的仪器，只能打印结果或手工记录，然后导入系统

资料来源：王立.数字化实验室建设实用指南[M].大连：大连理工大学出版社，2021.

第二步，数据管理和应用。在确认数据源的完整性、准确性和有效性后，实验室需要对这些数据进行管理，并将其应用于日常的业务流程，这就需要实验室引入相应的数据采集和管理系统。不同类型的实验室应引入相应的系统，例如对研发型实验室来说，应该先引入适用于原始实验设计的电子实验记录本（Electronic Lab Notebook，ELN），提供灵活的实验环境并和仪器设备进行联机；对质量控制和检测型实验室来说，应该先引入规定作业程序的实验室执行系统（Laboratory Execution System，LES），系统强制用户执行标准作业程序所规定的步骤，以避免产生人为错误。在此基础上，实验室可以将数据管理范围进一步扩大到"人机料法环"领域（见表6-3）。这些领域的数据是实验结果的支持数据，也是十分重要的。

表 6-3 数字实验室管理需求

管理领域	管理需求	系统功能
人	需要对人员进行培训，经过特定的实验和标准作业程序培训和认证的人员，才能执行相关工作 人员权限和每个人在实验室的工作任务和责任相关，需要从物理和系统层次对不同工作进行分割管理 需要按照实验性质、产品类别、工作时间等将人员分为不同的组别和班次，进行分级、分类、分时管理	系统要有能够分析人员培训状态的参数，并将其用于工作的分配 系统需要具备组别、角色和权限的分级管理机制 系统应提供任务申请、分配、执行、审核的操作机制，便于管理

（续）

管理领域	管理需求	系统功能
机	追踪仪器设备的管理和状态，监测其使用率和使用效率，明确实验室的资源利用、成本和投资方向 需要对仪器设备进行验证，保证其符合法规要求，包括安装认证（IQ）、运行认证（OQ）、性能认证（PQ） 对仪器设备进行确认、校准和维护 未来仪器设备向着仪器的自动运行和数据的自动采集方向发展	系统能提供仪器设备状态的指标，以此判断其有效性 系统能记录仪器设备的使用，提供使用记录 系统能记录每台设备的基本信息，以及3Q认证的结果和报告 系统能制订用于仪器设备确认、校准和维护的计划，并及时提醒 系统能够提供仪器设备的数据接口，从而能实现数据的自动采集
料	用于实验室的所有材料都需要有对应的正版证明标签、防伪证明书或质量报告 所有材料都要注明有效期 所有的材料都需要指定存储位置和条件，特殊材料要有相应存储和控制措施 材料的使用要有完备的记录，明确规定材料的后期处理和丢弃方案	系统应有能力注册和记录材料的理化信息和有效期等，并对有效性做出提示 系统应提供完整的材料存储的位置和移动路线，以防止失踪 系统应提供使用者、使用量、使用地点等信息，并能自动计算盘存
法	实验室运作、药物或产品的申报、注册、生产、销售、监测等需要遵循所在国家的法律法规，满足相关环境、健康、安全的条例 要有相应的标准作业程序定义实验过程的规范性和数据的完整性，还要有能够严格贯彻标准作业程序的组织系统、质量框架和质量规范	系统能提供支持合规的特征，如能够提供电子签名，以及数据的审计追踪记录等 系统能够提供相应的机制，使实验人员严格遵循标准作业程序 系统要对环境、安全、健康等有影响的物质或行为做出标记 系统要有提供相应报告的能力，比如申报所需的电子通用技术文档功能（Electronic Common Technical Document, ECTD）
环	所有实验室活动要满足所在国家和地区的环境、健康、安全的条例 要对整个生产环境进行监测，生产环境的数据是产品质量数据的一部分，要对空气、人员、水、厂房、地面和机器设备等进行定期监测	系统要对环境、安全、健康有影响的物质或行为做出标记 系统要有符合法规要求的环境监测功能，并将该数据与产品数据统一记录

资料来源：王立. 数字化实验室建设实用指南 [M]. 大连：大连理工大学出版社，2021.

第三步，信息分析与智能化发展。基于数据源和日常工作流程的数字化，这会产生和采集越来越多的数据，对这些数据的挖掘可以帮助实验室更加深入地了解平台的运营状态，及时优化创新力，增强实验室竞争力。实验室可以采用大数据分析、计算、模型预测和展示软件，如通用的业务智能（Business Intelligence，BI）软件可以应用于业务管理、量化业务流程，以达到最优状态。此外，许多特种用途的软件，如专注于工艺过程的PI系统（Plant Information System）数据库、专门用于质量分析或过程分析等的专业软件，可以聚焦于某一流程的优化，提升产品的质量和生产效率。

6.3.3　开展数字化业务创新

企业数字化业务创新主要涉及技术研发与产品开发两大部分。现有企业在进行数字化转型时更多关注数字技术的应用和业务成果的完成，而忽略了业务过程中产生的数据对企业的价值，致使信息成为一个个孤岛。

阿里巴巴资深技术专家在"2020 云原生实战峰会"的"互联网 CTO 数创先锋营"中提到，打破信息孤岛是业务性创新平台数字化的关键。业务性数字创新平台具有以下特征：一是面向业务价值，这是业务性创新平台开展研发生产活动的终极目标；二是全局透明化，打破信息孤岛需要做到数字创新平台掌握全局信息，包括业务信息、产品信息、技术信息等；三是加速信息流转，提升协作效率；四是度量驱动，可以从全局看到效率瓶颈并有效解决；五是人工智能赋能，即通过人工智能等数字技术辅助甚至代替人力工作，提升效率。

因此，建设业务性数字创新平台、开展数字化业务创新需要关注四个环节，分别是以价值流为核心、建立研发链路核心数据模型、进行数据驱动、扩展智能化应用（见图 6-9）。

图 6-9　企业数字化业务创新四个环节

资料来源：陈鑫. 数字化时代，阿里云云效如何构建下一代研发协作工具平台 [R/OL]. （2020-12-23）[2021-02-04]. https://www.fons.com.cn/105030.html.

首先，以价值流为核心，从强调工具流程转变为强调价值交付。过去的业务性平台分工细致，组织专业化程度高，但是业务价值交付周期非常长，交付业务效率低。这说明局部效率高并不代表可以满足持续高效的交付业务需求，利用数字技术赋能业务性创新平台建设时应考虑如何建构全局最优的组织架构以及流程。例如，业务性创新平台可采用前文提到的 PLM 系统，拉通研发效能的各个阶段，打通工具孤岛，进行能力和数据的连接，实现各业务协同运作。

其次，建立研发链路核心数据模型，实现端到端业务价值的可视化（见图 6-10）。业务性数字创新平台可以通过建立以业务价值流为视角的协作链路，明晰业务价值与产品研发需求、任务之间的关系，实现端到端透明可视。此外，业务性数字创新平台在产研侧采用大量自动化工具支持基础工作，还需要进一步将工具产出的数据连接到价值流上，并且尽量沉淀到数据平台。采用统一的数据模型去积累数据，通常会以产品、需求、代码、应用、制品为核心来构建数据模型，最终得到一个研发数据中台。平台数字化要做到持续高效，则需要基于前面积累的数据进行量化分析，追踪业务、产品、技术团队的情况，分析解决各环节的异常事件和资源瓶颈，使决策更为高效。

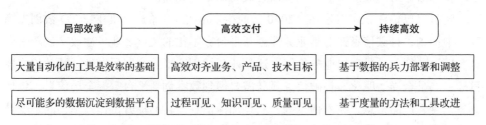

图 6-10 业务性数字创新平台实现端到端可视化的业务价值

资料来源：陈鑫. 数字化时代，如何构建下一代研发协作工具平台 [R/OL].（2020-12-23）[2021-02-04]. https://www.fons.com.cn/105030.html.

再次，进行数据驱动，基于价值流理念构建产研数字化体系。图 6-11 是构建数字化体系的大致框架，根据价值流理念，从需求到交付可以划分为需求分析价值流、代码开发价值流和交付运维价值流三个阶段，三个阶段又分别对应以需求为中心、以代码为中心、以变更为中心的三个工具平台。这三个工具平台会将数据沉淀到统一的数据中台上，这些数据也可以应用于需求排期、风险识别、代码智能应用等方面，推动业务性创新平台组织管理数字化。

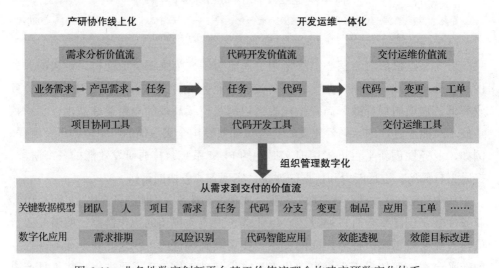

图 6-11 业务性数字创新平台基于价值流理念构建产研数字化体系

资料来源：陈鑫. 数字化时代，如何构建下一代研发协作工具平台 [R/OL].（2020-12-23）[2021-02-04]. https://www.fons.com.cn/105030.html.

最后，以研发数据中台为基础，扩展智能化应用。这可以利用人工智能等技术，充分发挥数据价值，比如扩展代码智能推荐、智能监控、无人值守发布等智能化应用，代替人力工作，提升研发质量和效率。

6.3.4 构建数字创新生态系统

以大数据、人工智能、云计算等为代表的数字技术极大地提高了人们收集、分析和共享信息的能力。数字经济下，一种更加灵活高效的组织形态——数字创新生态系统变得更加盛行。企业数字创新平台通过搭建技术通用模块和信息共享模块，能为数字化转型企业提供创新产品和服务。此外，通过创新主体虚拟化、主体间关系生态化、创新要素数字化，创新平台可以实现企业间资源共享和优势互补，从而形成数字创新平台主导的数字创新生态系统。

与传统网络组织不同的是，数字创新背景下涌现的生态系统被看成一系列为实现共同价值主张而自发形成的企业多边组织（见图6-12a），而非局限于共享同一价值链的上下游伙伴组织网络（见图6-12b）。

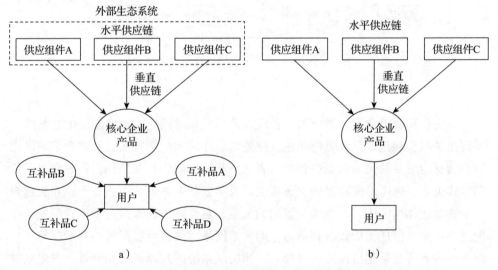

图6-12 基于数字创新生态系统的价值链与传统网络价值链

资料来源：魏江，刘洋. 数字创新[M]. 北京：机械工业出版社，2021.

数字创新生态系统是核心企业为了提高创新价值，利用数字技术和数字创新平台，与其他生产互补产品的组织共同建立的价值创造网络。在数字创新生态系统中，用户可以在众多参与者提供的产品中进行选择，并且在某些情况下还可以选择不同产品的组合。例如,安卓手机生态系统中的用户可以自行决定购买哪个应用程序,以及从哪个供应商那里购买。这相较以往从单个公司购买单个产品的方式更具灵活性。用户可以在一组生产者或互补者(互补产品提供者)之间自由选择,这些生产者或互补者通过某种相互依赖的关系捆绑在一起,这是数字创新生态系统有别于传统网络组织的一大特征⊖。

数字创新生态系统变革与演化的内在规律是可以被识别和描述的,三个演化方向分别为关系互动、知识能力、行为规范⊜。不同演化趋势下的数字创新生态系统具有不同的治理框架(见图 6-13)。

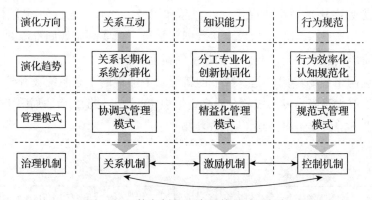

图 6-13　数字创新生态系统的治理框架

资料来源:孙永磊,朱壬杰,宋晶. 数字创新生态系统的演化和治理研究 [J]. 科学学研究,2023,41(2):325-334.

在关系互动驱动下,系统参与者间的关系会相对固化,数字创新生态系统会呈现出关系长期化、系统分群化的演化趋势。在治理机制方面,其适合采用以认知和情感为纽带的关系机制,各参与者之间相互认同、相互信任,且愿意建立长期合作关系,进而形成稳定的生态系统。数字创新生态系统中核心企业和关键企业发挥枢纽作用,协调其他参与者间的关系,对系统内资源进行平衡性配置,以期建立一个以信任、依赖、和谐为主的关系网络,维持生态系统的稳定运行。系统内参与者适合采用协调式管理模式,积极同系统内其他成员和利益集群建立友好多边合作关系,避免发生冲突,以便增强话语权和更好地获取系统资源。

在知识能力驱动下,企业依据知识禀赋进行分工,数字创新生态系统会呈现

⊖　魏江,刘洋. 数字创新 [M]. 北京:机械工业出版社,2021.
⊜　孙永磊,朱壬杰,宋晶. 数字创新生态系统的演化和治理研究 [J]. 科学学研究,2023,41(2):325-334.

出分工专业化、创新协同化的演化趋势。在治理机制方面，其更适合建立以目标为导向的激励机制，以知识为核心，确立为系统内全部或绝大多数参与者所认同的整体创新目标。该机制根据各参与者的优势条件和发展潜能进行目标分解和分配，划分各主体阶段性任务，促使系统参与者各尽其职，奖励高质量的创新任务完成，进而调动松散耦合的生态参与者的积极性。这种机制还有助于引导系统的资源优化配置，激发参与者深入探索尖端技术领域的能动性，进而提升参与者和系统整体的创新能力。系统参与者采用精益化管理模式，因为专业分工会使企业获得基础的技术支持和匹配度较高的系统资源，可以将注意力转移到专有技术深度的探索上，不断提升技术能力。

在行为规范驱动下，整体层面的惯例逐渐形成，数字创新生态系统会呈现出行为效率化、认知规范化的演化趋势。在治理机制方面，其更适合建立以惯例为基础的控制机制。惯例既包括市场准入规则，即达到一定技术水平或市场规模要求的企业才有机会进入该生态系统，也包括试错规则，即在企业合作形式、技术开发路径和产品改良方向等方面进行创新，形成一套总结经验教训、不断修正提高的相对固定的模式。这种机制通过模块化及界面设计、行为规范、接入规则及沟通渠道等来控制合作行为，提升系统整体的运行效率。系统参与者采用规范式管理模式，不断搜寻和学习系统普遍使用的行为模式和规范共识，避免行为不协调以及同其他参与者间的惯例冲突，缩短决策时间并降低决策的成本，提升合作创新的效率，促进自身更好地融入系统之中。

第 7 章

研发队伍

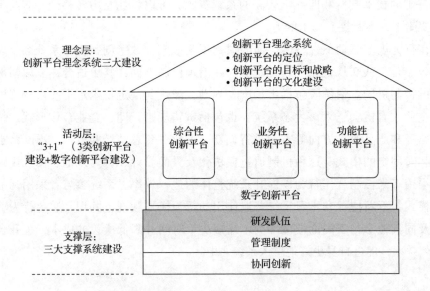

研发队伍、管理制度和协同创新一同构成了整个企业创新平台的支撑层,是企业创新平台架构中的支撑系统,为创新平台的研发工作提供人才保障,研发队伍的建设是提高企业创新平台创新能力的重要基础。

本章将从招聘与引进体系、培训与发展体系以及评价与激励体系三个方面对企业创新平台的研发队伍建设展开介绍,这三个体系构成了研发队伍建设体系的基本要素,为企业创新平台做好人才培育工作提供了良好的参考。

开篇案例

中国联通集团的研发队伍培育体系建设

中国联合网络通信集团有限公司(简称中国联通)于 2009 年 1 月 6 日在原中

国网通和原中国联通的基础上合并组建而成,在国内31个省(自治区、直辖市)和国外多个国家和地区设有分支机构。中国联通拥有覆盖全国、通达世界的现代通信网络和全球客户服务体系,主要经营固定通信业务、移动通信业务、国内/国际通信设施服务业务、数据通信业务、与通信信息业务相关的系统集成业务等。中国联通集团在2021年《财富》世界500强中位列第260位,截至2022年,公司用户规模达4.6亿。

中国联通高度重视创新平台的建设,在研发队伍建设中的经验值得借鉴。

1. 人才引进体系建设

中国联通在行业内首创:在创新领域以组织区隔为基础设立人才特区,建立市场化人才机制,大力开展创新人才内外部引进工作,实施"U才生""猎英""活水"三项计划,分别对应应届生招聘、高端人才猎取、存量人员流动三种人才来源,针对不同类型人才开展不同的招聘计划,全方面保障创新研发人员的供给。2019年以来,中国联通加大高精尖人才引进力度,以不限岗位、不限来源、不限薪酬"三个不限"为原则,广开大门,不拘一格,靶向引进研发人才,吸引了大量云计算、大数据、物联网、人工智能等领域掌握核心技术的高端人才。

2. 人才发展体系建设

中国联通2016年发布《关于中国联通人才管理体系及战略人才队伍建设的指导意见》(中国联通集团〔2016〕128号),指导落实集团战略人才(领军、专家、骨干、新锐四级人才)队伍建设工作,选拔出一批研发专业人才。之后每年,中国联通分批次开展了不同级别人才选拔,并不断完善管理体系,拓宽覆盖面,打通人才发展通道,同时,丰富晋升路径,提高核心研发人员晋升速度。基于研发人员专业技术能力强、学历层次高的特点,中国联通优化晋升通道,为研发人员提供快速发展的晋升路径,满足高技术人才晋升诉求。此外,中国联通为提升人才使用效能,每年组织人才制定"专业线任务清单",制订人才培训计划,设置人才专属课程,强化专业能力,补齐能力短板,加速人才转型,不断完善人才发展和培养体系。

3. 人才评价与激励体系建设

中国联通建立了以能力业绩为核心的人才评价机制,形成业绩、能力、潜力三维度的人才积分体系,推行人才贡献数字化、积分制管理,促进人才评价标准和评价依据客观量化,精准快速锁定研发人才。同时,中国联通还引入了"价值量考核"作为客观量化的工具,统一核算,实现不同研发专业员工业绩的横向比较,从而引导研发人员关注自身业绩的提升。在激励机制方面，中国联通构建了向研发倾斜的差异化人员工资分配机制。员工绩效薪酬的40%由各内设中心分配，通过制定分配系数差异规则，拉开不同个体的差距；而绩效薪酬剩余的60%为价值量薪酬包，以全体研发人员实际获得的客观价值量为依据，直接分配到个人，实现具有显著激励作用的差异化分配。

中国联通集团从人才引进、人才发展和人才评价与激励等多个体系开展创新平台的研发队伍建设，有效激发全员在岗创新热情，培育出了高水平的创新人才队伍。截至2022年，全集团已建成的员工创新工作室涵盖各专业线人员5400余人，各工作室产生实用新型专利254项，发明专利600余项，预估经济效益达116亿元。高水平的创新人才队伍有效带动了企业经济效益的增长，2021年度中国联通集团实现营业收入总额同比增长7.9%，净利润总额同比增长14.2%。

资料来源：2020年10月12日，课题组前往中国联通（广东）5G"创新中心调研，并根据中国联通集团官方网站资料、《国资报告》杂志、发布的文章"面向全面数字化转型改革人才体制 中国联通建成万人核心人才梯队"整理而成。

7.1 什么是研发队伍

研发队伍是指企业按照发展规划而组织起来承担公司的技术研发和产品开发工作的人员集体。通常，研发队伍并不是规模越大越好，也不是高水平的研发人员越多越好，关键在于根据发展需要，组建人员结构合理的研发队伍，形成团队的创新力量。如何建设拥有高水平学科和技术带头人的研发队伍，同时避免人才使用的高成本，是企业创新平台建设需要重视的问题。从事研发工作的员工大多是一些具有鲜明个性的员工，然而很多研发管理人员同时也是技术人员，他们更擅长的是技术而非管理。通常，一家研发队伍稳定性出现问题的企业，要么是招聘环节出了问题，企业没有招聘到优秀的人才；要么是培训不够，员工还不能融入环境中；要么是激励机制不够完善，优秀的员工没有最大化地释放潜力。所以，在企业创新平台的建设中，研发队伍的建设是应当受到重点关注的一个方面。

研发人员是企业创新平台进行技术研发活动与产品开发活动的主体，他们的知识技能水平与创新平台的创新绩效密切相关。那么，怎么才能有效地提升研发团队整体的创新能力呢？通过外部招聘与引进人才是有效提升创新平台整体创新能力的快速途径。为此，企业创新平台需要具备识别优秀研发人才的能力，营造良好的环境以吸引人才，并且选择科学合理的招聘策略与引进方式。这样，企业创新平台才能挑选到能够满足研发需求的人才。

7.2 招聘与引进体系

7.2.1 识别优秀的研发人才

在招聘与引进优秀人才之前，企业创新平台首先要能识别出优秀的研发人才。通常，研发人员与普通员工不同，他们主要从事高创造性的工作，拥有的核心能力是企业的竞争对手短时间内难以培养起来的。研发人员属于核心知识型员工，具备良好的专业知识素养和精湛的专业技术，并能将其转化为技术成果和最终产品。与非知识型员工或纯管理性质的知识型员工相比，研发人员在个人特质、心理需求、价值观及工作方式等方面有着诸多的特殊性。研究与实践表明，最容易取得成功的研发人员一般性情丰富灵活、自立、敬业、能够容忍模糊和不确定性，而且他们通常具有较高的自主性和变革需求，不轻易听从别人的指挥。同时，研发人员往往具备"内控"特性，即他们往往把成功或失败归因于内在因素，而不是外部因素。此外，研发人员追求自身价值的实现，看重培训和职业发展，关注知识和技能权威而非行政权威，倾向于拥有自主的工作环境和宽松的组织氛围。

识别优秀研发人才的目的是找出高创造力的人才，为后续员工招聘与人才引进提供参考。因此，企业创新平台在招聘研发人员时，有必要对应聘者的个性特质、创造力、知识技能水平等进行测量，找出真正适合从事研发活动的应聘者。通常，研发活动具有自主性、团队性、挑战性、复杂性、动态性等特点。

自主性指的是研发活动不像常规性的工作那样有诸多规定，它更多的是需要员工积极主动地工作，研发过程难以监控。

团队性指的是研发活动往往是需要团队沟通与合作的一类互相协助开展的工作。

挑战性指的是研发活动往往是在易变且不确定的环境下进行的，而不是简单的重复性工作，研发人员需要依靠自己的知识与技能，充分运用个人的智慧和灵感。

复杂性指的是技术研发和产品开发活动主要是一项依靠脑力活动的，过程复杂、结果复杂的活动。

动态性指的是研发活动并不是一成不变的，随着环境的变化以及战略的调整，企业创新平台要随时做好调整研发流程的准备，包括采取必要的缩短研发周期的措施，以及随时更新自身的知识、技能等。

研发活动的这些特性使得企业创新平台对研发人员有更高的要求，包括知识技能方面的要求以及心理特质方面的要求。通常来说，研发人员的个性特征与创造力难以直观地被观察出来，但这并不代表它们不能被测量出来。这里提供几种测量工具供企业创新平台建设人员参考使用。

1. 心理资本的测量

心理资本是指个体积极性的核心心理要素，即一个人的心理状态或心理素质。心理资本包括自我效能感、希望、韧性、乐观四个维度。自我效能感表现为在面对挑战时有信心并付诸努力以获得成功，希望是指坚定目标并在必要时调整路径以取得成功，韧性是指当身处逆境和遇到障碍时能够持之以恒、迅速复原并超越，乐观是指对现在和未来的成功有积极的归因以获得成功。员工心理资本的测量采用李克特（Likert）六点计分法，具体测量量表见表7-1。被测量者对每个题项打分，1~6分表示由"非常不同意"到"非常同意"的程度逐渐增强，得分越高的员工心理资本水平越高，R则表示该题项为反向计分。

表 7-1　员工心理资本测量量表

变量	维度	题项
心理资本	自我效能感	我相信自己能分析长远的问题，并找到解决方案
		与管理层开会时，在陈述自己工作范围之内的事情方面我很自信
		我相信自己对公司战略的讨论有贡献
		在我的工作范围内，我相信自己能够帮助设定目标/目的
		我相信自己能与公司外部的人（如供应商、客户）联系，并讨论问题
		我相信自己能向一群同事陈述信息
	希望	如果我发现自己在工作中陷入了困境，我能想出很多办法来摆脱困境
		目前，我在精力饱满地完成自己的工作目标
		任何问题都有很多解决方法
		眼前，我认为自己在工作上相当成功
		我能想出很多办法来实现我目前的工作目标
		目前，我正在实现我为自己设定的工作目标
	韧性	在工作中遇到挫折时，我很难从中恢复过来，并继续前进（R）
		在工作中，我无论如何都会去解决遇到的难题
		在工作中如果不得不去做，我也能独立应战
		我对工作中的压力能泰然处之
		因为以前经历过很多磨难，所以我现在能挺过工作上的困难时期
		在我目前的工作中，我感觉自己能同时处理很多事情

(续)

变量	维度	题项
心理资本	乐观	在工作中,当遇到不确定的事情时,我通常期盼最好的结果
		如果某件事情会出错,即使我明智地工作,它也会出错(R)
		对自己的工作,我总是看到事情光明的一面
		对我的工作未来会发生什么,我是乐观的
		在我目前的工作中,事情从来没有像我希望的那样发展(R)
		工作时,我总相信"黑暗的背后就是光明,不用悲观"

资料来源:路桑斯,尤瑟夫,阿沃里欧.心理资本:打造人的竞争优势[M].李超平,译.北京:中国轻工业出版社,2008.

创新活动具有高风险性,这对组织员工而言,意味着参与创新需要强大的内在支持力量,这种支持力量便是对自己有能力产生创造性结果的信念。而心理资本水平越高的个体,对自身拥有的创造力表现出更强烈的信念。自我效能感较强的个体在面对创新过程的复杂性和不确定性时,会展示其坚定的信念和永不放弃的决心,以不同的方式应对执行挑战性工作所面临的困难;具有韧性的个体在面临动态的环境时能够有效适应,坚持不懈地完成创造性工作,并能满足创造性解决问题的需要;乐观的个体善于将事情归因于积极的方面,遇到挫折时,会积极地寻找新的解决途径,从而产生更多的创新行为;满怀希望的个体追求独立的思想和高度的自由,这意味着个体倾向于以不同于他人的方式完成具有挑战性的工作;责任心强的个体会为寻求新的职业发展空间而不断改善工作技能和知识结构,从而提高个体创造力水平以及在创新过程中的投入。此外,张艳[⊖]、王雁飞[⊖]等不少学者的研究也证明了心理资本对员工创新行为有正向促进作用。因此,心理资本水平高的员工,会以更加积极的态度面对未来,并愿意付出更多的努力,执着地完成自己的工作,甚至为了取得更好的工作绩效而采取创新行为。

2. 主动性人格的测量

主动性人格是指个体不受环境阻力的制约,主动采取行动以改变其外在环境的一种相对稳定的人格特质,是一种稳定的主动行为倾向。主动性人格测量量表见表7-2,采用的是李克特(Likert)五点计分法,得分越高,表明员工具有越高水

⊖ 张艳,姚禹含.心理资本和变革型领导与员工创新行为:工作价值观的调节效应[J].财经问题研究,2021(7):138-145.

⊖ 王雁飞,梅洁,朱瑜.心理资本对员工创新行为的影响:组织支持感和心理安全感的作用[J].商业经济与管理,2017(10):24-34.

平的主动性人格，越易于积极主动改变周围的环境以适应创新活动，即表现出更多的创新行为。需要注意的是，反向题项在计分时应进行相应处理，即若反向题项得分为1，做正向处理时则应计分为5，以此类推。

表7-2 主动性人格测量量表

因素	题项
主动性人格	如果我看到别人处在困难中，我会尽我所能地提供帮助
	我擅长将问题转化为机会
	我一直在寻找更好的行事方式
	遇到问题时，我会直面它
	我喜欢挑战现状
	如果我相信一个观点，没有什么障碍能够阻止我实现它
	如果我相信某件事，不管成败的可能性如何，我都会去做
	没有比看到我的想法变成现实更令人兴奋的事了
	我总是在寻找新的方法使自己的生活更好
	我享受面对和克服想法上的障碍所带来的乐趣
	我总希望我在群体中是特别的
	就算别人反对，我也会坚持自己的想法
	我能比其他人更早发现一个好的机会
	我倾向于让别人来开始一个新的项目/小组作业（R）
	我擅长识别机会
	无论在哪里，我都是推动建设性变革的强大力量
	看到自己不喜欢的事物，我会去改变它

资料来源：张振刚，余传鹏，李云健.主动性人格、知识分享与员工创新行为关系研究[J].管理评论，2016，8（4）：123-133.

根据人格特质理论，人格特质是决定个体行为的基本特性，个体行为是人格特质的外在表现。许多研究与实践均表明，主动性人格与许多行为及结果都有密切联系，包括工作绩效、职业生涯成功、领导能力、团队绩效、创业、创新等。通常，高主动性人格的员工具有高水平的解决问题的能力、积极进取的品质和更高的价值追求，他们喜欢挑战现状，善于寻找和捕捉机会、发现和解决问题，能够主动并果断地采取行动，促进组织目标的实现，从而表现出更多有益于组织完善和发展的创新行为。换言之，具有主动性人格的员工在组织工作中会采取积极主动的行为改变周围环境，更易表现出创新行为并对组织工作中出现的问题进行有益改进。

3. 创造力测验

这里的创造力指的是员工个体的创造力,是一种创造具有新颖性和适切性的产品的能力。创造力测验是对人们运用已有的知识独创性地发现新问题、解决新问题的能力测评,主要测量各种创新思维能力。创造力测验的典型方法有南加利福尼亚大学发散性思维测验、托兰斯创造思维测验、芝加哥大学创造力测验等。企业创新平台应根据实际需求选择合适的测量工具,或综合使用多种工具。本书简要介绍几种常用的测量工具。

(1)南加利福尼亚大学发散性思维测验。发散性思维是指从一个目标出发,沿着各种途径去思考,以探求多种答案的思维。美国南加利福尼亚大学的吉尔福特和他的同事编制了一套发散性思维测验。测验的项目有:语词流畅性、观念流畅性、联想流畅性、表达流畅性、非常规用途、解释比喻、用途测验、故事命题、事件后果的估计、职业象征、组成对象、绘画、火柴问题、装饰。前10项关注的是言语反应,后4项则关注的是图形内容。该测验适用于中学水平以上的人,主要从测验对象表现的流畅性、变通性和独特性来进行评分。例如,"组成对象"要求用一些简单的图形画出指定的事物。又如"火柴问题"是要求移动指定数目的火柴,形成特定数目的正方形或三角形。

(2)托兰斯创造思维测验。该测验分为3套题,分别为语词创造思维测验、图画创造思维测验、声音语词创造思维测验,共有12个分测验,为了减少被试者的心理压力,用"活动"一词代替"测验"一词,即共有12项活动。其中,语词创造思维测验包括7项活动,图画创造思维测验包括3项活动,声音词语创造思维测验包括2项活动。

4. 情境判断测验

情境判断测验是基于行为样本和情景模拟的人力资源测评方法。作为一种低度保真的模拟测验,情境判断测验是通过文字或视频等载体,描述一些具有挑战性的、典型的工作情境,并呈现几个解决问题的备选行为,让参与者对每一个情境问题的备选行为进行判断,选出他们最可能和最不可能采取的行为,或选出最有效(最好)和最无效(最差)的行为,或对每一行为的有效性进行评价。情境判断测验可以通过判定被试者在与岗位或工作绩效相关的关键工作内容和情境中的反应来预测被试者在未来的工作和绩效考核中的行为表现。由于情境判断测验在问题情境和反应选项的开发上更接近实际的工作情境,因此,对个体行为表现的测评尤其是在对个体未来的工作绩效预测上具有更高的信度和效度,成为近年来最受关注的测评工具之一，在企业、政府的人才选拔和绩效测评中被广泛应用。情境判断测验一般包含四个部分。一是题干部分，描述一个具体的工作情境，并提出相关问题。二是反应选项部分，针对题干所设置的问题，列出若干解决措施或办法，这些行为反应对题干所设置的问题的解决效果不一。三是指导语部分，确定作答要求，即对反应选项的判断或选择形式。四是计分键，事先确定好每个行为选项的有效等级和计分标准。

根据情境呈现的载体不同，情境判断测验主要有基于文本（Text-Based）与基于视频（Video-Based）两种测验形式。基于视频的情境判断测验有三个优点：一是情境保真度的提高可以增强测验题目与效标之间点对点的对应，从而提高预测效度；二是与现实情境更为接近的呈现方式可能更有利于展现参与者的真实反应；三是基于视频的情境判断测验与认知能力的相关性较低，从而减少了负面影响。基于视频的情境判断测验的缺点主要是对相关成本和设备要求的增加。

情境判断测验在实际应用中具有以下几个突出优势：

- 成本较低。情境判断测验的开发难度适中，题目可多次使用。测验较大规模使用时，其使用成本相对低。
- 操作简单。实施情境判断测验时只需要参与者根据指令对情境设置下的行为选项做出判断、评价与选择，测验的计分则是按照事先开发好的计分键进行打分，简单易操作。
- 效率高。情境判断测验可用于大规模的测评，特别是参与者人数众多时，可先使用情境判断测验进行初步筛选。
- 表面效度高。情境判断测验的题目是基于工作中的关键事件和典型情境开发的，与工作实际紧密相关，参与者易于接受。
- 亚团体差异小。国外研究表明，情境判断测验同样适用于少数族裔，在多民族背景下情境判断测验是一种较为理想的人才选拔测验。

5. 其他能力

其他能力主要包括思维能力、学习能力、团队合作意愿与技巧、知识分享能力等，这些都是识别优秀研发人才的有效指标，企业创新平台可根据实际需要选用不同的指标。

7.2.2 吸引优秀的研发人才

研发人员作为知识型员工的代表，是企业创新平台研发过程的主要参与者，在研发过程中乃至整个企业创新平台的发展中占有核心地位。研发人员具有专业水平高、个人素质好、自律能力强等特点,往往比普通员工更注重自身的发展和工作环境,同时更加渴望得到组织尊重和团队认可,他们能在提升技能和面临挑战时获得工作动力,容易受到组织支持感的影响,希望得到超出预期的回报,并且渴望更具挑战性的工作。基于研发人员的特点,企业创新平台在吸引优秀研发人才时需要注意以下内容:

1. 为员工提供良好的发展空间

良好的发展空间是指员工在企业创新平台中有公平的晋升和自我发展的机会,能充分发挥自己的才能;能获得良好的培训,不断提高业务水平;承担富有挑战的工作等。企业创新平台可以通过构建完善的员工职业生涯管理体系和培训机制及多通道的晋升机制,为员工提供广阔的职业发展平台。比如,阿里达摩院(阿里巴巴旗下研发机构)主张创设一种不唯资历、不唯履历、不唯论文、不唯门第的评选方式,寻找并支持国内最有潜力的青年科学家。其创办的名为"青橙奖"的公益性青年人才评选活动,每年在达摩院内部选拔10名中国籍的青年科学家(35岁及以下),向每位获奖者发放100万元奖金,并开放阿里的科研资源,充分激发员工的发展潜力,为员工提供良好的发展空间。

2. 营造尊重员工的氛围

尊重员工,不仅充分体现了企业创新平台"以人为本"的管理理念,而且能够强化员工的自尊心,有效地促进员工在工作中的自我管理和自我提升,从而使管理者与被管理者之间的关系更加和谐与融洽,实现管理过程的良性循环。IBM企业文化拥有三条准则,这三条准则对公司成功所贡献的力量,被认为比任何技术革新、市场销售技巧或庞大财力所贡献的力量都更大。其中第一条准则就是"尊重个人"。IBM的"尊重个人"不仅体现在"公司最重要的资产是员工,每个人都可使公司变成不同的样子,每位员工都是公司的一分子"的朴素理念上,更体现在合理的薪酬体系、与能力适配的工作岗位、充裕的培训和发展机会等方面。

3. 提供优越的薪资福利

许多企业创新平台已经注意用优厚的报酬来吸引优秀的员工。给应届毕业生提供高额工资、对表现出色者实行丰厚的加薪制和增加福利是当前企业创新平台吸引人才的一种常用手段。其中,福利包括迁居补贴、签约奖金、带薪假期、雇用时的安置费、偿还大学教育费用、内部培训机会、房屋购买补贴等。对刚刚加入组织的应届毕业生来说，长期的奖励安排往往并不能起到很好的激励作用，而将短期内的奖金、激励和福利分配计划与个人和集体业绩挂钩则是行之有效的激励手段。

4. 建设创新文化

研发人员大多崇尚自由，喜欢约束少的工作环境。建设崇尚创新、鼓励创新、支持创新的组织文化，能为研发人员提供良好的创新环境，以理念吸引人才，以文化留住人才。组织的创新文化是指一种文化氛围，它强调在组织内部鼓励和支持创新思维、实践和方法的使用。这种文化通常被视为关键的成功因素，因为它能激发员工的创造力和创新能力，推动组织不断发展和进步。企业创新平台构建创新文化需要秉承处处讲创新、时时想创新、人人要创新的创新型目标，构建适合企业创新平台发展的创新理念，营造轻松的创新氛围，在塑造创新型文化的过程中尊重知识、鼓励创新，采取有效措施促进员工的交流与沟通；设计科学合理的平台制度，推进知识转移和成果共享，提高员工对参与创新创造的成就感；勇于承担创新风险，在企业创新平台内部广泛设立创新标识，潜移默化地影响员工日常的创新行为。

5. 树立良好的企业形象

企业形象是各类公众对企业的整体看法和评价，是企业的表现与特质在公众心目中的反映，包括企业知名度、行业口碑、行业竞争地位、发展潜力、综合实力等要素。企业形象的好坏是高校毕业生等人才择业的重要影响因素，能影响企业对研发人才的吸引力。为什么这么多应聘者挤破头都要进世界500强企业？其中一个重要原因就是世界500强企业已经在广大求职者心中树立了卓越的企业形象，其兼容并包的企业创新文化、人性化的管理理念、多元化本土化的人才战略、科学的用人理念、完善的培训发展机制、优厚的薪资福利、良好的工作环境、广阔的发展前景等都留给求职者一个良好印象。公司一旦树立了人们乐意为之工作的形象和特征，就会源源不断地吸引人才。正如沃尔玛（中国）人力资源部经理皮特接受访谈时所说："薪酬福利往往不是吸引人才的最重要的因素。良好的企业品牌对于人才更具吸引力，因为它可以为员工带来自身价值的增值。"

7.2.3 招聘渠道与引进方式

与一般员工不同，研发人员更倾向忠诚于自己的职业而不是企业，因而往往具有较高的流动性。为了弥补人员流失产生的空缺，企业创新平台应制定灵活的人才引进制度，在适当的时间引进适当数量的创新人才，而不是局限于每年限定的招聘额度。另外，为了满足新研发项目或预研发项目的创新人才需求，从战略性的角度出发，组织应引进一批创新型人才和高水平专家作为战略性储备，以满足企业创新平台长远发展的需求。招聘与引进人才是企业创新平台研发队伍建设的一项基本活动。下面从招聘渠道的选择与人才引进方法两个方面进行介绍。

1. 招聘渠道的选择

招聘渠道的选择是影响企业创新平台招聘效果的重要因素。招聘新员工可采用的渠道大致有以下几种：校园招聘、人才招聘会（招聘洽谈会）、内部员工推荐、网络招聘、通过猎头公司物色等。不同渠道的招聘方式各有优劣，企业创新平台应根据自身的实际需要，选择合适的招聘渠道。

（1）校园招聘。校园招聘的对象主要是应届毕业生，他们学历高、理论基础好、可塑性强，但是缺乏实际工作经验，理论基础和实践能力存在一定差距，上岗后需要一定时间的适应期。总体来说，应届毕业生是企业创新平台的一种持续性的人力资源。企业创新平台可以与重点院校建立长期的合作关系，使大学成为自己的人才库，在相关院校设立奖学金，为自己培养专业人才。企业创新平台还可以到校园开专场招聘会，广纳贤才。建议企业创新平台根据自身的人力资源计划有目的地到校园预选人员，提前一两年甚至更长的时间与院校在培养人才方面沟通协商，这样培养出来的大学生到了工作岗位后便能更快地熟悉业务、进入状态。

（2）人才招聘会（招聘洽谈会）。在招聘会上，用人单位和应聘者可以直接进行交流，从而有效节省企业创新平台和应聘者的时间。随着人才招聘市场的日益完善，招聘会呈现出越来越具有针对性的发展趋势，比如有中高级人才交流会、应届生双向选择会、信息技术人才交流会等。招聘会由于应聘者集中，企业创新平台的选择余地较大。通过参加招聘会，企业创新平台不仅可以了解当地人力资源的素质和走向，还可以了解同行业其他企业创新平台的人事政策和人力资源需求情况。

（3）内部员工推荐。这种方法在国内外得到了广泛应用，国内的许多企业进行校园招聘时会为内部员工提供内推号，内部员工可以将内推号给到自己认为合适的内推对象，拥有内推机会的应届毕业生就能直接通过简历关，甚至直接进入面试环节。企业创新平台可以通过一系列手段来确保这种招聘渠道的有效性，例如，给每一位被推荐人备注推荐人的姓名或者内推码，如果被推荐人被录用了，推荐人将会获得公司的奖励。员工推荐对招聘专业人才是十分有效的，它的优点是招聘成本小，应聘人员素质高，可靠性强，不用花费很长时间去挖掘和筛选候选者；但其缺点是招聘的面很狭窄，可能招不到特别优秀的人才。

（4）网络招聘。通过网络进行招聘是现代创新平台比较流行的一种招聘方式。企业人力资源部门或者创新平台通过互联网或内部网发布招聘信息，通过电子邮件或简历库收集应聘者的信息来开展招聘工作。网络招聘的优点是招聘的范围广、速度快、成本低、信息收集及时，缩短了企业创新平台的招聘时间。不过要解决的问题是如何从千千万万封应聘邮件中找出合适的候选者，信息处理量大是该方法的缺点。

（5）通过猎头公司物色。如果企业创新平台需要的是中高层研发管理人员，通过猎头公司招聘相比其他招聘方式有很大的优势。第一，企业创新平台的这些岗位一般都有现职人员，在没有找到更好的替换对象前，不适宜通过媒体大张旗鼓地进行公开招聘，否则将影响现职人员的工作积极性；第二，能够胜任这些岗位的候选人大多数都"名花有主"，无论从待遇还是从地位来说都有保障，不会轻易"跳槽"，即便有"走人"的意思，一般也会秘密进行，不愿在去向确定之前闹得"满城风雨"；第三，专业化的猎头公司一般都有固定的渠道和丰富的经验，能在雇佣双方之间进行有效的沟通，扮演一个称职的"红娘"角色。

2. 人才引进方法

人才是企业创新平台最宝贵的资源，引进高端人才是保证企业创新平台持续竞争优势的重要举措。对制造企业、科技企业的创新平台来说，人才是技术创新的智慧源泉，也是企业创新平台持续发展的保障。因此，企业创新平台必须引进优秀人才，建设一支结构合理、能力突出的研发队伍。需要注意的是，这里的人才引进主要是指高层次、高水平专家人才的引进，而不是普通研发人员或职能管理人员的招聘。通常来说，人才引进一般有以下几个步骤：

- 需要明确引进对象，即从战略角度出发，识别企业创新平台对高层次专家人才的需求情况；
- 基于研发需求，制定与评估人才引进目标（即要引进多少个创新团队、院士、博士等）；
- 通过公司人力资源库以及外部市场（猎头公司等），寻找并筛选出最合适的高端人才；
- 创造良好的条件（包括福利待遇、研发设备、人员配备、创新文化等），吸引专家入驻；
- 通过专家工作站、院士工作站、博士（含博士后）工作站等方式引进高端人才；
- 改善待遇条件，加大奖励力度，提升研发平台实力，留住高端人才。

企业创新平台应逐步建立系统、规范、动态的人才认定和选拔标准体系，敢于打破国籍、区域、行业和体制限制，从国内外大力引进高端专家人才，建立方法科学、成效显著的人才引进体系。

企业应该充分依托自身的重大科技专项、重点实验室、技术中心、工程技术研究中心等创新平台，根据企业创新平台自身的实际需求，重点引进海内外高级人才，特别是入选"国家高层次人才特殊支持计划"的高层次人才。此外，企业创新平台还可以根据国家提供的高层次人才的申报条件，结合平台的实际情况，制定适合平台的高层次人才引进标准，自主搜寻、识别、引进国内外高层次人才。同时，在整个企业创新平台的人才引进过程中，企业应特别注意以下几个事项：

第一，领导高度重视，加强组织保障。公司董事会、经营班子应高度重视高端人才的引进工作，成立领导小组（这不仅仅是人力资源管理部的事情），具体研究制定高层次人才队伍建设规划，指导人力资源管理部做好专家人才引进工作，督促落实相关政策规定。

第二，加大优惠力度，吸引高端人才。除了按相关规定给予购房补贴以及市财政按用人单位提供的科研启动经费和安家费给予的等额资助外，还应额外为专家提供相应的科研启动经费（具体经费额度视创新平台实力与研发项目而定）。同时，鼓励领军人才带领科研创新团队进驻企业创新平台，相关部门应为此开通绿色通道提供全程服务。

第三，夯实基础，打造引才高端载体。在引进高端人才时，企业创新平台首先要夯实自身实力，提升研发平台的创新能力（购进先进设备等）；其次，通过建设专家工作站、院士工作站、博士（含博士后）工作站等以顾问、兼职、合作等方式引进高端人才。

第四，完善激励机制，发挥榜样力量。对有突出贡献的科研团队、研发人员按相关标准给予优厚奖励；有计划地开展突出贡献奖、优秀核心专家奖、优秀博士后奖、优秀高级专业技术人员奖等评选活动；大力宣传高层次人才典型事迹，提升高层次人才的社会知名度和影响力，营造尊重知识、尊重人才、尊重创新的良好氛围。

7.3 培训与发展体系

对新进员工和老员工进行培训是为了让新员工尽快融入组织，同时提高老员工的知识和技能水平，以满足企业创新平台技术研发与产品开发活动的更高需求。企业创新平台在对员工进行培训以及能力开发前，首先要识别出员工培训和能力开发的需求，再有针对性地对新入职员工、老员工开展相应的培养。

7.3.1 构建培训与开发体系

1. 识别培训需求

培训的类型主要有入职培训和在职培训，入职培训包括新员工培训、临时工培训、转岗培训，主要是对企业、企业创新平台情况的介绍以及一些基本技巧的训练。在职培训则主要针对员工工作中可能出现的失误，同时致力于满足公司、员工个人未来发展的需要。企业创新平台在培训开发时，有必要根据不同类型员工的不同需求来开展有针对性的培训。本书主要基于企业创新平台的创新需求，在此重点介绍对在职员工的培训与开发。

那么，怎样才能更好地识别在职培训需求呢？有以下几种方法可以选用：

（1）问卷调查法。问卷调查法就是通过发放培训需求问卷的形式来收集各层级员工对培训的需求，然后对调查数据进行统计分析，以确定是否应该组织员工进行培训、实施哪方面的培训开发。该方法简单易行，成本低，可以广泛收集意见，让各层级人员都有发表自己主张的机会。

（2）绩效分析法。绩效分析法是通过查找绩效差距，分析造成差距的原因，最后确定是否应该组织培训。该方法具有现实性、针对性和及时性，能够及时发现并针对存在的问题开发培训，有利于企业进行有效的人力资源管理。但是该方法也可能存在分析原因不准确、判断失误等缺点，比如，当目标设定不合理（过高）时，绩效可能会因此无法达到，那么此时的绩效分析也是无效的，无法反映企业创新平台人员的培训需求。

（3）标杆法。标杆法是指寻找同行优秀企业创新平台、知名企业创新平台或企业创新平台内部标杆，以标杆作为参照，比对员工是否存在能力不足等情况，然后根据对比结果决定是否开展培训。该方法具有目标明确的优点。但是由于竞争对手的资料一般很难获取，加上其他企业创新平台的方案并不一定适用，企业创新平台在使用该方法时应特别谨慎。

（4）专家法。专家法是根据专家提出的建议和意见来决定是否应开展培训。通常，专家法的效率非常高，因为专家的立场是中立的，加上他们见多识广，拥有丰富的培训经验，对问题的识别速度较快。

2. 加强员工入职培训

新员工在进入组织之前，组织会为其提供有关组织背景、基本情况、操作程序和规范的介绍和培训。不同的企业创新平台，新员工的入职培训内容存在很大的差异。这主要由企业的生产经营特点、企业创新平台文化以及新员工的素质决定。总体来说，入职培训对新员工起导向作用，目的是让新员工尽快融入组织中，从而做出应有的贡献。新员工入职培训一般包括以下内容：

（1）企业以及创新平台概况。这主要指企业的建立、成长、发展历程、经营战略目标、优势和面临的挑战；产品、服务和主要客户情况；企业创新平台的活动范围、组织结构、主要领导人等情况。

（2）企业创新平台的定位、目标和战略、文化建设情况。定位主要包括关系、功能定位；目标和战略主要是指企业创新平台的发展方向；文化建设主要包括精神、制度、行为和物质文化等。

（3）管理制度和政策。管理制度和政策包括企业创新平台员工假期、请假、加班、报销的政策及其程序，购买内部产品的特权和享受内部服务的政策及其程序，绩效管理的政策及其程序等。

（4）企业的场地和设施情况。企业的场地和设施主要包括生产车间、研发场所、宿舍区域、食堂、办公地点、员工出入口、员工活动区域、停车场、禁区、部门工作休息室、个人物品储藏柜、火灾报警设施、创新平台医疗设施等。

（5）部门职能和岗位职责。部门职能和岗位职责包括部门目标及最新优先事项或项目，与其他部门的关系，部门结构及部门内各项工作之间的关系，工作职责说明，工作绩效考核标准和方法，常见的问题及其解决办法，工作时间和合作伙伴或服务对象，请求援助的条件和方法，加班要求，规定的记录和报告，办公用品的领取和维护等。

（6）职业生涯的规划。职业生涯的规划引导新员工将自我目标与企业创新平台的目标相结合，对自己的职业生涯的主客观条件进行测定、分析、总结，明确"我想干什么""我能干什么""创新平台允许我干什么"，制定一个科学合理的个人职业生涯规划。

3. 落实员工岗位培训

在职员工需要具备相应的能力才能匹配其所在职位不断发展的要求，员工岗位培训便是针对在职员工提供的培养和发展活动。员工岗位培训是根据岗位要求的知识、技能，为企业创新平台在岗员工安排的培训活动，其目的是改进在岗员工的业务知识、服务态度和专业技能，具有针对性强、实用性强、操作性强等特点。有效的岗位培训能够帮助员工学习最新知识与技能，提升员工参与工作的积极性，更好地帮助员工投入企业创新平台的工作中。员工岗位培训一般包括直线式培训和参与式培训两种类型。

（1）直线式培训。直线式培训指直接单向地对员工进行知识和技能的传授。这种方式具有节省时间和针对性强的特点，被企业创新平台广泛采用在培训活动中，但是它也具有一定的局限性，即员工只是被动地接受培训，培训的整体效果可能不会太理想。它的具体做法包括个人指导、专家讲授等形式。个人指导是指安排培训师对员工进行一对一讲授，帮助员工迅速掌握某种知识或技能，这种方式的培训效果较好，但是成本比较高；专家讲授则是指聘请某领域的专家针对特定领域开展面向更多数量个体的集中讲座，这种方式的成本较低，但由于覆盖面比较大，无法有针对性地进行培训，培训效果会受到一定的影响。

（2）参与式培训。参与式培训指通过召开会议、小组讨论、角色扮演、岗位轮换、模拟训练、头脑风暴、案例研究等方法，使每个岗位培训对象都能发挥最大的主观能动性来参与培训活动，通过亲身体验来更加有效地学习知识、技能的培训方法。

4. 优化培训流程

针对企业创新平台的发展需求和研发人员的成长需求，培训流程优化的目标主要有三个：第一，满足员工实际的工作技能需求，使员工接受的培训内容更加细化，与岗位所需要的工作内容相匹配；第二，提高员工参加培训的积极性，让所有的员工具有自主学习的意识，同时主动报名参加培训；第三，提升培训对实际工作的转化效果，即员工能在培训结束后的一段时间内将培训所学内容运用在工作实践中，进一步提升工作绩效。

企业创新平台可从完善培训计划、充实培训的课程内容、运用多元化的培训方式、增强培训的师资力量、优化培训的效果评估等方面优化核心创新人才的培训体系，着重提升核心创新人才的专业知识技能，培养他们的创新意识，提高其使用创新工具的能力。

（1）完善培训计划。翔实的培训计划是确保培训工作如期进行的关键。完善的培训计划需要包含培训目标的设置、培训对象的选择、培训时间的安排、培训预算的编制等内容。

（2）充实培训的课程内容。不同企业不同岗位的培训课程五花八门，这主要根据员工培训需求来确定。企业创新平台除了可以自制培训课程，还可以将培训课程外包给专业的培训机构，确保课程高质量呈现。

（3）运用多元化的培训方式。当前企业采用的较为正式的员工培训方式主要为课堂讲授法。课堂讲授法适用于知识性培训，但是很难提升参训员工的实际操作能力。而非正式的培训则为"师带徒"法。但"师带徒"法中培训老师的知识、技能水平参差不齐，因此人才的产出水平也往往不尽相同。在数字信息技术十分发达的今天，人才的培养可以基于更多元化的新型培训方式。例如，案例分析法是给予参训者一定的案例资料，让他们分析并提出解决对策的一种培训方法，新员工可在案例分析中学习老员工的工作知识，形成场景化的知识技能。再如，培训部门可借助数字网络或多媒体技术对员工培训，在数字平台上分享各类岗位所需的以及一些可以帮助员工进行职业生涯发展规划的知识内容，让员工在碎片化的时间里也可以开展培训学习。

（4）拓展培训的师资力量。企业创新平台除了可以选用系统内各个条线的领导人员和课程涉及部门的业务骨干充当培训课程的讲授人员，还可以与外部机构建立合作关系，引入外部专业化的师资力量。例如，在员工素质评估之后，邀请"双一流"高校相关专业的名师对员工进行有针对性的课程讲授。

（5）优化培训的效果评估。科学而全面地评估培训效果需在三个时间点进行，即在培训前、培训时和培训结束后分别对参训人员的认知、技能、情感、绩效等方面进行测评。根据柯氏四级评估理论，培训效果评估的优化应当从四个层级入手。一是反应层，即了解参训员工对于培训的主观感受，比如对培训的课程内容、培训方式、培训教材、培训场地的设施等的看法。二是学习层，即利用培训后的考试成绩衡量培训效果。三是行为层，即培训部门对员工在培训前后的行为做出评估，判断参训员工在参加培训后工作行为是否改变。四是结果层，即参加培训后，员工的工作行为是否使组织的经营绩效获得了提升。

7.3.2 建立晋升与发展体系

1. 疏通员工晋升通道

良好的晋升机制对于企业创新平台研发人员的发展具有重要意义，疏通并完善研发人员晋升通道有利于提升研发人员的积极性、稳定性,提高整个企业创新平台的效率水平。企业需要在创新平台中建立良好的晋升机制、打造员工的持续发展空间、合理规划员工的职业生涯、激发员工的工作热情,以适应不断发展变化的外部环境,不断提升创新平台的创造力,保持创新平台的核心竞争力。企业创新平台可以从确立研发人员晋升目标、建立晋升指导机制、完善创新平台晋升机制三个方面来疏通研发人员晋升通道。

(1)确立研发人员晋升目标。企业创新平台需要辅导研发人员进行职业生涯规划,指导员工树立合理的晋升目标,不断激发员工的晋升积极性,帮助其确立在平台内的晋升方向,具体可以从以下几个方面着手。第一,建立晋升引导机制。从员工晋升的流程入手,企业创新平台应在人员晋升的初级阶段,即职业生涯规划阶段,建立和完善员工职业生涯规划引导机制,引导入职员工明确在岗的未来发展规划,激发其岗位晋升需求,同时也要注重引导员工的个人职业生涯规划与企业创新平台的发展愿景相统一,使平台和员工方向一致、共同成长。第二,提供目标设定指导。引导员工产生晋升需求后,培训师需要进一步结合企业创新平台具体岗位的特点,帮助入职员工树立科学合理、明确可行的晋升目标。企业创新平台在帮助研发人员设立晋升目标时,要注重运用科学的方法进行分析与指导,帮助员工分析岗位特性,了解自身的特点与不足,引导员工在对自身和岗位形成清楚认知的基础上树立合理的发展目标,形成切实可行、能够获得个人与企业创新平台共同发展的晋升目标。第三,构建员工晋升激励机制。企业创新平台要通过科学的晋升激励机制强化员工晋升欲望,运用合理的激励手段提升员工的晋升信心,调动员工积极参与企业创新平台的晋升竞争。

(2)建立晋升指导机制。第一,企业创新平台要建立职业生涯不同阶段的晋升指导机制。在职业生涯初期,要注重激励员工对岗位知识技能的学习,帮助员工找到职业倾向,督促其为自身职业规划积累知识、熟练技能,培养其工作、社交、沟通和管理能力。在职业生涯中期,研发人员在经验积累和技能提升上都达到了一定水平,此时应更多地关注其晋升远景,深化员工认识层次,持续激励员工不断突破创新,合理调节员工对岗位的工作热情,发挥晋升机制的中期引导作用。在职业生涯后期,研发人员的经验积累已经达到了较高的水准,应该引导员工以丰富的经验反哺创新平台的晋升机制,参与到晋升机制和管理机制的开发制定工作中,充分利用自身积累的宝贵经验,帮助企业创新平台逐步完善员工的晋升体系。第二,企业创新平台要加强晋升指导人员的培养。职业生涯晋升指导作为一项科学的管理工作,要求实施人员具有完备的知识储备并对企业所处行业有充分的认识,这就要求企业创新平台积极培育相关技术指导人员,加大对专业对口人才的招聘力度,通过引进和培养专业人才,使晋升指导人员深入动态的工作过程中,充分掌握企业创新平台的工作特点,从而建立更加符合企业创新平台发展方向的晋升机制。

(3)完善创新平台晋升机制。第一,建立分类多阶梯晋升机制,满足企业创新平台多样化晋升需求。企业创新平台应建立起分类多阶梯晋升机制,将企业创新平台岗位划分为专业技术类与行政管理类,分类进行晋升阶梯设计,依据创新平台岗位特征设计晋升方向,依据不同岗位的能力素质门槛划分层次,形成符合企业创新平台特点的多阶梯晋升机制。第二,完善晋升岗位考核机制。首先,企业要丰富创新平台人员晋升的考察维度,采用心理测试、评价中心等多维度对创新平台员工进行考察。其次,企业创新平台要强化岗位能力考核机制建设,结合企业创新平台岗位特征,建立岗位胜任力的评价机制,强化对岗位专业能力的考察,分部门分岗位考察具体项目,如胜任力表现、专业知识储备、实践经验等。第三,建立透明晋升公示机制。企业创新平台晋升机制要遵循明确、公正的原则,通过建立公开的选拔程序,来帮助员工了解晋升过程,指导和激励员工主动参与晋升过程,自觉改善工作习惯,提升工作效率。此外,完善的晋升公示机制还能促进不同层次员工基于不同视角,对企业创新平台晋升机制展开充分探讨,提出有价值的参考建议,从而实现企业创新平台晋升程序的不断完善和晋升机制建设效果的持续提升。

2. 建立"竞争上岗"用人机制

"竞争上岗"是企业创新平台择优录用的选拔机制,可以为企业创新平台吸引所需的优秀人才,营造项目内部公平竞争的氛围,同时在平台内部制造一定的危机感,为员工带来一定的竞争压力,促使员工加强学习与改善工作。企业创新平台需要本着"公平、公开、公正"的原则,坚持做到"能者上、平者让、庸者下",实现内部人才的合理调配。在实施竞争上岗的过程中,应确保信息、过程、结果具备透明性,由人力资源部门主导,同时聘请专家指导,保障竞聘过程的专业性,根据企业创新平台具体岗位需求制定详细的竞聘方案,保证竞聘程序的合理有序。"竞争上岗"的有效执行具体可以从以下三个方面入手:

(1)严格把关资格审查。作为"竞争上岗"的第一步,竞聘资格审查是为实现最优选择提供保障的重中之重环节。人力资源部需要结合企业创新平台岗位需求展开大量分析与调研,确定人员必须具备的条件,在竞聘信息公示后,参照资格条件对报名人员进行逐条审查，尤其注重对核心素养与自律性等方面的审查。

（2）规范考试程序。按照企业创新平台岗位需求，相关部门制定出符合要求的考试内容，再结合专家团对考核岗位技能、管理理论、分析解决问题能力等给出的改进意见，增强考试的专业性和实用性。同时，企业可以设立专家评审组和基层评审组共同为竞聘者打分，最终以组合计分的形式形成竞聘者最终得分，保证评审工作的公平性和真实性。

（3）对实施加以监督。在竞聘过程中需要公司纪检监察部的参与，尤其是考试评分、资格审查等关键环节，确保整个竞聘的过程得到有效监督。另外，竞聘结果需要由纪检监察部对拟任用人员以办公自动化系统公告发布等形式进行拟任公示，并提供纪检举报渠道，接受群众实名举报，从而确保竞聘过程和结果的公平、公正、公开。

3. 完善人力资源管理制度

配备完善的人力资源管理制度，充分开发利用人力资源是企业发展的关键，也是企业创新平台资源建设的关键。完善企业创新平台的人力资源管理制度，主要有以下几个方面的做法：

（1）合理配置人力资源。首先，企业创新平台要制订具有可行性的人力资源安排与分配计划，制定恰当的岗位数量与岗位标准，明确员工在每项工作中承担的责任与义务，使平台中的员工角色与职责清晰明朗；其次，企业创新平台要制订科学的人员配置管理计划，重点关注平台内部各个部门的用人数量与要求，防止人才需求缺口的出现，同时避免高薪养闲人，在最大程度上节约平台资源和成本；再次，企业要对创新平台的人力资源进行科学有效的预判。人力资源预判指的是通过对今后环境的预先分析来对未来进行合理预判。企业创新平台对整个平台可能需要的人力、物力及财力的支撑进行全方位考虑与判断，建立完善的组织架构，明确各部门职责和各级人员的职权，招录一定数量技术水平高、管理能力突出、资质过硬的专业管理人员。

（2）加大人力资源的开发及改进力度。企业在制定创新平台的人力资源管理制度时，需要充分发挥人力资源部的作用，对项目人力资源进行纵深开发。在平台所需人力资源的数量及标准确定后，企业应该借助多元化渠道招录人员，这是确保企业创新平台人力资源实现高效配置的重点工作。招录工作完成后，人员分配的重点在于结合人员各自的强项及工作需要，将他们安放在合适的岗位上，企业要帮助员工快速适应岗位、融入角色，以最大化展现员工的才能，充分实现员工的自我价值。另外，在员工经历磨合与考察期后，企业创新平台要做好评估工作，在必要情况下做出适当调整，将那些与工作岗位匹配度不高的员工及时调配到其他适合他们的岗位上。通过这种动态的管理模式，企业创新平台的人力资源配置实现最优化。

（3）创建人力资源高质量配置长效机制。首先，企业要针对创新平台制定一套成熟完备的人力资源培训制度和具备科学性、实用性的培训管理制度，持续提升平台人员职业素养；其次，企业要引导创新平台的中坚力量发挥自身作用，对平台工作过程追踪考察和动态管理，促进人力资源高质量配置；最后，企业创新平台要建立完善的人力资源激励机制，采取有效的激励手段，充分发挥员工的潜能。企业创新平台在建立人力资源激励机制上应注意以下几点：第一，应该更加注重个人实际业绩与报酬的正向关系；第二，要构建不同维度的用人激励机制，把精神激励引入激励机制中，保证人员能够心无旁骛地参与平台工作；第三，要帮助研发人员做好职业规划，将员工个人发展与企业创新平台发展统一起来，激励员工与平台一起成长。

7.4 评价与激励体系

评价考核是对前一阶段绩效管理工作的总结，目的是帮助经理和员工改善绩效，获得更大的提升。那么，企业创新平台为什么要进行评价考核？理由有四点：

一是评价考核是管理的重要一环。没有评价考核就没有管理，任何事没有评价考核、检查和监督就没有管理，就会呈现"做好做坏一个样，做和不做一个样"的现象。规范化是企业做大的必要前提，企业创新平台的发展也是一样，科学合理的评价考核是高效管理的重要前提。

二是评价考核是发现和解决问题的重要依据。评价考核可以对过去的工作业绩做出客观全面的评价，发现问题并提出改进方案。通过考核，企业创新平台能够看到问题所在，提高管理水平，提高员工的工作效率，为员工晋升提供依据。

三是评价考核能够提供对员工的客观评价。研发人员工作一段时间后，企业创新平台应该对其工作任务的完成和工作表现做一个客观的评价，对其能力做一个公正的评价。那么，要如何做这样的评价呢？评价要用到的数据需要由客观的绩效考核来提供。

四是评价考核能够帮助实现对工作过程的有效控制。企业创新平台通过绩效考核，检查员工工作指标的完成情况，检验员工的工作能力和业务水平。用考核的方式来评价员工的业绩，具有客观性、真实性，能为公司选拔、任命和使用人才提供依据，同时也能够提高员工的工作积极性，有效地激励员工，保证公司各项任务的完成，促进公司更快发展。

激励，首先是为了点燃员工的激情，促使他们的工作动机更加强烈，让他们产生超越自我和他人的欲望，并将潜在的巨大的内驱力释放出来，为企业创新平台的远景目标奉献自己的热情。其次，激励通常是指在员工做出创新平台期待的良好表现后给予的正向刺激，能够有效强化研发人员的创新行为，进而有助于平台创新绩效的提升。此外，激励是吸引和留住人才的重要手段。现实中，经常能看到企业创新平台中一些有能力、有经验的管理者和技术骨干或业务骨干的流失，这会成为企业创新平台发展的障碍。由此看来，建立有效的激励机制，留住和吸引人才显得尤为重要。

7.4.1 明确价值分配依据

从人力资源价值链管理角度看企业创新平台价值分配依据，可以从价值创造、价值评价、价值分配三方面展开分析。

1. 价值创造

价值创造要解决的是"谁是企业创新平台价值创造的主导要素"这个问题，即整个人力资源管理和待遇要向哪些人倾斜，明确价值创造的主体。同时，明晰价值创造的需求，为研发人员等主体指明价值创造的正确方向。

明确价值创造的主体和需求后需要对主体创造的价值进行评价，多维度确定价值创造的量化指标，最终形成价值分配的依据。

2. 价值评价

价值评价是价值分配的核心依据，也是价值分配过程中最难设计和管理的一个要素，因此需要采取有效的绩效管理手段来完成对研发人员的价值评价。研发人员的绩效管理不仅需要综合考虑人员的个人能力、行为过程以及行为结果，还要考察研发人员在组织中的绩效，从组织的视角开展研发人员的绩效管理。参考周辉在《产品研发管理：构建世界一流的产品研发管理体系》一书中提出的有关理论○，对研发人员的绩效管理包括以下五种手段：

（1）任职资格管理。任职资格是指员工承担某一职务或岗位工作需要具备的个人素质和能力，该指标主要对员工的个人能力进行评价，以学历、经历等作为评价的基本条件，以关键业务活动、基本素质和必备知识等要素为标准，同时参考员工个人的绩效和品行情况，构建起研发人员的任职资格标准体系。这可以引导研发人员对照标准提升个人能力，鼓励员工通过轮岗积累工作经验。任职资格标准体系主要包括三个方面、八个要素（见图7-1）。

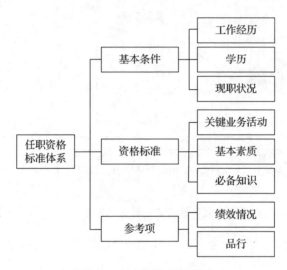

图7-1　任职资格标准体系

首先，基本条件主要通过考察员工的工作经历、学历和现职状况初步判断员工是否具有申请某个级别的资格：对于低层次员工，主要考察学历和工作经历；对于高层次员工，主要考察其跨部门的工作经验；对于管理干部，则主要看管理经验的积累情况。按照这种原则，明确不同层级的基本条件门槛并将研发人员分成不同层级。其次，资格标准主要包括关键业务活动、基本素质和必备知识，是用以衡量员工能否获得资格的主要指标。最后，参考项主要包括员工的绩效情况和品行，用于对员工资格标准认证的结果进行调整。周辉在《产品研发管理：构建世界一流的产品研发管理体系》一书中便按照任职资格标准构建了软件工程师任职资格模型（见图7-2）。

○　周辉. 产品研发管理：构建世界一流的产品研发管理体系[M]. 2版. 北京：电子工业出版社，2020.

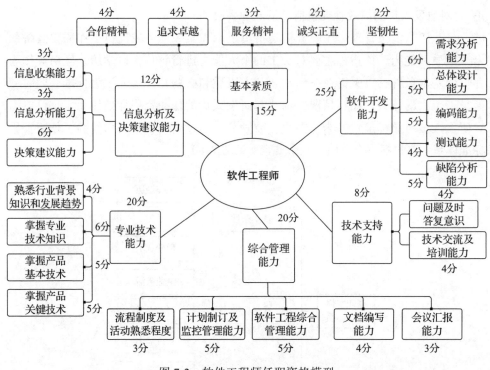

图 7-2　软件工程师任职资格模型

（2）行为准则管理。行为准则指对每一个职位必做的相关工作以及职位要求的业务活动的基本要求，通常也被称为 PI（Personal Indicator），该指标主要对员工的行为过程和结果进行评价。行为准则考核要素来自该职位所承担的关键业务活动，通过对该活动设立一个最低指标，形成有效的行为准则并对研发人员的工作行为开展有效管理。

（3）个人业务承诺管理。个人业务承诺（Personal Business Commitment，PBC）也称个人绩效承诺，主要对员工的（工作）行为过程进行评价，其评价指标主要来自企业创新平台的年度和季度计划，即评价研发人员当期必须按计划进行的工作的完成情况，强调研发人员的工作过程和路径。个人业务承诺指标不宜过多，一般不超过五项。

（4）关键绩效指标管理。关键绩效指标（Key Performance Indicator，KPI）管理通常是在组织层面对员工进行考核，具体的指标来自企业创新平台的发展战略、财务指标、市场指标和创新平台面临和必须解决的其他问题，更多地强调组织绩效、强调实现战略目标的挑战性指标。由关键绩效指标衍生出来的是个人绩效指标（Individual Performance Indicator，IPI），通常指的是对研发人员等进行价值产出的关键人员进行考核，个人绩效指标结合了个人层次的 PBC 和组织层次的 KPI，将创新平台的发展战略、组织及个人重点工作、团队工作和必须遵守的行为准则，以及关键事件里程碑有效衔接在一起，形成了对研发人员的高综合性评价标准，为研发人员的价值评价提供了有效依据。

（5）关键控制点管理。关键控制点（Key Control Point，KCP）管理是对企业创新平台的项目关键路径上的关键资源活动进行绩效管理，以区分项目存在的风险和项目成功的贡献。针对一些重大项目，公司可以设立项目奖金，来考核项目的关键点，可供参考的关键点包括：是否在关键项目的关键路径上；是否要付出个人额外努力；是否有独特贡献；是否是关键资源；是否冒一定的风险；是否代表一定的价值导向。此外，企业创新平台还可以根据平台自身的发展和研发人员的特点来定制具有平台自身特色的关键点，灵活应用关键点控制管理手段。

对于不同层级和不同类别的研发人员，企业创新平台需要根据研发人员的特点和价值创造的具体需求，将五种手段有效组合：一是对于研发高层管理人员，主要考核组织 KPI、个人 IPI、KCP 和任职资格；二是对于预研人员，主要考核任职资格、KCP 和 PBC；三是对于产品开发的高级别人员，主要考核组织 KPI、个人 IPI、任职资格、PBC、KCP；四是对于产品开发的低级别人员，则主要考核行为准则、任职资格和 PBC。

3. 价值分配

价值分配体系是人力资源的一个暴风眼，所有的矛盾、焦点和抱怨都积聚在这里。价值分配的根本依据是价值评价，实现价值分配科学合理的前提是明确的价值创造主体和高效的价值评价体系，在此基础上，需要进一步做到明确价值分配的主体，依据价值评价所得绩效指标进行加权分配，同时让价值分配渗透到公司价值的方方面面，实现公平而广泛有效的价值分配，规避和解决公司内部矛盾。

7.4.2 构建利益分享长效激励机制

1. 利益分享机制简介

（1）利益分享机制的定义。利益分享机制是指通过物质利益和精神利益的分享，激励公司经营者努力工作，为公司创造更多价值的制度体系。建立利益分享机制需要摒弃过往企业创新平台对人力资源的看法，将人力资源看成可以分享利润的资本，构建人力资源连接利润的桥梁，创造一套基于人力资本的利益分享机制，让人才有合伙人的感觉，享受到利益共同体的实惠。

（2）实施利益分享机制的必要性。公司制度的兴起带来了公司所有权和经营权的分离以及委托代理制度，公司所有者招聘经验丰富的管理者管理公司，管理者为了公司效益努力工作，创造更多的价值，带来更大的成功。但同时，所有者和管理者的利益产生的分歧，所有者的目的是使公司创造更多的价值，带来更高的收益，而管理者的深层目的是获得更多的认可和成功、从公司方获得更多的薪酬，为公司创造更多的价值只是中间目的。这就导致管理者往往重视短期、直接的利益，如果是上市公司高管，则倾向于做出让公司股票短线上涨的决策。研发活动是企业创新平台最主要的业务，但由于支持产品创新的研发活动具有高投入、高风险、周期长、见效慢的特点[⊖]，在缺乏有效激励刺激的条件下，创新平台的管理者不愿意承担较大的风险，倾向于短期利益，倾向于开展保守性研发，抑制注重长期收益的探索式创新[⊖]，拒绝进入科技"无人区"，这在一定程度上制约了公司未来的科技进展，削弱了公司抢占技术制高点的能力。为了解决这一问题，国内外公司采取过很多举措，其中利益分享机制成为目前行之有效并影响深远的解决方案。

（3）利益分享机制的主要形式。利益分享机制的主要形式是股权分享，采用分享股权的形式对管理者进行长期持续的激励成为很多公司解决委托代理制度下利益分歧的利器，这一种激励方式又被称为**股权激励**。企业创新平台在设计股权激励契约之前，首先要选择合适的股权激励模式，股权激励模式整体可以分为两大类：一类是以股价为基础的股权激励模式，常用工具包括股票期权、股票增值权和虚拟股权；另一类是以业绩为基础的股权激励模式，常用工具包括限制性股票、业绩股票和延期支付。其中，股票期权和限制性股票是上市公司最常用的两种股权激励工具。

股票期权。股票期权是指上市公司授予激励对象在未来一定时期内以约定的价格和条件购买公司一定数量股票的权利。作为一种长期的激励模式，股票期权具有以下优点：能很好地缓和管理层与股东之间目标不一致的矛盾；能降低公司的代理成本；能锁定激励对象的风险。缺点在于：股票期权受市场影响大；股票期权对制度环境的依赖较大。股票期权更适合那些原始资本较少、成长性较高的公司。

⊖ 杨慧辉，潘飞，胡文芳.股权激励对企业科技创新能力的影响[J].科研管理，2020，41（6）：181-190.

⊖ 邵剑兵，吴珊.高新技术企业股权激励与双元创新[J].研究与发展管理，2020，32（4）：176-186.

限制性股票。限制性股票是指上市公司按照事先确定的条件授予激励对象一定数量的本公司股票，激励对象只有在达到一定条件后才可以出售其所获得的股票。同股票期权一样，限制性股票也有其优缺点。优点在于：见效快，员工在短时间内即可成为公司股东，激励见效迅速；激励效果要强于、久于股票期权，被激励的人员面对漫长锁定期，为获得权益，必须竭尽全力去实现解锁，且在较长的封锁期内激励效果一直存在。缺点在于：由于这种激励模式要求激励对象投入一定量的现金，而且需要承担未来股价下跌所带来的风险，因此激励对象的资金有限性会限制其投资能力，从而限制限制性股票激励的规模。同时，限制性股票不能有效地促使风险厌恶型的 CEO 投资有一定风险但能增加公司价值的项目。限制性股票更适合那些较成熟的、成长性较小以及对资金投入要求不高的公司。

2.股权激励的主要作用

以华为公司为例，华为不是一家上市公司，但其是公认股权激励最成功的例子之一。华为从创立之初就确立股权分享为公司的基本发展战略，严格落实股权分享机制，承认人力资本对剩余价值的索取权，满足了员工对利益的内在需求，让 86% 的员工拥有公司 98% 的利益分享权，真正把人力资源当成资本。可以说，华为的成功离不开高效的股权分享机制。

股权激励的作用可以体现在四个方面。一是股权激励计划可以有效地将短期对失败的容忍和长期丰厚回报相结合，许多股权激励的条款（尤其以股票期权为主）可以在股价下跌到一定价格以后保护管理层，从而让管理层免受股价下跌带来的损失。由于管理层在业绩达到一定标准后可持有部分公司的股票，因而创新成功、股价上涨带来的收益是可观的。二是股权激励计划通常具有相对较长的有效期，可以有效激励公司战略层以及核心技术员工投入到长期性的创新研发工作中去，减少管理者的短视行为，能用长期激励冲淡管理者受到的短期影响，充分发挥管理者的治理能力，并能抑制上市公司的非效率投资行为，有助于公司留住核心人才[一]。三是股权激励计划通过将管理层薪酬与公司的股价波动相联系，使高管有更强的动机承担风险，从而更有利于激励创新。对于股票期权这类衍生产品，更高的股价波动也意味着更高的价值，承担风险有助于增加管理层自身的长期财富[二]。四是股权激励相对于其他激励方式激励效力更大，有利于吸引核心技术人员、高级管理人员加入公司，还能激励基层技术、管理人员努力工作，争取获得公司

[一] 徐倩. 不确定性、股权激励与非效率投资 [J]. 会计研究，2014（3）：41-48.

[二] 田轩，孟清扬. 股权激励计划能促进企业创新吗 [J]. 南开管理评论，2018，21（3）：176-190.

股票的相关权利。当员工获得公司股权时，还能提升员工的归属感和成就感，激励员工为公司创造更高的价值。

3. 股权激励机制的构建

第一，支持创新平台采取有效的股权激励计划，丰富和完善对创新平台高管的长期激励机制，从而鼓励创新平台高管投入更多精力提升创新平台的长期价值。在不同的激励方式中，股票期权对管理层具有保护性，更能有效激励管理层承担风险、投入创新；对于限制性股票，当授予价格低于市价时能够激励创新平台创新，而当授予价格接近甚至高于市价时不利于激励创新。

第二，提高创新平台核心技术人员的股权激励程度，构建核心技术人员的长期激励目标，促进核心研发人员开展探索式创新和利用式创新，利益共享，风险共担，提高企业创新平台的创新绩效。

第三，根据企业体制合理选择股权激励模式。总体而言，股权激励在民营企业创新平台中的效果更好。从具体的股权激励模式来看，非国有企业创新平台对公司业绩的要求比较高，因此其更倾向于选择股票期权激励模式；由于我国国有企业的股权由国家所有，管理者大部分是由上级政府任命的，而不是来自经理人市场中的竞争选拔，因此国有企业创新平台中的管理者有时缺乏竞争意识，再加上国有企业针对股权激励的政策法规更加严格，股权激励在国有企业创新平台中无法发挥应有的作用。因此，国有企业创新平台更倾向于选择风险比较低的限制性股票激励模式。

7.4.3 丰富非薪酬激励手段

在激励研发人员的问题上，我国大多数企业过于强调薪酬，同时在薪酬结构上，固定工资占比较低，浮动薪酬（主要是奖金）占比较高。按照"双因素理论"，薪酬主要是保健因素，固定工资比重偏低让研发人员感觉工作不稳定、风险较大，不利于吸引研发人才和保障人员的稳定。说到底，设计研发人员的薪酬体系，最关键的是要做到让员工觉得公平合理，使薪酬制度对外具有竞争力，对内又能基于员工的绩效和能力体现公平公正。根据有关激励理论，对研发人员的激励，应在发展机会、挑战性工作、成就感等方面重点考虑，具体可以从以下方面加强：

1. 给予员工更多的发展机会

研发人员看重薪酬，但他们更加注重的是个人的发展和机会，因为只有个人得到了专业发展，个人长期的收益才有保障。深圳国人通信公司在扩张时期招聘了很多不同背景的研发人员，薪酬也开得相当诱人，但是仍然不断出现研发人员士气低落的问题。公司领导与员工深入沟通后发现了问题所在：公司发展前景的不明确和员工文化认同的不充分。随后，公司提出了"专业饭碗理论"——将研发人员的专业分为泥饭碗、铁饭碗、银饭碗、金饭碗、钻石饭碗，形象地给研发人员指明了职业发展的方向，并制定了专业资格等级评价及发展制度，最终，该公司打造出一支斗志昂扬的研发队伍。

2. 让员工承担更大的责任

研发工作是一项具有很强的责任感和成就感的工作，让研发人员承担更大的责任，不仅可以促进他们成长，还能对他们产生很大的激励作用。在华为公司，很多有能力的小伙子年仅二十多岁就承担了重要的研发任务，并且干劲十足，因为他们不在乎拿多少钱，在乎的是肩上的责任和公司对他们的信任。

3. 给研发人员更多的自由空间

作为创新型工作者，研发人员需要更多的自由空间，以满足他们的身心需要，提高工作效率。在发展早期，华为创始人任正非在公司的发展战略、文化建设等重大决策方面，坚持"大权独揽、小权分散"，而在研发、干部任用以及薪酬分配方面充分放权，给予员工很大的自由空间，在很大程度上激发了各层管理者以及研发人员的主动性和创造性。随着华为20多年来的进一步发展，在充分尊重员工的集体决策、广泛吸收研发人员集体智慧的基础上，华为在决策体系上进一步地规范化和制度化，优化形成了"有限民主＋适度集权"的决策体制，既保障了研发人员在工作中的自由，也避免了过度民主带来的效率低下、集体不作为的危害。

4. 尊重员工的工作

研发工作具有很大的风险性，出现错误和失败是很常见的事情。对于失败的项目和工作，在绩效考核中也要予以适当的宽容。公司既要有章可循，按照章程进行有效的绩效管理，也要尊重和肯定研发人员付出的心血和劳动，这样才能激发研发人员的积极性，使其更加积极地投入到研发工作中去。

5. 表彰研发人员的成绩

这可以通过不同方式，例如证书、荣誉、奖牌等表彰研发人员的成绩，既经济、灵活，又能形成较强的奖励和导向作用。例如，华为给研发人员设立的荣誉奖可谓"五花八门"，有攻关奖、导师奖、进步奖、创新奖、新人奖、协作奖等，甚至对研发部门的秘书也特别设立了"小蜜蜂奖"，这些奖项对于获奖人是一种精神上的认可和鼓励，是一种区别于物质激励的有效精神激励手段。

6. 在项目里程碑阶段和完成时庆祝他们的胜利

当研发人员达成项目里程碑或产品研发完成时，这是他们感到高兴和值得庆贺的时候。这时，如果能组织活动庆祝他们的胜利，那么会比简单采用项目奖的刺激方式更有效。企业创新平台可以采用OKR（Objectives and Key Results）工作法，关注企业创新平台项目的目标和关键成果，通过设置绩效目标、明确与目标完成相对应的关键成果、确保沟通的及时性和有效性、以目标为中心推进执行、定期回顾和复盘五个步骤，逐步推进OKR流程。通过运用OKR工作法强调企业创新平台和员工的目标一致性，这能提高员工在绩效管理中的参与度，增强员工的主观能动性，促进创新平台资源有效整合分配，帮助团队实现共同目标。

有效激励研发人员，薪酬并不是唯一的也不是最重要的激励因素，企业创新平台不仅要在科学合理的薪酬制度设计上动脑筋，更要在非薪酬激励因素上多想办法，充分发挥各种激励因素的作用。

第 8 章 管理制度

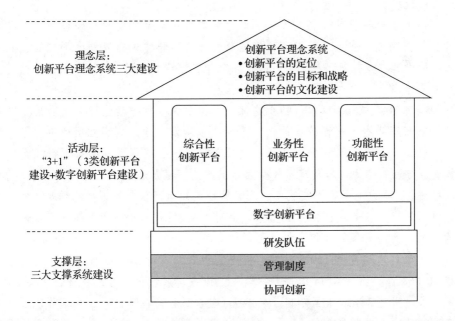

在企业创新平台的运转过程中，管理制度是企业创新平台的三大支撑系统之一，与研发队伍、协同创新一同保障创新平台的平稳运营，为企业创新平台提供坚实的制度基础。本章重点阐述了创新平台的制度体系和设计过程。其中，企业创新平台的制度体系主要包含科研管理制度、财务管理制度和人事管理制度三大类，可以分别保障企业创新平台科研项目的顺利运转、科研资金的合规使用及科研人才的有效管理。在设计企业创新平台的管理制度时，为保障制度科学合理，制度设计者需要在对内外部环境等现状进行调研的基础上进行系统设计，包括元规则设计、结构化模块扩展、文字编排、审议与表决等阶段。

开篇案例

格力电器的创新平台制度体系

格力电器秉承"科技改变生活、科技创造生活"的理念,建立了与此相适应的创新平台制度体系,坚持核心技术自主研发,突破了关键核心技术瓶颈制约,以卓越的创新平台及其制度设计,提供了高水平的创新供给,不断引领行业技术创新和产品升级。

在创新平台科研管理制度方面,格力电器重视产品研发过程管理制度以及知识产权管理制度。在产品研发过程管理制度方面,格力电器以制度形式固化其研究开发的"五方搜寻、三层论证、四道评审"("534")法则。"534"法则具体是指以用户需求信息、合作伙伴知识、市场信息、科技中介资讯、员工建言提案等五方提问凝练研究方向,以单位初步论证、承担单位详细方案论证以及由格力电器内外部专家团队进行全面论证的三项论证拟定研发方案,按照立项评审、方案评审、样机评审和确认评审的四道评审把控研发流程,确保研发高效进行。在知识产权制度方面,格力电器制定了《企业知识产权管理办法》《专利管理办法》《商标管理办法》《格力电器著作权管理办法》等涵盖知识产权各个领域的制度文件,为格力电器知识产权管理提供重要指导。董明珠表示:"创新是产生知识产权最为关键的途径,而只有保护知识产权,创新才会源源不断地涌现。"截至2024年2月,格力电器累计申请专利119 550件,其中发明专利申请64 352件;累计发明专利授权20 668件。现拥有44项"国际领先"技术,累计获得国家科技进步奖2项、国家技术发明奖2项、中国专利金奖3项(包含"格力钛"1项)、中国外观设计金奖3项、日内瓦发明展金奖14项、纽伦堡发明展金奖10项○。专利数量和质量稳步增长,创新发展动能持续增强。

在创新平台的财务管理制度方面,格力电器遵循研发投入无上限的原则,建立了较为完善的财务管理制度。一方面,格力电器研发投入无上限不是无条件、盲目投入,而是有规划、有计划投入,这意味着可以宽容科研人员在创新中失败,但不允许犯重复错误。2021年,格力电器的研发投入高达65亿元,占营业收入比例3.48%。另一方面,格力电器创建了较为完善的财务管理制度与管理流程,编写了覆盖资金管理、资产管理、权证管理、科研项目经费管理等领域的一系列财务管理制度文件,以及关于会计核算、发票、资金开支、财务收款等财务活动的一

○ 格力电器官网. 格力电器企业简介 [EB/OL]. 2024-03-06. https://gree.com/single/32.

系列流程管理制度文件，把财务管理的每一个业务环节都进行流程固化，从而保障财务管理标准的规范高效执行。

在创新平台人事管理制度方面，格力电器从"选、育、用、留"等方面优化人才培养机制和激励体系。在人才招聘方面，格力电器对研发人员的招聘除包含普通面试之外，还包含专业的技术面试，以对研发人员的知识体系进行系统了解；在人才培育方面，格力电器为研发人员分配专业导师，由导师健全各层次人才培养和考评机制，并多次组织技术研发领域的业务培训；在人才考核方面，对研发人员的考核除普通的 KPI 考核之外，还有项目制考核，从研发人员的项目进度、项目承担的工作、项目取得的成果、项目团队合作与协调等多维度进行考核；在人才激励方面，格力电器内部举办科技进步奖评选活动，从内部科研项目中评选出特等奖及一、二、三等奖，奖励为格力电器研发做出卓越贡献的个人或团队。

资料来源：2021 年 11 月—2022 年 7 月，研究团队与格力电器进行产学研合作过程中，进行了 5 次调研获得。

上述案例中，格力电器创新平台制度的成功实践，实现了核心技术自主可控，从而生产出卓越的产品，为消费者提供了更加节能、舒适、美好的体验，提升了国产品牌在国人心中的地位。可见，创新平台制度对于一个企业提升核心竞争力、实现基业长青起着举足轻重的作用。

8.1　什么是企业创新平台的管理制度

制度是指要求大家共同遵守的办事规程或行动准则，也指在一定历史条件下形成的法令、礼俗等规范或规章。对企业创新平台而言，制度建设的主要目的在于一是能够形成分工明确、公平公正、相互协作、高效融洽的研发氛围，充分调动科研人员的积极性、能动性和创造性；二是引导企业创新平台活动的方向和范围，使之符合企业战略并与其他部门的业务活动无缝对接；三是协调企业各种资源，保障企业创新平台的活动顺利开展，从而提升企业核心与关键技术的创新能力和科技成果转化的效率。本章重点探讨企业创新平台建设中的制度设计情况，在阐述创新平台制度体系内涵的基础上，说明科学合理制度体系的设计方法。

制度是社会关系固化的表现形式。社会关系中的经济关系涉及利益，所以制度不可避免地牵涉利益问题，影响各方的利益追求，同时，各方的利益追求也会影响制度的遵守和执行。因此，企业创新平台的制度设计必须以共同的利益诉求为导向，尽可能考虑各方的利益诉求，从而使各方的利益都能得到满足，这样制度的执行才能顺利进行。对企业创新平台而言，一般可以划分为基层技术员工、中层技术骨干与高层管理人员三种层级，同一层级人员存在一些共同的利益取向、价值取向和情感取向，而不同层级人员的利益诉求、价值取向和情感取向存在很大差异。企业创新平台制度的设计不能阻碍任何一方目标的实现，而是要帮助各个层级实现预期利益。鼓励创新的制度体系通过科研管理制度、财务管理制度、人事管理制度三类制度，保护创新者在相关领域的创新自主权、收益权。企业创新平台制度能使创新者对未来的创新收益形成合理预期，进而引导其从事创新活动。此外，企业创新平台的制度体系具有减少协调费用等功能，能够增强创新者的创新能力，使他们更有效率地开展创新活动。

8.2 企业创新平台的制度体系

企业管理制度按照工作内容可分为人力资源管理制度、行政管理制度、财务管理制度、采购管理制度、仓储管理制度、生产作业管理制度、质量管理制度、市场营销管理制度及后勤保障管理制度等⊖。对创新平台来说，主要的制度体系包含科研管理制度、财务管理制度、人事管理制度三类制度（见图 8-1）。具体来说，科研管理制度包含研发调研管理制度、产品研发与设计管理制度、技术研发管理制度、工艺设计管理制度、技术更新改造管理制度、知识产权管理制度、研发项目管理制度等，完善的科研管理制度有利于保障创新平台科研项目的顺利运转；财务管理制度包含预算管理制度、资金管理制度与资产管理制度等，详细的财务管理制度有利于保障科研资金的合规使用；人事管理制度包含研发人员招聘制度、研发人员培训制度、研发人员绩效与考核制度、研发人员晋升制度、研发人员激励制度、研发人员合同档案管理制度、研发人员保密管理制度等，科学的人事管理制度有利于对科研人才进行有效管理。

图 8-1 企业创新平台管理制度体系

⊖ 张尚国.公司管理制度实务及范例大全 [M]. 3 版.北京：中国纺织出版社，2016.

8.2.1 科研管理制度

为规范和加强国家重点实验室的建设和运行管理，2008年我国科学技术部和财政部联合发布了《国家重点实验室建设与运行管理办法》，对重点实验室的相关职责、建设、运行、考核与评估进行规定，其中涉及的科研管理制度，包含科研仪器设备管理制度和知识产权保护制度。关于科研仪器的设备管理，重点实验室应统筹制定科研仪器设备的工作方案，有计划地实施科研仪器设备的更新改造、自主研制，保障科研仪器的高效运转和开放共享，并按照有关规定和要求实施数据共享；关于知识产权的保护，重点实验室应当加强知识产权保护，在重点实验室完成的专著、论文、软件、数据库等研究成果中应当标注重点实验室名称，专利申请、技术成果转让、申请奖励等按照国家有关规定办理。2018年，科学技术部和财政部联合印发《关于加强国家重点实验室建设发展的若干意见》，提出要重点围绕世界科技前沿和国家长远发展，围绕区域创新和行业发展，推动实验室聚焦重大科学前沿问题进行基础研究和应用基础研究，要不断提升国家重点实验室创新能力，加强国家重点实验室管理创新。

根据《国家重点实验室建设与运行管理办法》和《教育部重点实验室建设与运行管理办法》，实验室的规章制度建设包含《重点实验室管理体制及管理办法》《重点实验室学术委员会章程》《重点实验室开放运行管理条例》《重点实验室开放课题管理条例》《重点实验室科研工作管理条例》等众多管理制度。以环境地球化学国家重点实验室的管理制度为例，《环境地球化学国家重点实验室管理条例》《环境地球化学国家重点实验室经费管理办法》《环境地球化学国家重点实验室科研专项经费管理办法》《环境地球化学国家重点实验室开放课题管理办法》《实验室主任办公会制度》《室务会制度》《仪器使用气体管理办法》《超净实验室使用管理办法》等制度，共同形成了《环境地球化学国家重点实验室文件汇编》[⊖]。

企业创新平台的科研管理制度是指为了规范和加强市场调研、产品规划、新产品研发、产品设计、新产品试制、技术研发、专利商标、研发项目等工作的管理，提高企业创新平台的研发水平和整个企业的市场竞争力而建立的相应制度文本的集合，主要分为七类：研发调研规划管理制度、产品研发与设计管理制度、技术研发管理制度、工艺设计管理制度、技术更新改造管理制度、知识产权管理制度、研发项目管理制度。科研管理制度及其目的见表8-1。

⊖ 中国科学院官网. 实验室运行管理 [EB/OL].（2018-05-30）[2022-01-14]. http://www.skleg.gyig.cas.cn/sysb/sysjj/.

表 8-1 科研管理制度及其目的

制度大项	制度细分	目的
研发调研规划管理制度	市场调研管理制度	对产品市场背景、市场可行性、技术可行性、成本、开发计划、项目的系统方案等进行调研，规范市场调研管理工作，顺利达到调研目的，提交调研报告
	产品规划管理制度	规范产品规划的处理方针及处理标准
产品研发与设计管理制度	新产品研发管理制度	加速产品更新换代，推动企业技术进步，加强新产品研发管理工作，提高企业的市场竞争力
	新产品研发试验管理办法	制定明确的管理步骤，用以管理、整合客户需求及企业品质政策的新产品开发专案，并确保产品符合客户的需求
	产品设计管理制度	规范产品设计流程中的管理事项，保证各环节的协调性与衔接性，确保各阶段的工作质量
	模具设计及制作管理办法	规范模具设计及制作程序，使模具从设计、评审、制作、试样到交接各阶段有条不紊，确保模具的品质以及提升模具设计及制作效率，以满足客户要求、市场需求和企业设计开发的要求
	产品研发周期管理办法	规范新产品开发各阶段周期时间，使之有章可循
技术研发管理制度	技术研发过程管理制度	规范企业技术研发活动，加强对技术研发项目的管理，提升企业的核心竞争力，确保企业的稳定与健康发展
	技术文件综合管理制度	规范企业的技术文件管理工作，确保技术文件的完整性、正确性、系统性和保密性
工艺设计管理制度	工艺设计管理办法	规范企业工艺研发管理，对工艺研发过程进行有效控制，使生产的产品满足市场和顾客的需求
	工艺规程管理办法	指导产品加工和工人操作，规范工艺规程工作
技术更新改造管理制度	技术改造管理制度	规范企业技术改造的设计过程，确保技术改造更具有指导性和可操作性
	技术引进管理制度	提高企业的技术水平，加强国际交流，借鉴和学习国内外先进科技经验
知识产权管理制度	知识产权的开发管理制度	企业应当从鼓励发明创造的目的出发，制定相应策略，促进知识产权的开发，做好知识产权的登记统计、清资核产工作，掌握产权变动情况，对直接占有的知识产权实施直接管理，对非直接占有的知识产权实施管理、监督
	知识产权的经营使用管理制度	主要对知识产权的经营和使用进行规范，研究核定知识产权经营方式和管理方式，制定知识产权等
	知识产权的收益管理制度	对知识产权使用效益情况进行统计，合理分配
	知识产权的处分管理制度	企业根据自身情况确定对知识产权的转让、拍卖、终止。根据管理主体的不同，知识产权管理可分为国家机关对知识产权的管理，及权利主体对其所有的知识产权的管理

(续)

制度大项	制度细分	目的
研发项目管理制度	研发项目规划管理办法	在研发项目开始前形成整体的管理指导框架，保证项目后续工作的顺利完成
	研发项目进度管理办法	加强对研发项目进度的管理，制订并执行科学合理的项目进度计划，监控项目进度，确保项目按期完成
	研发项目成本管理制度	规范和加强企业研发项目投入成本的管理，指明相关人员降低研发成本的方向和途径，有效控制项目成本，提高经济效益
	研发项目冲突管理方案	有效解决研发项目冲突，通过沟通和协调等方式促使项目当事人对项目工作的相关因素达成共识，有效利用项目冲突加强团队建设、改善项目状况

资料来源：屠建清．企业内部管理与风险控制实战[M]．北京：人民邮电出版社，2020．

企业知识产权管理制度是科研管理制度的重要组成部分。企业知识产权管理制度体现在宏观和微观两个层面。宏观上是综合性的知识产权管理制度，微观上主要是企业商标设计、企业专利管理条例等专项规范企业知识产权行为的管理制度。企业知识产权管理制度应结合自身技术研发、知识产权工作和生产经营的实际需要而设立。

例如，海格通信是广东省知识产权示范企业、广东省知识产权保护重点企业。该企业立足企业实际情况，在宏观上制定《知识产权管理办法》，设立知识产权部，妥善处理内外部的知识产权申报；在微观上实施"点、链、层、群"的专利保护战略（见图8-2）。其中，点式保护体现为：在民用市场或公司将涉足的民用领域开发更新的技术；实施专利抢注，为今后可能的交叉许可提供机会，打下基础。链式保护体现为：在国家知识产权局申报发明专利；在工业和信息化部申报国防专利；在地市级科学技术部门备案技术秘密等。层式保护体现为：在北斗卫星导航系统等新领域实行技术突破；采用对专利围剿的方式，不让竞争对手有机会在该领域拥有较多的自主知识产权。群式保护体现为：与研究所、院校积极寻求合作创新渠道，通过产学研合作，开发出更多共同拥有的知识产权，提升竞争能力。海格通信将知识产权保护工作贯穿公司技术研发、采购、生产、销售等各个环节，注重创新成果保护与风险预警防控，开展知识产权信息分析利用工作，不断构建企业核心竞争优势，在2018年通过了国家知识产权管理体系认证，2019年获得"年度国家知识产权优势企业"荣誉称号，实现了知识产权强企目标。

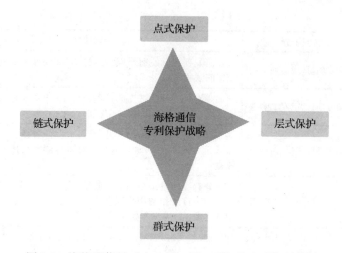

图 8-2　海格通信的"点、链、层、群"的专利保护战略

资料来源：张振刚，陈志明. 创新管理：企业创新路线图 [M]. 北京：机械工业出版社，2013.

8.2.2　财务管理制度

企业创新平台的资金来源主要包括内部自筹及外部吸纳两类，外部来源主要包括财政资助项目及社会资助资金。党的十九届五中全会提出要"加大研发投入，健全政府投入为主、社会多渠道投入机制，加大对基础前沿研究支持"[①]，明确了科技资金投入的重点和方向。2021年，习近平总书记强调，要深化科研经费管理改革，落实让经费为人的创造性活动服务的理念。要改革科研项目管理，优化整合人才计划，让人才静心做学问、搞研究，多出成果、出好成果[②]。

第一，企业的自主资金投入是创新平台建设的主要经费来源。政府对申报重点实验室、企业技术中心、工程技术研究中心的企业都有单位规模、科研条件、科研成果、管理机制等方面的要求。例如，《广东省科学技术厅关于组织申报2021年广东省工程技术研究中心的通知》中提出，申报企业的上一年度研发经费应该满足不少于150万元且不低于主营业务收入的3%（研发经费超过3000万元的，不受该比例限制）[③]的要求。

[①] 中华人民共和国中央人民政府. 中共中央关于制定国民经济和社会发展第十四个五年规划和二〇三五年远景目标的建议 [EB/OL].（2020-11-03）[2021-11-12]. http://www.gov.cn/zhengce/2020-11/03/content_5556991.html.

[②] 求是网. 深入实施新时代人才强国战略　加快建设世界重要人才中心和创新高地 [EB/OL].（2021-12-15）[2023-11-05]. http://www.qstheory.cn/dukan/qs/2021-12/15/c_1128161060.htm.

[③] 广东省科学技术厅. 广东省科学技术厅关于组织申报2021年广东省工程技术研究中心的通知 [EB/OL].（2020-12-25）[2021-11-12]. http://gdstc.gd.gov.cn/zwgk_n/tzgg/content/post_3160262.html.

第二，政府资助是创新平台研发经费的重要外部来源。党的十八大以来，我国出台了《关于深化中央财政科技计划（专项、基金等）管理改革的方案》等一系列重要改革方案。党的十九大以来，国务院办公厅发布了《国务院办公厅关于改革完善中央财政科研经费管理的若干意见》，进一步解决科研经费管理方面政策落实不到位、项目经费管理刚性偏大、经费拨付机制不完善、间接费用比例偏低、经费报销难等问题，从而激发科研人员创新活力。政府对企业创新平台研发的支持主要体现在科技活动的资金支持和各种税收优惠及补贴上，包含财政拨款、财政贴息、税收返还等方式。例如，广州市黄埔区人民政府在《广州市黄埔区　广州开发区　广州高新区进一步促进高新技术产业发展办法实施细则》中规定，对经国家部门单独或联合认定的国家重点实验室、国家工程技术研究中心、国家工程研究中心等研发机构，给予300万元资助○。

第三，吸纳社会资金也逐渐成为创新平台建设的重要来源。《中华人民共和国国民经济和社会发展第十四个五年规划和2035年远景目标纲要》中提到，鼓励社会以捐赠和建立基金等方式多渠道投入，形成持续稳定投入机制。例如，《广州市科技创新条例》中提到，支持企业及其他社会力量通过设立基金、捐赠等方式投入基础研究和应用基础研究○。广州市及各区人民政府加强科技创新基金体系建设，通过设立天使投资基金等投资引导基金并足额出资，引导社会资本向科技创新项目、科技企业进行风险投资；鼓励社会资本进入科技创新创业领域，支持创业投资机构与在穗机构共同设立创业投资基金，开展投资活动，为创新平台的基础研究提供经费支持。2023年2月18日，由广州市政府指导、广州产投集团主办的广州产业投资母基金、广州创新投资母基金和广州产业发展研究院成立大会举行，1500亿元规模的广州产业母基金和500亿元规模的广州创投母基金同时宣布成立○。两大基金定位虽不同，却都是从不同维度全方位培养产业集群，共同助推广州产业能力增强，能级增大，能效提升，强化广州产业发展的底层基础，通过引进创新人才，激发创新活力。广州产业母基金是投产业、投下游，注重产业链、资本链融合，意在将产业做大；广州创投母基金是投科技、投创新、投上游，注重打通创

○ 广州市黄埔区人民政府.关于印发《广州市黄埔区　广州开发区　广州高新区进一步促进高新技术产业发展办法实施细则》的通知[EB/OL].（2020-10-27）[2021-11-12]. http://www.hp.gov.cn/tzcy/yhzc/content/post_6870340.html.

○ 广州市科学技术局.广州市科技创新条例[EB/OL].（2021-06-15）[2022-01-12]. http://kjj.gz.gov.cn/xxgk/zwwgk/glgk/content/post_7713170.html.

○ 广州日报.总规模2000亿元！广州两大母基金重磅面世[EB/OL].（2023-02-18）[2023-03-23]. https://oss.gzdaily.cn/site2/pad/content/2023-02/18/content_1980473.html.

新链、知识链的融合，重在促进大学、科研院所与企业产业开展知识成果的协同转化，构建科技创新的新生态，助力独角兽、专精特新、"小巨人"企业孵化。

不同类型的创新平台资金来源有所不同。第一类，中央财政设立专项经费，支持重点实验室的开放运行、科研仪器设备更新和自主创新研究。专项经费实行单独核算，专款专用①。表 8-2 所列为《国家重点实验室专项经费管理办法》解读。第二类，国家工程技术研究中心的建设经费则由国家按照一定比例给予资助或补助②。根据 2016 年度国家工程技术研究中心公布资金来源，其自有资金、政府拨款、社会资金、银行贷款及其他分别为 120.57、79.86、8.04、6.26、6.72 亿元③。第三类，新型研发机构"预算+负面清单"的科研经费管理模式，既可以充分赋予新型研发机构管理自主权，又可确保科研经费使用"放得开、管得住"④。2018 年，北京市政府印发了《北京市支持建设世界一流新型研发机构实施办法（试行）》，赋予新型研发机构更大的科研自主权，探索实行负面清单管理，同时强调放管结合，加强事中、事后监管，提升管理服务水平⑤。

表 8-2 《国家重点实验室专项经费管理办法》解读

经费管理办法	经费	具体内容
专项经费开支范围	开放运行费	日常运行维护费是指维持重点实验室正常运转、完成日常工作任务发生的费用
		对外开放共享费是指重点实验室支持开放课题、组织学术交流合作、研究设施对外共享等发生的费用
	基本科研业务费	指重点实验室围绕主要任务和研究方向开展持续深入的系统性研究和探索性自主选题研究等发生的费用
	科研仪器设备费	指正常运行且通过评估或验收的重点实验室，按照科研工作需求进行五年一次的仪器设备更新改造等发生的费用
	专项经费预算管理	财政部建立专项经费预算管理数据库，将专项经费预算安排情况、执行情况等内容纳入数据库进行管理

---

① 华南农业大学科学研究院（新农村发展研究院）. 国家重点实验室建设与运行管理办法 [EB/OL].（2021-10-19）[2021-11-12]. https://kyy.scau.edu.cn/2021/1019/c11666a293105/page.html.
② 邱月宝，赵立新，中国科协创新战略研究院. 研究 | 我国主要科技创新平台分类特征及总体分布 [EB/OL].（2020-06-14）[2022-01-14]. https://www.thepaper.cn/newsDetail_forward_7856345.
③ 中华人民共和国科学技术部. 国家工程技术研究中心 2016 年度报告 [EB/OL].（2018-05-21）[2021-07-28]. http://www.most.gov.cn/xxgk/xinxifenlei/fdzdgknr/zfwzndbb/201805/P020180521579923434724.pdf.
④ 中国科学报. 负面清单：让新型研发机构"放得开、管得住" [EB/OL].（2021-08-11）[2022-01-13]. http://www.ncsti.gov.cn/kjdt/xwjj/202108/t20210811_38503.html.
⑤ 北京市人民政府官网. 全国科技创新中心建设新添重磅政策 北京市出台支持建设世界一流新型研发机构实施办法 [EB/OL].（2018-01-30）[2022-01-13]. https://kw.beijing.gov.cn/art/2018/1/31/art_1140_121152.html.

(续)

经费管理办法	经费	具体内容
预算执行	专项经费的支付规定	专项经费的支付按照财政国库管理制度的有关规定执行
	专项经费支出规定	专项经费支出属于政府采购范围的,应按照《政府采购法》及政府采购的有关规定执行
	专项经费的年度结余经费相关规定	专项经费的年度结余经费,按照财政部关于财政拨款结余资金管理的有关规定执行
监督检查与绩效评价	专项经费内部管理机制	依托单位应当建立健全专项经费内部管理机制,制定内部管理办法,将专项经费纳入依托单位财务统一管理,单独核算,专款专用
	绩效评价制度	重点实验室依托单位和主管部门应当建立专项经费的绩效评价制度,按照定性与定量评价相结合的原则,对实验室经费使用情况进行绩效评价
	监督检查制度	财政部、科学技术部采取年度抽查与五年评估相结合的方式,对专项经费执行情况进行监督检查,其结果作为预算安排的重要依据之一

资料来源:中华人民共和国财政部、科学技术部.财政部 科技部关于印发《国家重点实验室专项经费管理办法》的通知 [EB/OL].(2009-03-05) [2022-01-12]. https://www.most.gov.cn/xxgk/xinxifenlei/fdzdgknr/fgzc/gfxwj/gfxwj2010before/201811/t20181128_143854.html.

企业创新平台财务管理制度涉及预算管理制度、资金管理制度、资产管理制度以及成本费用综合管理制度(见表8-3)。

表8-3 财务管理制度及其目的

制度名目	制度细分	目的
预算管理制度	全面预算管理办法	全面提升企业的经营管理水平,控制成本费用的开支,提高企业经营效益
	费用预算管理办法	为促进企业建立、健全内部约束机制,推动企业加强费用预算控制管理,进一步合理降低各项费用,以达到企业利润的最大化
资金管理制度	资金管理控制制度	加强企业的内部控制和管理,厘清资金往来情况,确保资金安全,提高营运资金周转速度,降低资金风险
	库存现金管理制度	保证企业库存现金安全,规范库存现金管理,提高现金使用效率,加强财务监督
	银行存款控制制度	规范企业的银行存款业务,防范因银行存款管理不规范给企业带来资金损失,保证账账相符、账实相符,确保企业资金的安全与有效使用
	出纳人员工作规范	加强企业对出纳日常工作的规范与管理,保障企业日常货币资金收付的安全
资产管理制度	货币资金内部控制制度	保护货币资金的安全,提高货币资金的使用效率,规范收付款业务程序

(续)

制度名目	制度细分	目的
资产管理制度	固定资产内部控制制度	合理购置、正确使用各类固定资产，对企业生产经营过程中固定资产的购建、使用、损耗、补偿以及利用效果进行日常计算、检查和监督
	无形资产管理制度	加强对无形资产的内部控制，制定企业无形资产的评估和分配标准，保护无形资产的安全并维护其价值，提升企业的核心竞争力，保障企业健康可持续发展
	存货管理控制制度	确定企业存货成本计价方法、规范进出管理、堆放管理，确保存货账实相符，以及加快存货盘活管理
成本费用综合管理制度	成本费用管理制度	防范成本费用管理中的差错与舞弊，降低成本费用开支，提高资金使用效益，规范成本费用管理行为
	成本费用核算制度	规范企业成本费用核算工作，检查、监督和考核预算及成本计划的执行情况，反映成本水平，评价成本管理体系的有效性，研究如何降低成本费用，并进行持续改进

资料来源：陈梅桂. 企业财务管控制度与工具大全 [M]. 北京：人民邮电出版社，2013.

8.2.3 人事管理制度

精锐的研发团队是企业技术创新研发的主体，是保证新技术研发成功的智力资源的基础。因此，企业研发团队的人事管理制度的制定和执行的优劣，将直接影响着企业创新平台建设的最终效果。伴随着知识经济时代的到来，所有产业都面临技术复杂度增加、产品生命周期缩短、产品趋于低价、国内外出现不计其数的竞争者的问题。在这场愈演愈烈的商战中，研发的质量和速度已经成为击败对手的重要武器。一个组织单靠英雄式的人物单打独斗争得一席之地的时代已经过去，只有打造一支精锐的研发团队才能使企业立于不败之地。研发团队作为技术研发的主体，是保证新技术研发成功的基础。研发团队的管理直接影响和制约着企业创新平台建设的最终效果。国际知名企业 3M 成功的主要经验之一，就是拥有一支优秀的研发团队。技术研发是企业创新平台的主要职能，是企业不断创新、获取和保持竞争优势的重要手段，所有着眼于获取未来生存和发展的企业都必须以提升研发竞争力为核心。本节探讨国家重点实验室、新型研发机构的人员组成以及企业创新平台中研发团队建立与管理的制度，重点分析在招聘或引进、培训、考核、晋升、激励等几个环节中研发团队管理制度设计的主要原则和要点。

第一，国家重点实验室的人员由固定人员和流动人员组成。固定人员包括研究人员、技术人员和管理人员，流动人员包括访问学者、博士后研究人员。重点实验室人员实行聘任制。骨干固定人员由重点实验室主任聘任；其余固定人员和流动人员由骨干固定人员聘任，重点实验室主任核准。重点实验室建立访问学者制度，并通过开放课题等方式，吸引国内外高水平研究人员来实验室开展合作研究。重点实验室主任由依托单位面向国内外公开招聘、择优推荐，主管部门聘任，报科学技术部备案。重点实验室主任为不同领域高水平的学术带头人，具有较强的组织管理能力，一般不超过 60 岁。重点实验室应当设立学术委员会作为重点实验室的学术指导机构，主要职责包括：参与制定重点实验室的建设和发展规划，指导重点实验室研究工作，评议重点实验室研究成果等[1]。

第二，新型研发机构坚持投管分离，以市场化为导向，运行管理原则上应实行理事会、董事会决策制和院长、所长、总经理负责制，以事业部制代替课题组、股份制代替打分制、聘用制取代终身制，不断完善管理机制、激励机制和创新机制等[2]。新型研发机构应采用市场化用人机制、薪酬制度，充分发挥市场机制在配置创新资源中的决定性作用，自主面向社会公开招聘人员，对标市场化薪酬合理确定职工工资水平，建立与创新能力和创新绩效相匹配的收入分配机制。以项目合作等方式在新型研发机构兼职开展技术研发和服务的高校、科研机构人员按照双方签订合同进行管理[3]。

第三，企业创新平台的主体是研发人员，人事管理制度主要针对研发人员，包括研发人员招聘制度、研发人员培训制度、研发人员绩效考核制度、研发人员晋升制度、研发人员激励制度、研发人员合同档案管理制度、研发人员保密管理制度（见表 8-4）。

表 8-4　人事管理制度及其目的

制度名目	目的
研发人员招聘制度	及时满足创新平台的人员需求，规范招聘录用流程，确保招聘质量
研发人员培训制度	规范和促进创新平台的员工培训工作，对研发的新员工和高层次研发员工实行分类培养
研发人员绩效考核制度	加强对创新平台人员的管理，实现职能线与产品线双重考核，同时将定量和定性考核相结合，公平、公正地考核员工工作绩效
研发人员晋升制度	打通"双通道"，规范研发人员的晋升活动，加强平台主任评聘的目标管理和考核，注重员工的职业发展

---

[1] 中华人民共和国科学技术部. 关于印发《国家重点实验室建设与运行管理办法》的通知 [EB/OL]. (2008-08-29) [2021-11-12]. https://www.most.gov.cn/xxgk/xinxifenlei/fdzdgknr/fgzc/gfxwj/gfxwj2010before/201712/t20171219_136915.html.

[2] 梁红军. 我国新型研发机构建设面临难题及其解决对策 [J]. 中州学刊, 2020 (8): 18-24.

[3] 中华人民共和国科学技术部. 科技部印发《关于促进新型研发机构发展的指导意见》的通知 [EB/OL]. (2019-09-19) [2021-11-12]. http://www.gov.cn/xinwen/2019-09/19/content_5431291.html.

(续)

制度名目	目的
研发人员激励制度	建立完善人才分类评价体系，对不同层次的研发人员实施分类的薪酬制度；对从事应用技术研发的科研人员，提高科研人员成果转化收益比例；对高层次人才探索建立协议工作制、项目工作制等多种分配形式
研发人员合同档案管理制度	规范人事档案管理工作，有效保守机密，使人事档案管理程序化、流程化，同时维护人事档案材料完整，防止材料损坏
研发人员保密管理制度	与研发人员签订合同，加强对专利权、专有技术、商业秘密的保护，核心设计图纸、程序、资料内容严禁随意翻阅，保护本企业的技术秘密，防止无形资产流失

资料来源：李仪．研发能力持续成长路线图：向华为学习研发管理，助推企业持续发展 [M]．北京：电子工业出版社，2013．

由于研发人员的绩效考核相对比较复杂，因此本小节着重阐述该部分。企业在绩效管理中对经济性、明确性、规范性的要求与研发工作的不确定性间的冲突，导致研发人员绩效测量、管理、提升存在一系列困境，因此对企业创新平台研发人员进行绩效管理时，有以下注意事项[○]，其他具体内容在本书的第7章"研发队伍"中已介绍。

第一，区分组织绩效与个人绩效，组织绩效主要是指市场和财务方面的成功，个人绩效必须在组织绩效的基础上进行分解。

第二，需要根据研发人员的能力，研发的项目类型、过程以及结果等，通过多种手段实现研发人员分层、分级、分项目的绩效管理。具体来说，对研发人员的绩效管理手段/工具包含任职资格、行为准则、PBC（个人绩效承诺）、KPI（关键绩效指标）、KCP（关键控制点）等。针对平台的高层管理人员，企业应主要考核KPI、KCP、PBC和任职资格；针对产品开发的高级别人员主要考核KPI、KCP和任职资格；产品开发的低级别人员主要考核行为准则、任职资格与PBC。

第三，对研发人员绩效考核的结果除了体现在薪酬激励上，还要提供职位升迁、培训与学习的机会等多种福利。

例如，金发科技股份有限公司（以下简称金发科技）是一家主营高性能新材料研发、生产和销售的国家级创新型企业。金发科技技术能力的提升离不开创新平台的技术创新制度和人才激励制度。

在技术创新制度方面，金发科技着力建设"13551"研发体系（1个中央研究院、3个国际研发中心、5个分技术中心、5个化工新材料孵化基地和1个产学研协同创新中心），主动开展技术创新和升级（见图8-3）。

○ 周辉．产品研发管理：构建世界一流的产品研发管理体系 [M]．2版．北京：电子工业出版社，2020．

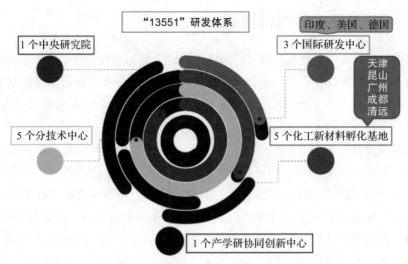

图 8-3 金发科技"13551"研发体系

资料来源：
[1] 张振刚，陈志明. 创新管理：企业创新路线图 [M]. 北京：机械工业出版社，2013.
[2] 灼策咨询. 灼策视界：金发科技的战略与研发创新 [EB/OL].（2022-01-11）[2022-12-09]. https://www.sohu.com/a/515827158_121127986.

在人才激励制度方面，金发科技实施了技术类员工收入与市场业绩相挂钩的制度，充分调动了研发人员的责任心和积极性。金发科技的研发人员按产品种类分为高抗冲聚苯乙烯、改性聚丙烯、工程塑料等若干个技术组，负责产品研发、生产及市场相关的技术问题，由客户认可和市场销售收入来决定其工作的绩效考核。

此外，金发科技还实施了"藏富于民、风险共担"的分配激励制度，将员工的利益与公司的利益捆绑起来。金发科技创建了一套独特的人才激励制度——限制性期权股份制。对于管理类员工，金发科技实行"空壳制"股权分配，员工的股份是空股，不能转让或赠送，要达到一定的工作年限才可以转化为"实股"。对于技术类员工，金发科技按技术革新所获得的市场业绩进行提成，其股份为实股，可以转让或赠送。金发科技自 2006 年和 2010 年两次实施期权激励、2016 年实施员工持股计划之后，2022 年发布限制性股票激励计划（草案），向激励对象授予限制性股票总计 1 亿股，计划授予的激励对象共计 1350 人，覆盖了公司近 14% 的员工㊀。

㊀ 每日经济新闻. 金发科技打响业绩保卫战　拟实施 1 亿股"对赌式"股权激励 [EB/OL].（2022-06-07）[2022-12-09]. https://finance.sina.com.cn/roll/2022-06-07/doc-imizmscu5623865.shtml.

8.3 设计科学合理的管理制度

制度并不具有唯一性和最优性，因而没有放之四海而皆准的制度体系。由于社会文化、历史、环境、行业、企业性质以及员工构成的不同，很可能导致有效的制度存在很大差异。基于此，本节以标准的、科学的企业创新平台制度设计为目标，根据企业实践，介绍为企业创新平台"量身打造"制度体系的流程以及方法。

制度的设计主要包含现状调研、系统设计、检验反馈与稳步实施三大部分[1]。第一步，制度设计者在现状调研过程中，应着重搜集企业内外各方面的资料。在掌握了制度设计所需的第一手资料后，制度设计者应对调研资料进行全面的梳理整合，从中提炼出制度设计的理念和原则。第二步，在这些理念和原则的指导下，制度设计者科学地分析企业创新平台中各方的利益诉求，并在分析结果的基础上，系统设计科学合理的制度。第三步，企业创新平台在制度试点过程及逐步检验反馈中稳步实施。

8.3.1 现状调研

没有调查就没有发言权，真正科学的制度设计方法应该通过实地考察去寻找答案。企业创新平台只有在掌握了组织内外环境的真实情况后，才能确定制度设计下一步的方向和内容。

1. 外部环境调研：法律、道德与社会规范

任何一个组织的活动都在一定的社会网络中进行。社会网络中的规则如政策法律、习俗惯例、伦理道德等的纵横交织，共同构成了一个"社会制度体系"。组织是这个社会关系网络中的一个节点，要在整个网络中生存，组织个体必须融入社会整体。对制度而言，组织内部的制度体系，必须服从于外部的宏观制度体系，这就决定了组织只能在社会制度体系范围内设计自己的制度。所以制度设计的调研不是由内而外，而是先外后内、由外及里的，即首先应当了解组织外部已有的社会宏观规则。

组织内部的制度体系是社会宏观规则的高度浓缩，社会宏观规则是组织内部制度体系的整合放大，并反过来影响和塑造组织内部的制度体系。我国企业制度的特性一直由我国国情决定，企业制度的演变既需要尊重企业制度内生的对生产

---

[1] 戴天宇. 无为而治：设计自动运行的企业制度[M]. 北京：北京大学出版社，2014.

性功能的客观要求,又需要尊重企业制度作为一种社会制度安排在国情特性上的个性化要求①。创新平台在对外部社会规范进行参考进而制定自己的制度体系时,需要注意以下事项。一是要继承生产资料所有制及保障其动态运行的社会制度。这包括直接配套的政治制度、法律制度、意识形态等,以及间接服务的教育制度、卫生制度、社会保障制度等。这些制度涵盖社会生活的各个领域,是社会关系的骨架。二是要继承所有制形式影响的细节性规定,它们构成了社会关系的血肉,如招聘制度、考核制度、激励制度等。此外,制度制定还要遵从非正式的、不成文的社会文化与规范,譬如习俗、惯例、伦理、道德等一般性的社会规范。有时,这些"非正式规则"的约束更紧、限制更严。因为这些习俗、惯例、伦理、道德等是文化制度的形态之一,通过长期潜移默化的作用,成为人们的活动方式、生活方式和思维方式。尽管习俗、惯例、伦理、道德等这些非正式社会规范通常不具有强制性,但是管理制度设计者必须尊重、敬畏和沿袭它们。三是通过标杆分析,借鉴同行的先进做法,遵循同行在制度设计时的一般准则,这些在同行企业实践中得到认可的管理制度也为组织内部的制度体系建设提供了参照标准。

综上所述,企业创新平台的管理制度能否有效地运行,取决于它与外部社会规范之间的适应性与和谐度。从某种意义上说,企业创新平台的管理制度是社会观念和意识形态在企业内部的折射。所以,制度的设计者首先应观察、了解、搜集和整理相关的法律法规、习俗惯例、伦理道德等社会制度与文化。

2. 内部环境调研：思想、观念与企业文化

制度和文化相互交融、相互作用、密不可分。企业文化是被内部员工广泛认可的一种价值观,是柔性的,而制度具有较强的刚性和强制性。其中,文化理念是管理制度形成和创新的依据,企业文化指导管理制度的制定。管理制度又反映了文化理念的要求,要想让企业文化内化于心、外化于行,就要将其通过固化的形式形成制度以强化文化理念②。企业创新平台制度建设要和文化建设结合起来,将企业文化渗透到制度中,继而将企业文化、制度与员工行为规范结合起来。因此,企业创新平台在制度设计前要进行文化环境的调研,不仅要关注企业主流的文化,还要关注其他非主流的、散落的文化。那些不被注意到的思想、观念、习俗、惯例,往往决定了人们日常活动中的行为准则。制度设计者只有亲身体验和用心感受企业文化的现状,深刻理解企业员工所思、所想、所需,才能设计出适

---

① 余菁. 新中国 70 年企业制度的演变历程与发展取向 [J]. 经济体制改革, 2019 (6): 5-11.
② 陈孟强. 管理无形 [M]. 北京: 民主与建设出版社, 2019.

应现有文化并被员工理解与接受的制度。要注意的是，在对内部的制度环境进行调研时，要结合实践，带着问题去调查，从问题的根源出发，并结合企业创新平台的目标、需求及战略定位出台相应的制度草案。

在将企业制度与企业文化融合时，我们可以采用三个步骤：一是明确公司的企业文化纲要——使命、愿景和价值观；二是把企业文化纲要用符合企业实际的通俗语言表述，让大家易于理解且能够理解到位；三是在制度建设过程中，以文化为纲领，所有的规章制度都要与企业价值观、愿景、使命等保持一致[一]。

3. 关系网络分析

对企业外部环境、内部环境做了细致的调研和分析之后，我们还要分析组织内部关系背后的深层次动因。只有追根溯源，了解组织内部关系的物质基础，才能发现推动关系形成、演进、消亡的原因。

如果把组织视作一张网，为寻找组织内部关系背后的深层次动因，我们需要做以下工作。一是厘清组织内部的工作流程以及工作流程的衔接关系，因为它反映了人与人之间的协同关系。制度设计者不仅要了解创新平台中显性的、条块分割的部门职能，而且要弄清楚那些存在于人们之间的间接的、隐含的协同关系。基于这些了解，设计的管理制度不仅不会妨碍现有工作流程的运作，还能对工作流程进行适当的调整和重组，以加强协同效应，从而提高流程效率。二是厘清组织内部的工作线程，因为并行的工作线程可能形成人与人之间的竞争关系。一个流程分解成若干个并行的线程之后，线程之间的对比将造成人员的压力，进而形成内部竞争。三是厘清组织内部的工作进程，因为工作进程之间的控制，形成人与人之间管理与被管理的关系。管理制度的设计者要在两个进程之间插入必要的缓冲。这种进程间的耦合余地，有利于应对外部的干扰和内部的波动。四是自上而下厘清组织内部"产权—委托—代理"的关系格局，因为权、责、利的分配格局形成人与人之间的治理关系。其中产权关系对管理制度起着基础性作用。

通过厘清组织内部的流程、线程、进程以及组织内部的产权、委托、代理关系，制度设计者可以得出组织内部人与人关系背后的、有规律的逻辑关系。

4. 设计目标界定

对企业内部关系网络分析清楚之后，制度设计者接下来的任务是根据调研所得，重新分析和确立制度设计目标。制度设计者要结合新的、更为准确的调研信

[一] 吴建国. 华为团队工作法 [M]. 北京：中信出版社，2019.

息和数据，运用科学的方法，拟定具体而周详的目标方案，最后，与企业创新平台领导当面沟通确认后，形成可操作的、可观察的和可测量的制度设计目标集。

在这个过程中，各方追求的目标要尽可能地在新制度中得到体现，只是体现的程度存在差异。因此，制度的设计目标并不是单一的，它包括核心目标、主要目标和次要目标。制度设计要锁定核心目标、力争主要目标、兼顾次要目标，果断舍弃无法兼顾的目标。其中，核心目标与企业发展战略方向相一致，它的确定必须立足于企业中那些根本性、全局性、稳定性和长期性的核心因素。

制度设计核心目标的确定是从企业创新平台的战略目标集转化而来的。虽然传统的企业战略规划很少考虑制度设计，但是制度设计从一开始就要服务于企业战略目标。因此，核心目标的确定可以借鉴战略目标转化法或企业系统规划法。其中，企业系统规划法是从企业目标入手，逐步将企业目标转化为管理制度设计目标，从而更好地支持企业目标的实现。

企业战略目标的差异使创新平台管理制度的导向不同，进而影响了管理制度目标的设定。如企业采用差异化竞争战略和采用成本领先战略，相应的管理制度完全不同。采用差异化竞争战略要求制度灵活，对员工的约束较少，通过充分授权和各种奖励措施使研发人员充分发挥积极性和创造性；采用成本领先战略则要求制度的集权化程度高，通过严密的监督、严谨的程序和严格的控制来保证研发任务的完成[⊖]。

5. 设计原则确立

无规矩不成方圆。"火车跑得稳，铁轨修得准。"没有规则约束，制度设计随时都可能出"意外"。每一项制度都蕴含着若干原则，这些原则汇聚在一项制度中，构成该制度的原则域。原则域中的原则有些是特定的，只适用于某些制度，有些则是通用的。制度设计者应根据企业实际情况合理取舍，创造性地超越或扬弃一些原则。

制度原则域是制度设计者通过与管理者和员工们交流而收集信息，再经过加工整理、抽象概括、反复遴选，最终确定的一个组合。就企业创新平台而言，制度原则域主要包括人本原则、系统原则、对称原则、弹性原则和简便原则五大原则。人本原则强调一切从人出发，以调动人的积极性和创造性作为根本手段。系统原则强调用整体的、联系的、发展的系统观点看待问题，将每个研发人员当作创新平台系统的组成要素，统筹兼顾创新平台制度与社会宏观制度以及企业制度

⊖ 波特. 竞争战略[M]. 陈小悦, 译. 北京: 华夏出版社, 2005.

之间的关系，处理好创新平台内部各项制度之间的协同配合关系。对称原则强调每个部门和每个员工之间激励与约束对称、权利与义务对称、风险与收益对称。如创新平台在目标、激励、授权等制度设计时，必须把握必要的节奏、尺度和分寸，不能盲目激励，以免过犹不及。弹性原则强调制度设计时预留出一定的弹性空间，以灵活应对环境和各种条件的变化，保证制度的长期实施效果[⊖]。简便原则要求制度规定易于了解、掌握和应用，使管理者和被管理者根据制度规定，很容易明白自身行为、结果以及奖惩之间的关系。

8.3.2 系统设计

完成现状调研后，相关人员即可开始系统设计企业创新平台的制度体系。这包括元规则设计、结构化模块扩展、文字编排、审议与表决等阶段。

1. 元规则设计

元规则，就是在制度的全部规则中，可以衍生出其他规则并统领其他规则的那一条或几条核心规则，简言之，是决定企业其他规则的规则。其他规则都可以根据元规则内在的逻辑合理地演绎出来。元规则可能只是短短一句话，但是它集中体现了制度设计的思想、理念和原则，高度概括了人们的主要关系，指明了这种关系发生发展的内在机理，还表明了各方的利益诉求。科学的元规则通过这种内在机理，将人们之间关系的运行状态或结果导向预定目标。因此，制度设计者首先要精心设计者的是元规则，而非整体框架或蓝图。

华为从一家民营小企业成长为世界领先的通信设备供应商，离不开华为独有的一套学习"元规则"（Meta Rule），见图8-4。

一是以世界上最好的公司为标杆。这指的是聘请知名咨询公司，通过学习业界最佳实践来帮助华为缩短与世界上最好公司的差距。任正非为华为注入的经营理念是：要么不进入一个行业，要进入一定要做到全球前三名，成为有话语权的关键玩家。

二是先僵化，后优化，再固化。这一原则要求尽可能如实地在华为内部复制业界最佳实践和制度。

三是领导者将心注入。任正非和公司经营管理团队高管都深度参与管理制度的学习和变革中，华为管理制度变革项目组成员采用"业务精英+种子"的模式，让有足够资源的人参与变革。

⊖ 王湘棋. 用纪律和制度说话[M]. 北京：中国商业出版社，2018.

图 8-4 华为学习的"元规则"

资料来源：邓斌. 华为学习之法：赋能华为的 8 个关键思维 [M]. 北京：人民邮电出版社，2021.

四是功夫在诗外。华为的项目学习，主要不是体现在合同交付件中，而是在非正式场景学到真东西。

五是春天打扫不了秋天的落叶。华为组织管理制度实施往往等待一个时机成熟度，也就是在内部准备充足的情况下才启动。

六是一旦试点必须成。华为的试点从来就不是试试看，一旦启动试点，就抱着必胜的信念，必须让它成功。华为无论在早期学习 IPD（集成产品开发）、ISC（集成供应链）、财务"四统一"，还是后来学习 LTC（从线索到回款）、IFS（集成财经服务），所有管理制度的设计都是以学习元规则作为底层逻辑⊖。因此，企业创新平台在进行制度设计时，也要结合企业的实际经营情况思考应当遵循的元规则。

2. 结构化模块扩展

元规则设计出来后，接下来的任务是搭建制度框架。制度框架的搭建可以借鉴软件程序设计中的结构化、模块化开发思路，即依据元规则划分出各个功能模块，然后分别展开设计，自顶向下，逐步细化。功能模块的划分方法灵活多样，

⊖ 邓斌. 华为学习之法：赋能华为的 8 个关键思维 [M]. 北京：人民邮电出版社，2021.

但不能过于随便,要从易于理解和便于执行的角度入手,根据企业的具体情况,采取相应的方式。比如,企业创新平台可以从制度的参与主体入手,针对高层管理者、中层技术骨干、基层技术人员等设立对应的模块;也可以按照业务流程、工作性质、考核目标、控制环节等来划分模块。无论采取哪一种方式,我们都应遵守不交叉混用和不重不漏的原则,同时在划分时,要注意模块之间的衔接性和兼容性。

在制度设计中,最常采用的方法是以元规则为内核,向内延伸和向外扩展出各个功能模块。这种方式在细化元规则的同时,也能保证各个功能模块紧密"团结"在元规则的周围。

首先,静态延伸模块,旨在细化元规则以提高其适用性和稳定性。具体做法是:设想各种可能的内外部环境变化、例外情况以及突发事件等,分析这些情形下,各个参与方的利益诉求、博弈策略以及整体运行效果,会不会发生大的异动,会发生哪些大的异动?如果发生异动,制度中需不需要针对这些特殊情形给出相应的安排?然后,将各种可能的异动及其应对措施分类整理,相似的情况归类处理,不同的情况区别对待,从而汇聚成为制度中的预案模块,连同元规则模块一起,共同构成制度框架中的核心部分。

其次,动态扩展模块,旨在使元规则在现实当中能真正运行起来。沿着元规则的运行流程,对流程中的各个环节进行安排,提供指引,制定规则。这包括参与主体的界定(适用范围)、参与主体关系的定位(权利和义务)、决策、执行、监督等各个环节的程序设定,以及其中涉及的人、财、物等方面的流转等。这些规定为元规则的正常运转提供了配套和支持,它们也形成了制度中的运行模块,并与核心框架一起构成了制度框架中的主体部分。

最后,在主体框架外,制度设计还要设定相应的辅助模块,包括阐明制度目标、理念和原则等"总则",阐明制度用语、解释和时效的"附则"等。这些工作完成后,将建立一个中心突出、结构清晰、层次分明的制度框架。

3. 文字编排

文字编排是将"无形的规则"转换成"有形的文字",即把成型的制度框架和内容转化成制度性的文本。制度文本必须具有有序、简明、完整三个特征。有序是指整个制度文本的内容须逻辑清晰,层次分明;简明是指制度的用语须简洁通俗,易于掌握,易于应用,管理者和被管理者很容易根据制度规定了解自身行为与结果之间的关系;完整是指制度的设计应该包括企业管理活动中的方方面面,使得企业中出现的任何问题都有据可查。此外，制度用词应当保持一贯和统一，对同一个概念要尽量采用统一词汇，以免混淆。

4. 审议与表决

制度文本拟好之后，相关人员接下来就应该对它进行审议。制度审议的方式一般是邀请未来的制度监督者、执行者、被执行者以及若干专业人士，从不同角度发表意见，旨在指出制度文本中的疏漏、模糊、歧义之处以及提出修改意见。制度设计者要虚心听取并记录，意见采纳与否则取决于制度设计者与决策者之间更深入的研究。

制度的表决与审议不同，制度的表决要视情况而定，有些问题可以通过民主表决来抉择，有些问题则不行。因为制度命运的决定不仅与赞成或反对的人数多少相关，而且与各方意志的实力强弱相关[⊖]。所以，可行的制度既要考虑"多数人的意志"，更要顾及"各方的实力对比"，要合理权衡不同阶级之间的利益关系。

需要注意的是，不仅制度的表决与审议环节需要民主的参与，在制定企业创新平台制度的过程中，企业也要让员工广泛参与进来，实现自我管理。员工参与到制度设计中，既是制度宣传的有效途径，也有利于制度得到员工的理解与支持。而员工不参与制度设计可能带来的后果是不了解制度、不理解制度与不认同制度。在让员工参与制度设计时，企业可以采取设立意见箱的方法。通过设立意见箱，广泛征集员工对于科研管理、财务管理、人事管理等制度的意见和建议，制度设计者定期整理意见箱，认真分析和审核员工的建议，并对提出合理化建议的员工进行奖励。

8.3.3 检验反馈与稳步实施

真正科学的东西是可重复、可检验的，未经检验的制度，不能保证它的科学性、合理性、适用性，更不能拿去直接实施。因此，制度文本在审议与表决之后，不能马上付诸实施，而应该先做好准备工作，包括组织、人事、技术、设施、思想、舆论等各个方面的准备工作，如明确实施主体、界定人员职责、开发信息系统、配置辅助设备、制订宣传计划等。此外，最为关键的是在实施前要进行科学性与合理性的检验。

那么，如何检验制度设计的科学性与合理性呢？管理实验检验是比较可行的

⊖ 戴天宇. 无为而治：设计自动运行的企业制度 [M]. 北京：北京大学出版社，2014.

一种方法。方太集团认为管理其实是一个不断"试错"的实验过程，通过小范围的实验，控制"错误"的影响，使之不伤大局，在改正"错误"后，扩大规模继续尝试。正是凭借这种"实验导向"，方太集团在不断地实验和改进中逐渐形成了自己的管理模式和特点，成功实现了业务转型和高速发展。

优秀企业的经营管理中运用的实验方法集成到实验室，就是管理实验学。管理实验学认为，实践是检验真理的唯一标准，而实验是一切实践检验过程的精练和预演，如果一种管理模式、理论或方法无法解释实验室条件下发生的简单现象或特殊现象，又凭什么相信它可以解释社会实践中发生的复杂现象？因此，在管理实验学看来，一切管理要素及其组成和运行过程，均可作为实验的对象。管理实验的难度远高于一般的自然科学实验，因此它的主要作用在于"证伪"。

管理实验学通过场景模拟、过程再现、角色扮演、实况录像、局部试点等手段，借助特定人群的实验，研究管理模式、理念、原则、方法的科学有效性和实践可行性[○]。新设计的管理制度对组织来说也是新的规范，因此在付诸实施之前，要安排相关的试点实验，关注运行的局部和细节，以期发现隐患，防患于未然。一般选择在不同类型的部门进行新制度的局部试点，在制度试运行过程中，制度设计者发现并解决问题，对制度进行修改。

正如开篇案例介绍，格力电器卓越的创新平台建立离不开完善的管理制度。格力电器始终坚持问题导向的思想方法，合理设计制度体系。董明珠认为："管理就是不断发现问题、解决问题，并把解决问题的方法升级为一种制度。"在长期的管理实践中，格力电器形成了一套"问题识别—分析论证—方案制定—评估优化"的制度修订的程序化方法，以确保格力电器制度建设的科学合理（见图8-5）。

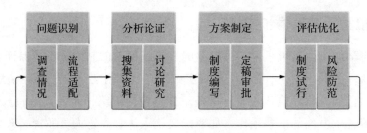

图8-5 格力电器创新平台制度修订的基本思路

资料来源：张振刚. 格力模式 [M]. 北京：机械工业出版社，2019.

第一，关于问题识别，格力电器积极开展多层次调查研究，了解格力电器发

○ 陈丽新，饶莉，黄洁. 管理实验教程 [M]. 成都：西南财经大学出版社，2018.

展实践中出现的新问题，并据此提出发展的新目标和改善的新方法。

第二，关于分析论证，格力电器对识别出的问题进行分析，包括问题的由来、问题涉及的行为主体、业务流程与问题带来的影响，并通过广泛搜集资料，深入相关部门开展详细的实地调查，对出现问题的根本原因进行深入分析。

第三，关于方案制定，格力电器的制度修订重在解决问题，在企业管理部的组织下，格力电器举行公司职能部门联席会议，由问题所涉及的多个部门共同商讨，针对识别出来的制度缺陷或工作实践中产生的问题提出制度修订方案。

第四，关于评估优化，制度在修订完成后需要不断修改才能逐渐完善。在制度执行过程中，制度设计者判断制度的实施过程是否顺畅，考察制度在具体实施中是否取得了预期效果。制度设计者将制度执行的实际情况与预期进行比较，去识别和解决制度存在的问题，对制度内容进一步修改，从而使制度与时俱进。

制度的跟踪调试工作应当贯穿于制度的整个生命周期过程。跟踪调试通常有三种方式。一是实时跟踪，换言之，制度设计者"潜伏"在企业内部，随时掌握制度的运行状况；二是通信跟踪，制度设计者与企业管理层保持密切的通信关系，及时掌握制度实施中发生的异常状况；三是定期回访，制度运行初期，每月回访一次，之后每季度回访一次，以定期了解制度运行情况，直至制度运行趋于平稳和正常。上述三种方式应以第二种方式和第三种方式为主。一般而言，严格按照流程和规范设计出来的制度，很少与制度目标有很大偏差，即使需要做调整，也只是针对个别的环节与细节。

制度建设要注意与时俱进，在保持相对稳定的同时，及时根据当下的经济与社会发展状况、竞争环境的变化进行调整或变革[⊖]。同时，科学合理的制度还要结合企业文化，符合企业的价值观，符合企业客观实际，要能调动员工的主动性、积极性。

⊖ 王应黎，徐礼俊. 左手建制度 右手抓落实：管理者做好这两件事就够了[M]. 北京：人民邮电出版社，2017.

第 9 章

协同创新

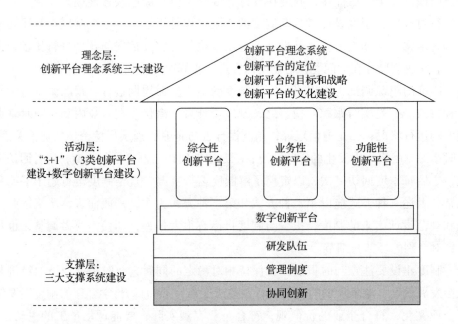

协同创新是指企业围绕创新的目标和战略，依托创新平台，连接创新参与主体，实现创新资源整合，提升创新能力的过程。协同创新是企业创新平台开展创新活动的重要基础，位于企业创新平台体系的支撑层，与研发队伍和管理制度共同组成企业创新平台三大支撑系统，支撑着理念系统建设和活动系统建设的各类要素，以此满足企业的创新需求，达成企业的创新目标。

协同创新可以理解为开放式创新的一种特殊形式。开放式创新强调组织在创新投入、创新产生以及创新商业化过程中的边界渗透与模糊化，而协同创新强调资源的有序性，即不同资源间的协调配合，从而实现单一组织无法实现的共同价值创造。它可以分为创新平台内部协同和外部协同，由于内部协同在其他章节已经有所涉及，本章着重探讨外部协同。

开篇案例

海尔——"世界就是我的研发部"

海尔是国内企业利用外部支撑资源进行协同创新的先驱和典范，2009年就成立了专门开展协同创新的部门，2013年上线了海尔HOPE（Haier Open Partnership Ecosystem）平台。HOPE平台致力于打造全球最大的协同创新生态系统和全流程创新交互社区，吸引全球资源和用户参与，持续产出颠覆性创新成果。HOPE平台的推出，为海尔利用外部支撑资源搭建了桥梁，使得海尔能更好地利用外部资源，开展同外部主体的协同创新。迄今为止，海尔在中国、欧洲、美国、日本、韩国、新西兰、墨西哥、印度等地建立了十大研发中心。每个研发中心都是一个独立的研发总部，拥有不同的地域性技术优势，同时又能依据需求相互协同，形成遍布全球的创新资源网络，让全球用户和资源在平台上零距离交互、无障碍协同，扩大创新的来源和实现创新转化过程中的资源匹配，实现生态圈内协同合作、共创共赢。

在全球十大研发中心的基础上，海尔还在硅谷、以色列、新加坡等地建立了专门从事协同创新业务的创新中心，并在世界范围相关技术领域的技术高地成立了创新团队或设置创新合伙人，把原本讨论和分享信息的创新社区升级为各领域专家进行知识分享和参与项目研发的交流平台，通过各种灵活的协同手段网罗全球可用的高质量技术资源。这些研发中心、创新中心为海尔技术研发提供了良好的外部支撑，它们合力为新产品提供最好的解决方案。通过协同创新中心的支持，海尔将这些创新资源进行转化及生产，最终实现各相关方的利益最大化，以此实现真正意义上的协同创新。

海尔通过构建全球"10+N"（"10"代表在全球的十大研发中心，"N"代表根据用户痛点随时并联的N个创新中心、创新网络和逾万人的创新合伙人专家社群）的创新生态体系，并搭建HOPE平台，可链接"100万+"项一流资源，实现全球24小时不间断协同创新。在海尔，来自世界各地不同领域的专家可以"齐聚一堂"，为攻关同一个技术难题而协作，给用户带来极致的产品体验。据了解，HOPE平台可触及全球一流资源达380万项，注册用户达40多万，平均每年产生创意超6000个，累计成功孵化220个创新项目，研发资源匹配周期从过去的8周缩短至6周[①]。

资料来源：梁海山，魏江，万新明.企业技术创新能力体系变迁及其绩效影响机制：海尔开放式创新新范式[J].管理评论，2018，30（7）：281-291.

[①] 中新网移动版.海尔开放创新平台：打造最大开放式创新生态系统[EB/OL].（2022-11-09）[2023-11-09]. http://ku.m.chinanews.com/wapapp/zaker/life/2017/01-11/8120755.shtml.

从上述案例中可以看出，海尔研发中心通过打造 HOPE 平台，吸引全球资源和用户参与，整合创新力量，共享创新资源，提高创新效率，降低研发成本。企业创新平台的构建需要考虑外部支撑与多个主体之间的协同，通过利用外部资源，更好地提升企业创新能力。

9.1 什么是协同创新

9.1.1 协同创新的内涵

创新的范式经历了由传统的封闭式创新到开放式创新，再到协同创新的演变。传统的创新模式是企业通过自身的研发能力和资源实现技术的更新迭代，通过技术引进、纵向一体化和严格的内部控制等诸多传统的创新途径，来整合创新资源实现技术创新。这种模式使得企业的创新能力受其自身资源条件的约束。在经济全球化和市场竞争日益激烈的背景下，随着技术的复杂程度和市场需求的个性化水平不断提高，这种封闭式的创新模式越来越难以满足企业对技术研发的需求。基于此背景，开放式创新的理论和实践应运而生。

目前，学界关于开放式创新的内涵主要有三种视角。一是资源视角。最早提出开放式创新概念的是切萨布鲁夫（Chesbrough）。他结合企业创新实践提出，开放式创新就是跨越组织内外边界创新资源的流动，即企业通过打破边界的束缚，将内外部创新资源整合到一个结构中进行技术研发，同时将内部技术通过自己的渠道带入市场，利用外部渠道实现商业化。二是过程视角，即把开放式创新看成一种创新的过程。利希滕塔勒（Lichtenthaler）从知识管理的角度出发，提出开放式创新就是跨越组织边界的知识探索、维护和利用过程[①]。企业在这一过程中，系统地对其内部和外部的知识进行探索和开发，对创新资源进行搜寻、获取和利用，通过内外部资源的整合实现创新。三是认知视角。韦斯特（West）指出，开放式创新不仅是一些受益于创新的技术层面上的实践活动，也是一种创造、转化与研究这些实践的基础认知模式[②]。在封闭式创新下，企业一直存有对创新绝对控制的心态，这种心态促使企业高度自力更生。开放式创新则需要企业以开放的心态对多

[①] LICHTENTHALER U. Open innovation: past research, current debates, and future directions[J]. Academy of management perspectives, 2011, 25(1): 75-93.

[②] WEST J, GALLAGHER S. Challenges of open innovation: the paradox of firm investment in open-source software[J]. R&D management, 2006, 36(3): 319-331.

样化的开放式创新实践进行梳理,扩大它们的应用范围[○]。

协同创新是科技创新的新范式,可以理解为开放式创新的一种特殊形式,但它还拥有两个明显特征:一是整体性,即在协同创新生态系统内,各种要素实现有机集合而不是简单相加,其存在的方式、目标、功能都表现出统一的整体性;二是动态性,即协同创新生态系统是不断动态变化的,其表现为不同组织、不同行业、不同领域以及创新链各环节之间的技术融合与加速扩散。因此,协同创新是一项更为复杂的创新组织方式,它形成了以大学、企业、研究机构为核心要素,以政府、金融机构、中介组织、创新平台、非营利性组织等为辅助要素的多元主体协同互动的网络创新模式,通过知识创造主体和技术创新主体间的深入合作和资源整合,产生系统叠加的非线性效应。本书参考陈劲和阳银娟对协同创新的内涵解释,认为协同创新是企业、政府、高校和科研院所、科研中介机构等为了实现重大科技创新而开展大跨度整合的创新组织模式[○]。其中,企业、政府、高校和科研院所、科研中介机构是协同创新的主要参与主体。

9.1.2 协同创新的参与主体

在科技经济全球化的环境下,开展大跨度整合的创新组合模式被实践证明是有效提高创新效率的重要途径。企业创新是一项系统性工程,任何企业的创新活动都不是单一和封闭的,比如需要政策、信息、资金,以及相关的技术支持等。因此,在协同创新范式下,企业置身于协同创新生态系统之中,与外部主体共同开展知识共享、资源互惠,实现创新的高效协同。

协同创新主要表现为产学研合作的过程,但产学研合作并不是自发的过程,因为各个创新主体的利益诉求和出发点都不一样。如果缺乏国家宏观的制度安排,以及政府的引导和协调,结果很可能是零和博弈。因此,政府作为制度创新主体,是协同创新有效开展的重要参与主体。

詹姆斯·马奇(James March)认为,知识分为学术知识和经验知识,学术知识强调普遍性,而经验知识则强调能够直接应用于具体情境,具有很强的时空聚焦性[○]。创新过程是两类知识的糅合和整合的过程。高校和科研院所作为知识的主

○ 高良谋,马文甲. 开放式创新:内涵、框架与中国情境 [J]. 管理世界,2014(6):157-169.
○ 陈劲,阳银娟. 协同创新的理论基础与内涵 [J]. 科学学研究,2012,30(2):161-164.
○ 马奇. 马奇论管理 [M]. 丁丹,译. 上海:东方出版社,2010.

要生产者和提供者，对知识的传播、整合、流通起着重要作用。因此，高校和科研院所为协同创新发挥了知识创造的作用。

协同涉及知识、资源、行为、绩效的全面整合[一]。高校和科研院所能够创造出大量的知识，包括以数据库、发明专利、文献等形式呈现出来的各种知识。要在产学研三方合作的过程中实现行为的最优同步化，需要实现知识的集成、转移、扩散以及资本化。科研中介机构通过信息资源配置，促进科技成果转化，在提高高校和科研院所的研究成果与企业的技术需求之间的匹配度，以及系统内知识、资源、行为的匹配度方面发挥了重要的作用。因此，科研中介机构也是协同创新得以顺利开展必不可少的主体。

从国家创新体系和区域创新体系的范围来看，企业创新作为国家和地区创新系统的一个子系统而存在，受到外部系统的交互影响。协同创新的参与主体主要包括企业（技术创新）、政府（制度创新）、高校与科研院所（知识创新）、科研中介机构（信息资源配置）四类主体[二]，能为企业协同创新的开展提供外部支撑（见图9-1）。

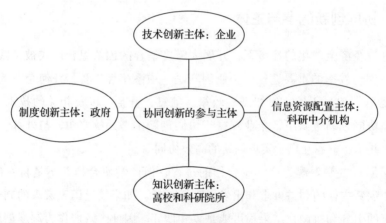

图 9-1　协同创新的参与主体

资料来源：
[1] 原长弘，张树满．以企业为主体的产学研协同创新：管理框架构建[J]．科研管理，2019，40（10）：184-192．
[2] 刘志迎，沈磊，冷宗阳．企业协同创新实证研究：竞争者协同创新的影响[J]．科研管理，2020，41（5）：89-98．

[一] SERRANO V, FISCHER T. Collaborative innovation in ubiquitous systems[J]. Journal of intelligent manufacturing, 2007, 18(5): 599-615.

[二] 一些研究将金融机构也作为重要的参与主体，本章9.2.2节"产学研合作"中有简单介绍。

1. 技术创新主体：企业

技术创新是由生产技术问题提出、技术研发、成果中试、成果商业化以及业务链条产业化组成的一项活动。技术创新是一种经济行为，需要市场拉动。企业的本质就是要创造价值，从而实现盈利。因此，企业作为市场主体，一项重要活动是将技术创新成果商品化从而创造科研成果价值。企业唯有通过不断创新，才能在竞争激烈的市场环境中求得生存和发展。这种商业性质是高校和科研院所不具备的。这也是企业成为技术创新主体的重要原因。

技术合作是企业之间进行技术创新的主要形式。面对激烈的市场竞争，一个企业不仅要依靠自身的知识和技术积累，还要依靠外界的知识来源。在科技经济全球化的环境下，实现以开放、合作、共享的创新模式被实践证明是提高创新效率的重要途径。对作为技术创新主体的企业而言，充分调动大学、科研机构等外部创新主体的积极性和创造性，进行跨学科、跨部门、跨行业组织的深度合作和开放创新，有利于更好地实现知识增值和价值创造。因此，各创新主体的协同能够实现知识整合与资源优化配置，对于加快不同领域、不同行业以及创新链各环节之间的技术融合与扩散，有着重要的意义。协同的概念是安索夫（Ansoff）在1957年首次提出的，他认为协同是基于资源共享的基础上企业间共生互长的关系[1]。陈劲和阳银娟将"协同创新"定义为：企业、政府、高校和科研院所、科研中介机构等为实现重大科技创新而开展大跨度整合的创新组织模式[2]。从知识创新和能力互补的角度出发，企业通过协同创新网络与能加速技术创新和商品化的要素进行融合，以产生技术领先且能被市场接受的产品。

现有研究以参与协同创新的主体不同为依据，将协同创新模式分为横向协同创新模式、纵向协同创新模式和产学研协同创新模式三种。横向协同创新模式指的是企业与竞争对手之间进行协同创新；纵向协同创新模式是指企业与用户、供应商、分销商等的协同；产学研协同创新模式指的是企业与大学及各类科研机构之间的协同。需要指出的是，本小节的研究主要是基于产业链的纵向协同创新和产学研协同创新，而产学研合作将在本章第二节进行介绍。

（1）供应链上游供应商。产业链资源圈的主要成员——上游供应商对于技术创新的影响已经得到学者研究证实。伊利仁科（Yli-Renko）指出，通过与供应商构建合作网络关系能够促进知识的创造、获取和利用[3]；约翰森（Johnsen）指出，供

---

[1] ANSOFF H I. Strategies for diversification[J]. Harvard business review, 1957, 35(5): 113-124.

[2] 陈劲，阳银娟. 管理的本质以及管理研究的评价[J]. 管理学报，2012, 9（2）: 172-178.

[3] YLI-RENKO H, AUTIO E, SAPIENZA H. Social capital, knowledge acquisition, and knowledge exploitation in young technology-based firms[J]. Strategic management journal, 2001, 22: 587-613.

应商早期广泛参与新产品开发项目有助于提高新产品开发效率[1]。而下游企业则是技术创新计划的来源，为后期技术创新提供灵感。

企业与供应商之间的交互关系是创新管理成功的关键。更多的制造企业进行技术创新时，把视角转向供应商，与供应商联合进行技术创新。制造商与供应商的关系在知识开发、资源利用、联合创新中发挥着关键作用。供应商参与创新能与企业共享信息和技术，工程师之间的沟通和互动能够拓展其各自的技术能力，促进创新绩效。供应商与企业之间的长期合作关系使供应商能够参与到持续的创新开发及改进活动中，在创新活动中实现互利共赢。供应商"参与技术创新"的方式主要有以下两种：

一是直接介入创新。供应商通常在用户新产品开发的初期就进入，与用户企业合作创新。以宝钢与汽车制造商的创新合作为例，当宝钢的公司用户（汽车制造商）尚在车型开发阶段时，宝钢的科技人员就参与到零件冲压成型仿真分析、模具调试用材选择、调模试冲、修模方案分析和工艺参数制定等工作中，双方通过交流和共享技术信息可以精简项目的关键路径，从而有助于降低项目的内在复杂性，也帮助企业快速吸收新的技术知识并了解市场信息[2]。企业与上游供应商进行先期创新合作的意义在于不仅促进了产品开发阶段知识和技术的创造，而且突破了产业链上下游的销售关系，将其扩展成相互支持的战略伙伴关系，从而打造出有竞争力的供应链。

二是间接提供创新资源。研究表明，企业与供应商如果能够建立起充分的信任关系，就能降低供应商对企业机会主义行为风险的感知，形成企业会对其贡献进行公平利益分配的认知[3]。此时，供应商就不再需要采用直接介入的方式推动企业创新，而是在知识、技术等资源配置上优先对待这些企业，并将这些企业列入优先客户序列，为企业提供技术和组织资源支持。供应商充分、及时地提供各种形式的资源，支持企业开展技术创新，有利于企业将供应商的创新能力内化为自身技术创新优势。例如，供应商会根据企业技术创新需求派遣最匹配的员工、从组织形式上适应企业技术创新、优先给予企业长期合作承诺和改进建议、优先配给制造商专业技术和创新成果等。

（2）供应链下游企业。供应链下游企业在企业技术创新过程中也扮演着重要角色。企业要运用已有的知识来创造新知识、新技术。随着竞争加剧以及"开放式

---

[1] JOHNSEN T E. Supplier involvement in new product development and innovation: Taking stock and looking to the future[J]. Journal of purchasing and supply management, 2009, 15(3): 187-197.

[2] 陈劲，陈钰芬. 开放创新体系与企业技术创新资源配置 [J]. 科研管理，2006（3）：1-8.

[3] 李勃，和征，李随成. 供应商参与技术创新的效能提升机制研究：社会资本视角 [J]. 科技进步与对策，2018, 35（16）：22-28.

创新"思想和实践逐渐盛行，管理者对企业外部知识的获取和运用越来越重视。外部知识来源广泛，其中供应链下游企业被看成重要的知识源泉，这是因为供应链总体创新任务由下游主导。另外上游供应商的创新绩效对下游影响很大，因此下游企业常主动向供应商提供技术知识。下游企业的作用主要体现在以下三个方面：

一是下游企业提供技术知识。企业本身积累了很多知识，是主要的知识来源。但是创新还需要来自外部的知识，其中下游企业是较为重要的来源。上游熟悉的技术一直在为下游的需求服务，在技术改进中要考虑双方的技术匹配，需要以下游技术为参考。供应链上的技术合作如果非常广泛，且上下游之间建立了成熟的知识传递通道，那么企业对下游知识的吸收能力就会很强，运用知识的效率就会很高，这将提升企业的技术创新水平。

二是下游企业提供互补性资源。一个组织对另一组织的依赖与该组织对它所依赖的那个组织能提供资源或服务的需要成正比，而与不可替代的其他组织提供相同的资源或服务的能力成反比[⊖]。上下游企业间的资源相似度较低，核心业务和能力重叠少，因此具有很强的互补性（如上下游企业间共享研发、制造、市场等核心能力），且彼此间互补知识的共享可强化各自的核心能力和供应链整体的协同性，从而不断加强企业间的相互依赖性。

三是下游企业向上游企业提供反馈信息。产业链上下游企业之间存在着大量价值交换。在新产品成功开发之前，制造商的创新活动需要经销商的需求反馈，结合经销商反馈的需求信息进行相应的战略计划调整以及项目规划，再具体实施到研发活动中。在新产品开发出来之后，企业又需要与经销商进行合作来进行市场投放与修正，以提升企业对市场整体形势的把握。

以海尔为例，为了与供应商共同应对终端市场激烈竞争的考验，海尔邀请有实力的供应商参与到产品的前端设计与开发中，以提升双方的技术创新能力，实现海尔和供应商的双赢。

对海尔内部而言，与供应商的合作使海尔不断地实现技术创新，提高对用户的响应速度，降低了成本。海尔能够根据用户的需求与供应商零距离沟通，保障了海尔整机技术的领先性。例如，爱默生参与到海尔洗衣机电机的开发中，形成技术领先的变频洗衣机；三洋参与到海尔冰箱的设计开发中，形成技术领先的变频冰箱。另外，一些电源线等厂家参与到海尔标准化的整合工作中，这使得海尔零部件的通用化大大提高，增强了海尔的竞争力。

⊖ THOMPSON J D, MCEWEN W J. Organizational goals and environment: goal setting as an interaction process[J]. American sociological review, 1958, 23(1): 23-31.

对海尔的供应商而言，与海尔合作可享受青岛市提供的优惠产业政策并实现与海尔的零距离互动，一方面，其可获得全球其他企业的订单，保证了高的盈利水平；另一方面，其新材料与新技术可以优先应用到海尔的各种产品上，帮助供应商实现技术创新转化为生产力，极大增强了供应商技术创新的动力。

2. 制度创新主体：政府

制度创新是指能使创新者获得追加或额外收益的变革，是组织形式、经营管理等方面革新的结果。具体来讲，制度创新包括所有制、分配制度、劳动组织、公司形式、市场管理方式、税收制度、信用机构等组织形式和经营管理形式的变化与调整○。政府作为引导国家创新系统和区域创新系统发展的主体力量，是国家和科技创新平台的顶层设计者、导向协调者，为企业创新提供制度基础和政策保障，同时为其发展指明方向。

政府通过整体规划、政策导向和经费支持进行组织协调，为创新活动提供有效的管理和服务，调动发挥高校、科研院所、企业等主体的积极性，促进科技成果研发、转化和产业化。政府的主要职能是积极营造有利于企业发展的创新环境、促进创新网络的形成、有效规范市场行为、挖掘区域内潜在的创新资源、营造创新的氛围等，使信息、知识、技术的传递与扩散能够准确和有效地进行。对企业创新而言，政府的作用主要体现在以下三个方面：

一是营造良好的创新环境。创新环境包括软环境和硬环境两个方面。其中，良好的软环境包括良好的制度环境、完善的地方税收减免体制、规范的区域法律环境以及浓郁的创新文化氛围；良好的硬环境包括完善的交通运输系统、信息通信系统、人才交流会场等一系列基础设施以及中试基地、创新资源共享平台、公共信息服务机构等服务设施。

二是协调创新主体之间的关系。政府根据国家发展战略，通过产业发展政策与目标，组织重大科技创新计划和项目，推动产学研合作，推广创新成果，开展国际合作交流，促进知识技术和人才的合理流动，从而引导各创新主体在工作目标和职能上的协调一致。

三是供给和配置创新资源。政府对创新资源的供给与配置主要表现在三个方面。在创新资金供给上，一方面，政府通过财政拨款对R&D经费及教育经费的直接投入、税收间接投入、创新融资等金融政策对创新活动提供直接资金支持；另一方面，政府制定支持创新的风险投资金融政策，建立多方投入、风险共担、利

○ 施利毅，陈秋玲.科技创新平台 [M].北京：经济管理出版社，2017.

益共享的风险投资运行机制对创新活动提供间接资金支持。在创新人才供给方面，政府通过加大公共教育投入力度，完善技术人才培养体系，加快人才在各部门的流动和合作，提高创新活动人力资源储备。在信息资源以及基础设施供给方面，政府投资建设信息网络、图书情报及公共服务设施等硬件基础设施，为区域创新系统的建设和企业创新活动的开展提供有力保障。

例如，中国高铁从跟随国际前沿技术到实现完全自主研发核心技术，离不开政府的产业政策和创新平台的支持。2008 年，中国南车股份有限公司（以下简称中国南车）[一]所属南车四方机车车辆股份有限公司（以下简称四方股份）凭借雄厚的研发实力和领先的创新能力，被批准在高速轨道交通装备制造领域设立国家重点实验室。铁道部[二]还将四方股份列为国家高速列车产业化制造基地，并且建设国家级技术中心和国内一流的博士后科研工作站，使得四方股份拥有专业门类齐全、层次结构合理的技术研发队伍，形成了多层次、相衔接，既为长期发展建立技术储备又能适应当前市场形势的技术研发体系。四方股份还拥有国际轨道交通装备制造企业线路最长、功能最全的多功能环行实验线等装备。在铁道部的政策支持和统一组织下，四方股份通过对国际先进技术的二次创新，成功搭建起高速列车设计、生产平台，在高速列车自主创新、设计制造方面取得了丰硕的成果："和谐号"CRH2 型时速 200 千米及以上动车组列车是铁路第六次大提速的主力装备；国产首批 6 列 CRH2-300 型动车组列车，在时速 350 千米的京津城际铁路投入运营[三]；首批具有自主知识产权的长大编组动车组列车也投入运营[四]。2009 年 2 月，科学技术部和铁道部联合发布了《中国高速列车自主创新联合行动计划》，成立高速列车系统集成国家工程实验室，四方股份成为国家新一代高速列车的主导研制单位[五]。中国南车通过与四方股份的合作实现技术赶超，推动了中国轨道交通装备制

[一] 2015 年 9 月 28 日，中国南车股份有限公司与中国北车股份有限公司重组合并为中国中车股份有限公司。

[二] 中华人民共和国铁道部曾是主管铁路工作的国务院组成部门之一。2013 年 3 月 10 日，根据第十二届全国人民代表大会第一次会议审议的《国务院关于提请审议国务院机构改革和职能转变方案》的议案，铁道部实行铁路政企分开。国务院将铁道部拟定铁路发展规划和政策的行政职责划入交通运输部；组建国家铁路局，由交通运输部管理，承担铁道部的其他行政职责；组建中国铁路总公司，承担铁道部的企业职责；不再保留铁道部。

[三] 新华社. 国产时速 350 千米动车组奥运前用于京津城际铁路[EB/OL].（2008-04-12）[2021-12-07]. http://www.taiwan.cn/xwzx/jrbd/200804/t20080412_623727.htm.

[四] 新华网. 世界首批长大编组卧车动车组今起投入运营[EB/OL].（2008-12-21）[2021-12-07]. http://news.sohu.com/20081221/n261337306.shtml.

[五] 中华人民共和国科学技术部. 中国高速列车自主创新联合行动计划工作会议召开[EB/OL].（2008-12-25）[2021-12-07]. http://www.gov.cn/ztzl/2008-12/25/content_1187106.htm.

造业的进步与腾飞,实现了轨道交通装备从"中国制造"向"中国创造"的转变,创造了骄人的经济与社会效益。

3. 知识创新主体:高校和科研院所

知识创新是指人类在认识世界、改造世界的过程中,通过进行基础研究与应用研究等科学研究,从而获得新的基础科学以及技术科学知识的过程。

知识创新主要表现在已创造的新知识与产品、流程和服务的结合或知识物化为新产品、流程或服务的过程[1]。知识创新包括显性知识与隐性知识相互转化的外部化、社会化、整合化和内部化四个"知识螺旋"结构。外部化是隐性知识转化成显性知识的过程。通过外部化过程,组织成员加深了对知识的理解,同时也促使组织成员将他们的想法和主意以清晰的概念方式表达出来。知识社会化过程中,企业可以集中和扩大隐性知识,从而可以减少成员分享知识的障碍。知识整合化过程将显性知识转化成为更为复杂和系统的显性知识,企业可以利用整合化过程在既有知识的基础上创造出新的知识并加以运用。内部化过程是显性知识转化为隐性知识的过程。员工通过内部化过程可以将知识转化为组织记忆,并且运用在新产品开发和制造过程中。

知识创新是科技创新和制度创新的基础,没有知识创新,科技创新、制度创新就成了无源之水、无本之木。高校和科研院所作为知识创新的主体,其作用主要有以下几个方面:

第一,提供新的知识和技术。高校和科研院所作为知识创新的主体,向企业提供丰富的基础知识、应用知识和技术。基础知识一方面可以用于构建科技创新的知识基础,另一方面有利于营造区域创新环境,而应用知识和技术的创新则可以直接转化为生产力。

第二,提供创新人才。高校和科研院所主要从三个方面为区域创新系统提供创新人才:一是为企业提供人才,通过自身的作用直接向劳动力市场提供充裕的高素质科学家和技术人才;二是为企业培养人才,通过承担教育和培训的职能,开展包括科学家、工程师和技术人员等创新型人才的培训;三是为企业吸引人才,通过人才集聚效应,吸引更多的高素质创新人力资源到本区域聚集,完善本区域劳动力市场结构。

第三,提供咨询服务。高校和科研院所一方面通过开展各种形式的科技成果展示和发布咨询会,积极向企业转让自己的科技成果;另一方面,通过协助政府制

---

[1] 晏双生. 知识创造与知识创新的涵义及其关系论[J]. 科学学研究,2010,28(8):1148-1152.

定与完善自主创新相关的知识产权、产业规划、财政、税收及收入分配等配套政策体系，在资源配置、人才培养、成果转化等方面营造支持与鼓励自主创新的良好氛围及创新环境。

第四，推进产学研合作。一方面，高校和科研院所等知识创新主体可以直接融入区域的发展中，与当地企业紧密合作，协同推进知识的整合和技术的扩散，以提供更多的创新机遇；另一方面，高校和科研院所可以在学校内建立科技园区，承担孵化器的职能，利用学校的科研资源和条件，促进企业和高校、科研院所之间的知识共享和融合。此外，这还可以不断转化新的科技成果，向社会输送成熟的高新技术企业和能够产业化的科技成果，带动区域内高新技术企业的发展。

例如，利口福公司通过产学研合作引进外部创新资源，组建了产学研合作创新平台。利口福公司与仲恺农业工程学院、华南理工大学等院校及科研院所建立了长期稳定的产学研合作机制，2016年与仲恺农业工程学院合作建立"广州市广式传统食品加工与安全控制重点实验室"，2017年与华南理工大学共建"广式特色食品研发中心"，2017年与中科微量元素研究所合作建立"健康营养食品研发中心"，2017年与仲恺农业工程学院合作建立"研究生联合培养合作基地"，2018年创建广州市博士后创新实践基地，2019年与华南理工大学共建教学实习基地。利口福公司在产学研方面不断取得进展，初步建成了高效整合多方创新资源的创新体系。

4. 信息资源配置主体：科研中介机构

信息资源配置中介是指为创新主体与外部环境的交流和区域间交流提供途径，为区域创新提供专业化、市场化和信息化服务的社会组织。作为主要的信息资源配置中介，科研中介机构是连接政府、企业、高校和科研院所等创新主体的沟通桥梁和信息纽带，它的业务是为区域创新活动提供信息商品和服务，通过开展信息资源聚合、扩散和转化活动，促进信息资源开发、共享与利用，实现信息资源的有效配置，提高创新资源的利用效率，增强政产学研的协作关系。

科研中介机构主要包括信息中心、培训中心、咨询公司、知识产权中心、技术评估机构、生产力促进中心、技术开发交流中心、创业服务中心以及科技园区和高新技术产业开发区等。根据服务功能的不同，中介机构可分为交易平台型、转移代理型和技术孵化型三种。交易平台型中介机构的主要功能是通过举办各种交易会、博览会、经济技术洽谈会、技术难题招标会、技术信息汇编推介会等多种形式的活动为企业服务；转移代理型中介机构主要提供一些技术评估、技术咨询、信息交流、法律咨询、管理咨询等服务，以行业协会和生产力促进中心为代表；技术孵化型中介机构的主要功能是为新创企业提供硬件设施与政策优惠、信息交流、人才交流和管理、技术、法律咨询及融资服务等。

广东省华南技术转移中心有限公司（简称华转中心）于2017年10月20日成立，总部位于粤港澳大湾区的几何中心广州市南沙区，是由广东省政府统一部署，广东省科技厅、广州市科技创新委员会、广州南沙区管委会联合支持共建，广东省生产力促进中心牵头建设的国有创新服务平台。结合技术转移"低频、高难、非标、长线"的基本特征，华转中心以技术转移网络平台匹配的基本模型为基底（见图9-2），通过人工智能、云计算、大数据等新技术，构建了覆盖"技术需求—成果汇聚—技术交易—支撑服务—孵化育成"等关键环节的技术转移转化生态系统，实现了创新技术从供给方到需求方的转移。华转中心将导入知识产权服务和交易、检验检测、研发设计等科技服务资源，以促进知识流动和技术转移为主要目的，打造立足南沙、面向粤港澳大湾区、辐射华南的技术转移交易综合平台。

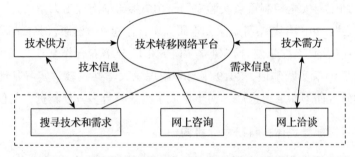

图 9-2　技术转移网络平台匹配基本模型（华转中心）

区域经济发展离不开科技创新的推动作用，科技创新活动离不开中介机构的服务。中介机构在区域创新系统的功能包括以下几方面：

一是协调创新主体关系。中介机构与政府、企业、高校和科研院所建立的各种正式与非正式关系，通过整合政府的发展计划、企业的技术诉求、高校和科研院所的资金需求等问题，协调政府、企业、高校和科研院所的资源及需求，推动"政企学研"合作的开展。例如，华转中心自成立以来，一直与国内著名高校和科研院所保持着紧密的技术合作关系，分别与中山大学、华南理工大学、中科院等建立了项目合作或战略合作伙伴关系，协调了广东高校、科研院所和科技企业与港澳相关机构的对接合作。

二是促进科技成果转化。中介机构通过为企业提供融资渠道、技术来源、人力资源、管理咨询、办公场所等方面的便利，以及商业网络、市场渠道、技术测试、人才培训等方面的服务，促进企业科技成果转化，实现科技成果的产业化发展。例如，华转中心通过推动科技人才全链条参与技术转移转化，推动科技成果直接转化在企业车间。华转中心依托承担"广东省企业科技特派员"专项改革，通过线上平台为企业技术需求与科技人才揭榜对接提供精准匹配服务，线下举办企业科技特派员地市行系列活动，让科研专家为企业技术"疑难杂症"号脉诊断。通过科技人才驻厂帮助企业解决实际技术问题的新方式，华转中心将高校、科研院所的研究能力和成果应用在企业实际研发生产中，在全国率先打造了以"人才"为核心的技术转移模式。

三是优化区域资源配置。中介机构既是政府与企业、高校、科研院所的中介，也是各类科技创新资源之间的市场中介，凭借着专业化的信息技术和人员，具有信息资源开发和管理的优势。它将各类创新资源进行信息整合，根据创新主体的创新资源需求提供个性化的信息服务，降低创新主体的资源搜寻成本，提高区域创新资源的配置效率，实现科技创新资源的优化配置。作为广东省建设珠三角国家科技成果转移转化示范区的龙头及核心机构，2018—2022年，华转中心受各省级、市级科技管理部门以及高校和科技服务单位委托，已开展培训110场以上，涵盖技术转移和科技管理系列，共培养专业技术转移人才2000余人，年均开展超过30场科技主题公益性培训活动，为超过30 000人次提供公益服务，范围辐射长三角、华南、华北、西北等地，有效优化了各个区域的创新资源配置。

四是规范区域创新环境。科技中介组织中的评估机构、资格认定机构和行业协会、商会组织等，能对区域创新系统中的科技创新进行公证、评估、审计、监督、规范，对行为主体进行资格审查和市场监督，使科技创新合法有序地进行。科技中介组织还可以规范市场主体的创新行为，维持市场正常的运行秩序，形成规范的区域创新环境，实现区域创新主体利益关系的一致化和最大化。

例如，华转中心秉持"共建共享、务实专业、服务创新、成就梦想"的核心理念，致力于让先进技术快速转化为创新生产力。华转中心着力构建"一站式对接、一条龙服务、全生命周期、全要素网络"的技术转移转化生态系统，覆盖"技术需求—成果汇聚—技术交易—支撑服务—孵化育成"等关键环节，集聚整合国内外高端科技成果、人才、机构、资本等资源，努力建设成为立足华南、辐射全国、面向国际的战略性、国际化、综合型技术转移高端枢纽平台。截至2019年底，已有来自省内各地市、北京、上海、香港、澳门的321家重点科技服务机构在广东省科技创新券官方平台"华转网"成功入库并完成线上服务产品旗舰店开设工作；来自全省的1500余家科技型中小企业完成平台注册，具备了创新券申领的基本条件○。

○ 网易新闻.粤港澳大湾区科技成果转化最后一公里上，谁站在C位？[EB/OL].（2019-11-14）[2021-11-24]. https://www.163.com/dy/article/ETV8FVDS05129QAF.html.

9.2 协同创新的主要形式

当前,在开放式创新背景下,协同创新已成为企业可持续发展的必然选择。随着全球经济一体化和信息技术的快速发展,世界产业结构逐渐由"工业型经济"向"服务型经济"转变。传统的封闭式创新模式已无法适应新形势下的创新需要,创新的架构和方法必须由封闭式转向开放的平台和资源整合式,从在企业创新平台内部独立完成创新转向企业内外部协同合作完成创新[1]。

随着科学技术的迅猛发展,企业创新活动的复杂性和不确定程度不断提高,对人力、设备和资金方面的要求相应提高,风险也因此大增。所以,企业与外部的研发合作日益频繁,越来越多的企业创新平台开始寻求获取外部技术的新途径[2]。本节主要介绍合作研发、产学研合作、研发外包三种常见的协同创新形式(见图9-3)。

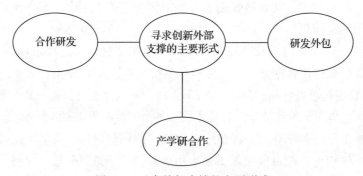

图 9-3 寻求外部支撑的主要形式

资料来源:
[1] 王海军.面向开放式协同创新的合作伙伴能力评价研究[J].科学学研究,2017,35(11):1726-1736.
[2] 王兴秀,李春艳.研发合作中伙伴多样性对企业创新绩效的影响机理[J].中国流通经济,2020,34(9):89-99.

9.2.1 合作研发

1. 合作研发的含义及意义

合作研发是指以合作伙伴的互补性资源为基础,为实现分担研发投入、降低研发风险、缩短研发周期、获得规模优势、迅速开发新技术或进入新市场而形成

---
[1] GASSMANN O, ENKEL E, CHESBROUGH H. The future of open innovation[J]. R&D management, 2010, 40(4): 213-221.
[2] 朱新财,银路,肖凡平.基于委托代理机制的研发外包边界[J].系统工程,2009,27(3):103-107.

的一种合作关系○。

随着科学技术研究的不断发展，各个领域的知识与技术的难度与深度都日益加剧，新技术的研究与开发不断复杂化，而跨部门的特征也日益明显，各个技术学科和领域之间的相互补充日益重要。在这一背景下，一般的企业尤其是高科技产业中的企业，很难依靠自身的资源（包括资金、员工、知识和生产能力）来实现所有的创新目标。此外，由于研发活动的技术不确定性、市场需求不确定性导致其具有较高的风险性，因此企业创新平台亟须通过其他创新方式（相对于自主研发而言）来降低风险与成本。实施合作研发可以使合作各方发挥各自优势，共同完成技术创新并将成果推向新市场，共担风险，共同分享利益。作为一种重要的创新模式，合作研发对企业创新平台来说具有以下几个方面的意义：

（1）有助于获取与利用互补资源。在市场经济条件下，资源是稀缺的，其在不同企业间的配置是不均衡的，通过合作，共同开发技术项目可以发挥各自的资源能力优势。合作研发的优势不仅仅在于能将更多符合需要的研发资源聚集在一起，更重要的是这些互补性的资源之间还能产生协同效应，创造出新的资源，而后者既具有稀缺性又具有难以模仿性，能够帮助联盟成员在市场上更好地获得并保持竞争优势。

（2）有助于减少市场无效率行为。合作企业通过共享信息和研究成果，从而提高研究开发的效率，最大限度地发挥企业之间的能力互补优势，进而帮助企业抢先进入市场。在这个过程中，企业之间的协调可以消除研究开发的重复投资，减少不必要的市场交易。

（3）有助于降低与分担研发中的风险和成本。市场及技术的不确定性、新产品生命周期的缩短和竞争的加剧等，使得企业创新平台自主研究开发的不确定性和成本加大，给企业的创新带来了巨大的风险，即使是实力雄厚的大企业也不愿冒这种投资可能无法收回的风险。合作研发可以分散技术创新风险，降低风险成本。

（4）有助于培养协作精神，互利共赢。与传统商战追求零和博弈的经营理念不同，现代企业之间的竞争本着"协作竞争，共同发展"的精神，努力实现双赢。合作研发可以培养企业的协作精神，各方实现共同盈利。

2. 合作研发的模式

合作研发的形式多种多样，既可以以资金、人才、成果形式合作，也可以以

───────
○ 苏中锋. 合作研发的控制机制与机会主义行为 [J]. 科学学研究，2019，37（1）：112-120；164.

资金入股形式合作，还可以以技术供方、技术中介和技术需方等形式进行合作等。归纳起来，经常被采用的合作模式主要包括股权合作研发、对外委托型合作研发、非股权非委托型合作研发三类。

（1）股权合作研发。股权合作研发组织主要是指合资研发企业，是实体的研发组织，即由合作各方共同成立一个独立的研究型企业或联合实验室，只进行合作项目的研发。例如，2018年7月10日，长城汽车股份有限公司（简称长城）与宝马集团（简称宝马）宣布正式签署合资经营合同，以50%对50%的合资股比，拟组建全新的合资电动车公司。2019年合资公司成立，名称为光束汽车有限公司。除了在张家港建立新合资公司和工厂，长城和宝马还在上海建立研发中心。在技术研发层面，双方都有技术贡献，目前长城在动力电池、电驱动模块和电控方面有自己的技术储备。而在零部件供应体系上，新公司选择有竞争实力的独立第三方配套体系。

（2）对外委托型合作研发。对外委托型合作研发主要包括研发招标合同与技术外包。前者指企业为了获取某项特定的技术，通过研发合同招标的方式，将研发任务外包给所选中的研究机构；后者指企业为了把有限的资源集中在打造核心优势能力上，将内部无法胜任或非优势的研发业务剥离，转而向外部高效的技术供应商购买。例如，苹果公司只负责苹果的设计与核心部件制造环节，大量零部件及生产工艺技术都由富士康公司解决。

（3）非股权非委托型合作研发。非股权非委托型合作研发组织包括联合开发、研发联盟等。这类合作模式指合作企业并不出资组建实体组织，而是通过某种形式的协议实现研发合作。通常情况下，它是把合作项目细分成若干个研究任务，每个企业分别在自己的实验室中独立承担自己擅长的任务，然后再对各方研制出的成果进行集成。波音公司就是一家典型的集成企业，一架飞机所需的部件何止万种，波音公司不可能自己研发生产所有的部件，所以波音公司只是负责整体结构的设计与关键部件的制造，其他部分则需要众多合作企业的努力，最后由波音公司集成合作企业的成果，从而生产出一架飞机。根据参与方在产业价值链中的关系，合作研发又可以划分为与上下游企业的垂直合作和与行业内企业的水平合作。其中，垂直合作研发是指产业链上下游企业之间的合作研发，既包括与上游原材料、组件供应商之间的合作，也包括与下游经销商、零售商、用户/顾客之间的合作；水平合作研发指的是产业内部在产品市场上具有直接竞争关系的企业之间的合作研发。

依据各平台研发协作组织模式的不同，研发协作可划分为非定向研发协作模式（分散式研发协作）、定向研发协作模式、孵化运营模式三种类型（见表 9-1）。

表 9-1 研发协作的三种类型

模式	方式	案例
非定向研发协作模式	项目攻关、揭榜挂帅等	2018 年，广东省温氏集团联合基金共资助研究团队项目 1 项、重大基础研究培育项目 4 项、重点项目 7 项，资助金额达 1050 万元
定向研发协作模式	联盟合作、联合开发等	2017 年 7 月，百度与全球最大的汽车半导体供应商恩智浦公司签订合作谅解备忘录，根据协议，双方将共同进行辅助驾驶与无人驾驶系统及硬件解决方案的技术研发，当联盟双方携手合作时，百度于 2017 年 4 月推出了"阿波罗计划"，在自动驾驶领域构建开放式生态平台
孵化运营模式	孵化支持创新团队	美的集团开放式创新平台（简称美创平台）是由美的集团与浙江大学于 2015 年联合开发的开放式创新平台，其主体由"众创平台""需求与解决方案""项目孵化"三大模块组成。其中，"众创平台"主要扮演创意收集器的角色。经过讨论、评估和模型研究，选定的创意系统可以进入孵化阶段和众筹测试阶段，通过路演还允许进入美创平台的项目孵化平台。在"需求解决方案"模块中，所有用户都可以在线发布其需求并在线提供解决方案。通过发布他们的需求和交换技术解决方案，可以鼓励公众用户参与商业领域，如内部创意设计、产品开发、新产品体验和营销推广，协助企业充分利用外部知识和创新资源，推动企业产品和服务创新

资料来源：林世爵，叶伊倩，刘毅. 龙头企业开放式创新平台运行机制研究 [J]. 科技管理研究，2019, 39（19）：155-161.

除此之外，为了进行一些基础性研究以及实现某些技术上的攻关，一些企业也会选择与高校、科研院所等机构进行合作。这种合作方式称为产学研合作，由于产学研合作是一种十分常见且重要的水平合作研发形式，本书接下来将重点进行介绍。

9.2.2 产学研合作

1. 产学研合作的含义

产学研合作是指企业、高校和科研院所以及政府、金融机构和中介机构等有关各方从各自的发展战略目标和战略意图出发，为了应对激烈的市场竞争，抓住新的市场机遇，加快技术创新，实现共同愿景，争取最佳利益和提高综合优势，结合彼此的优势资源而建立的一种优势互补、风险共担、利益共享、共同发展的正式但非合并的合作关系⊖。产学研合作包括三个要素：产、学、研。其中："产"

⊖ 蔡兵，赵超，史永俊，等. 创新与产学研合作 [M]. 广州：广东经济出版社，2010.

是指产业部门，主要是企业；"学"是指学校，包括普通全日制大学、高等职业性学校等；"研"是指科学研究与技术开发院所，包括独立或非独立的各类科学院、研究院等。

世界经济社会发展历程表明，科学技术已经成为生产力要素中的关键因素，是推动经济发展的巨大动力。作为实现科学技术转化为生产力的重要途径，产学研协同创新是优化配置创新资源、建构创新系统的有效措施，是推动企业技术创新的有效方式。产学研协同创新作为提升国家和地区自主创新能力的一种全新组织模式，成为当今国际科技创新活动的新趋势和创新理论研究的新焦点，能够实现从知识生产到知识商业化各个环节的相互耦合，是解决教育、科技与经济社会发展联系不紧密问题的首要选择[1]。

随着市场经济的不断完善，产学研合作也在不断完善中，其参与主体呈现多样化趋势。现代产学研合作的主要参与者包括企业、高校和科研院所、政府、中介机构、金融机构五大类。每一个创新组织在系统中都发挥着不可替代的作用，只有这样的协同创新组织结构才是稳定的，也只有这样的协同创新组织才能更好地发挥作用[2]。**第一，企业是产学研协同创新体系的主体。**企业是将协同创新成果进行工业批量化生产并推向市场的主体。通过产学研合作，企业不仅要实现资源协同、业务协同和组织协同，而且要努力实现资源、业务和组织三者之间的协同。**第二，高校和科研院所具有雄厚的科技研发实力。**高校和科研院所拥有科研人才、科研设备、科研经费等优势，它们主要在产学研合作中起研发主力的作用。**第三，政府在产学研合作中的作用体现在宏观调控和环境建设方面。**作为社会"统筹者"，政府可以对参与协同创新的企业和高校进行引导、协调和监管[3]。政府通过政策、财政、税收、信贷、价格、奖励等措施，鼓励和支持校企之间进行合作创新，完善创新体系和创新环境，加快重点行业共性、关键性、前瞻性技术的开发和推广，推动产业技术转型升级。此外，政府还应在产学研协同创新中提供项目招标、人才引进、信息咨询、投资运营、融资配套等服务。**第四，中介机构是创新体系建设的重要组成部分。**中介机构在科技成果转化为生产力的过程中发挥着纽带作用。中介机构的具体组织形式包括技术产权交易所、生产力促进中心、人才市场、科

---

[1] 刘勇, 菅利荣, 赵焕焕, 等. 基于双重努力的产学研协同创新价值链利润分配模型 [J]. 研究与发展管理, 2015, 27（1）: 24-34.

[2] 全利平, 蒋晓阳. 协同创新网络组织实现创新协同的路径选择 [J]. 科技进步与对策, 2011, 28（9）: 15-19.

[3] 吴洁, 车晓静, 盛永祥, 等. 基于三方演化博弈的政产学研协同创新机制研究 [J]. 中国管理科学, 2019, 27（1）: 162-173.

技条件市场等。**第五，金融机构是创新资金的重要来源**。金融机构为创新提供资金，这是产学研协同创新能够顺利开展的重要条件。

如果把产学研合作的主要参与方称为产学研合作的主体，次要参与方称为辅体，产学研合作参与方之间的关系可以用图 9-4 表示。

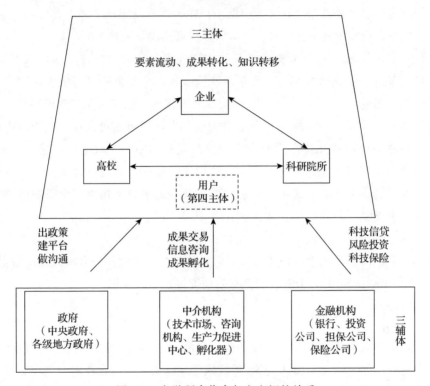

图 9-4 产学研合作参与方之间的关系

资料来源：陈云．产学研合作相关概念辨析及范式构建[J]．科学学研究，2012，30（8）：1206-1210；1252.

由图 9-4 可以看到，高校作为各类专业人才培养的摇篮，不断地为产业、企业输送不同层次的专业技术人才。同时，高校也是进行知识创新、进行原始性创新的基地，产学研合作使这些高校已取得的研究成果能在企业得到转化，使得高校教师的研究报告、实验数据不再束之高阁。高校之于企业的功能是培养人才、转移技术、提供科技人力资源要素。科研院所的功能则主要是转移技术及提供要素，科研院所与企业合作可有利于降低科研的盲目性并减少科技资源的浪费，更可分摊和分散创新风险。企业之于高校，则可以为高校提供大量的研发资金，也为高校提供人才实践和深造的机会。

现代社会，市场需求瞬息万变，因此，产学研协同创新中超前地体现用户需求变得尤为重要。用户作为创新产品或创新工艺的需求方，产学研协同创新不仅要考虑用户需求，还要发挥用户在创新中的主动性和积极性。这时，将用户纳入创新活动的主体便更具有重要性，用户参与产学研协同创新的方式有用户参与设计、用户进入创新团队等。图 9-4 中把用户作为潜在的第四主体，并用虚线表示，主要是考虑到现实中并不是所有的产学研合作都实现了用户的参与。

产学研主体间协同的主要形式有人才联合培养与人才交流、联合承担项目、共建科研基地、组建研发实体、产学研联盟及产学研协同创新等，无论"三主体论"还是"四主体论"，各主体间都以实现要素流动、成果转化和知识转移为协同目的。此外，政府、中介机构和金融机构这三大辅体也不可或缺。其中，中央政府及各级地方政府为支持产学研合作项目制定和实施相关政策、搭建合作平台、进行沟通及协调服务工作，为产学研的协同主体提供政策与环境保障；以技术市场、咨询机构、生产力促进中心、孵化器为代表的中介机构为产学研协同创新主体提供成果交易、信息咨询、成果孵化等服务，促进各主体间的知识流动和技术转移，并促使科技成果商业化及产业化；诸如银行、投资公司、担保公司和保险公司等金融机构也为产学研合作项目提供科技信贷、风险投资和科技保险等服务，从而保障了研发项目的资金链，能更有效地促进产学研合作。

2. 产学研合作的模式

产学研协同创新是企业、高校和科研院所等之间为了实现各自价值目标而建立起来的合作创新模式。20 世纪 80 年代以后，随着产学研合作对于创新的意义日益凸显，产学研合作呈现出合作方式多样化、合作形态多元化、政府作用趋强等特征，相应地，在实践中也出现了多种产学研合作模式。

根据不同的标准，产学研合作创新可以划分为不同模式，结果见表 9-2。

表 9-2　各种产学研协同创新模式的组织形式

划分标准	模式	组织形式
创新内容、各方合作紧密程度	政府推动	建立科技中心，政府一方面引导高校面向产业界从事广阔的研究，为传统产业寻找出路；另一方面吸引企业向中心投资，推动产业界支持高校的科研工作与人才培养，加强产业界与高校合作
	自愿合作	以某种科技成果的研制或转让为条件，以合同为纽带，在自愿的基础上建立起来的合作形式。其具体形式分为单个产学研合作创新组织、群体性产学研合作创新组织、集团性产学研合作创新组织以及点对应组合型产学研合作创新组织

(续)

划分标准	模式	组织形式
创新内容、各方合作紧密程度	合作连接	以技术咨询、技术服务、技术培训、技术转让等技术合作开发与传播为重点,通过合同形式组建的产学研合作创新形式。其具体形式包括企业和高校、科研院所合作进行科研创新,或企业委托高校、科研院所进行技术研发
	共建实体	企业、高校、科研院所围绕共同目标,集中各自部分人力、财力、物力,统一规划、统一管理、统一使用,在创造财富共同分享的基础上建立的实体性合作组织。其下分为共建合作研究中心、研究开发集团、高新技术企业等多种具体形式
功能聚类	人才培养型	以联合培养面向生产和研发的应用型高素质人才,提高学生的实践能力和创新能力为主要任务而进行的合作。它以产学研教育为主要内容,具体包括定向招生、联合培养,职工培训与继续教育,产学研联合办学等形式
	研究开发型	以技术创新为突破口,促进经济与科技的结合,提高企业创新能力为目的的合作创新组织形式。它具体包括联合承担重大课题,共建研究开发实体,高校向企业转让科技成果或提供技术咨询、管理咨询与信息服务等
	生产经营型	生产经营型合作是指合作各方以联合开发生产高技术含量、高附加值产品和谋求经济效益最大化为目的,以建立科技先导型经济实体为载体而进行的合作,具体包括中外合作经营、技术入股、全面技术承包、校办科技型企业等
	立体综合型	集以上三种形式于一体,包括产学共建高新技术开发区,建立大学科技园,共建教学、科研、生产联合体
创新网络层次	技术协作模式	高校和科研院所同企业由技术流通领域进入生产领域的协作,高校和科研院所的科技成果有偿转让给企业后,还帮助企业将技术应用于生产之中。技术协作模式又分为工程承包型和技术生产联合体两种形式
	契约合作模式	高校、科研院所和企业共担风险的技术经济组织。具体来说,合作各方依靠契约和经济利益的纽带联系起来,共同投资(包括技术入股),合同期内共同经营、共担风险、共享利润。契约型合作模式也有两种具体类型,即技术入股型和联合经营型
	一体化模式	一体化模式指研究机构、生产机构和经营机构之间紧密结合形成一个统一的整体,它分为内部一体化和外部一体化。内部一体化:高校、科研院所是企业的创办者,也是企业的经营者;外部一体化:企业与科研院所、高校共同研发
参与主体	点对点式	企业与高校、科研院所构成一对一的线性联盟形式
	点对链式	包括两种形式:一种是多所高校、科研院所形成技术链与单个企业结成联盟;另一种是有实力的单个高校或科研院所与某供应链上多个企业结成联盟
	网络式	某个行业内或供应链上的多个高校、科研院所与多个企业根据各自优势紧密结合共同参与重大、复杂项目研究的联盟方式
主体地位、作用	政府主导型	政府指令产学研各方进行合作或提供政策导向和市场服务,如下达科研计划、提供中介服务等,政府处于主导地位,高校、科研院所发挥核心作用,企业积极参与

(续)

划分标准	模式	组织形式
主体地位、作用	企业主导型	企业通过委托开发、合作开发、共建研究机构等形式寻求高校、科研院所的技术支持、技术咨询和技术服务，企业占主导地位并承担相应的研发和成果的转化风险
	学研主导型	高校或科研院所在合作创新中占主导地位，高校、科研院所通过技术转让、技术入股等形式，直接嵌入企业生产系统之中并掌握企业运行的主导权，或高校及科研院所利用自己在知识、技术、人才等方面的优势创办经济实体，实现科技与经济的紧密结合
	共同主导型	没有一方占据绝对的主导地位，合作各方以利益为纽带，以契约为依据，发挥各自在资金、设备、技术、人才等方面的优势，共担风险、共享利益，促进各方目标价值的最大化

资料来源：孙福全，王伟光，陈宝明．产学研合作创新：理论、实践与政策 [M]．北京：科学技术文献出版社，2013．

由表9-2可以看到，按照创新内容、各方合作紧密程度的不同，我国的产学研协同创新模式可分为政府推动、自愿合作、合作连接和共建实体四种；依据功能聚类，可分为以产学教育为中心的人才培养型模式、以提高技术创新能力为宗旨的研究开发型模式、以联合开发生产高附加值的科技产品为目的的生产经营型模式以及以教育、科研与生产紧密结合为特征的立体综合型模式[1]；按照参与主体的不同，可分为点对点式、点对链式、网络式三种模式[2]；按主体地位、作用，可分为政府主导型、企业主导型、学研主导型、共同主导型四种模式[3]。不同标准下的模式并不存在冲突，它们是相互交叉和相互融合的。

鉴于不同类型的产学研合作有着不同的合作特点和适用范围，具体产学研合作模式的选择应考虑以下因素：合作主体的数量、合作技术、合作目标、技术属性、势差、政府意向。企业在实际操作中，应根据实际情况选择相应的产学研合作模式。

3. 产学研合作的运行机制

近年来，一些研究者结合我国实践经验，对产学研协同创新机制进行了相应研究。孙福全在整合前人研究的基础上，从具体过程入手对产学研协同创新机制

---

[1] 王章豹，祝义才．产学合作：模式、走势、问题与对策 [J]．科技进步与对策，2000（9）：115-117．

[2] 王雪原，王宏起，刘丽萍．产学研联盟模式及选择策略研究 [J]．中国高校科技与产业化，2005（11）：64-67．

[3] 李焱焱，叶冰，杜鹃，等．产学研合作模式分类及其选择思路 [J]．科技进步与对策，2004，21（10）：98-99．

进行重新划分，分为产学研合作前期、产学研合作中期、产学研合作后期三个阶段[⊖]（见图9-5）。

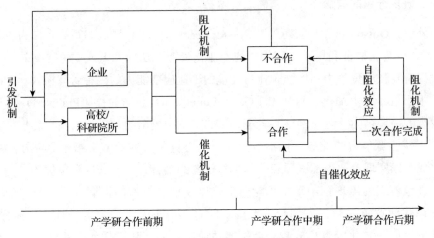

图 9-5　产学研合作运行机制循环

产学研合作前期是指企业与高校/科研院所因势差的存在而相互寻求合作、通过谈判确定合作的阶段；产学研合作中期是指企业与高校/科研院所进行合作研发的阶段；产学研合作后期是指合作创新成果逐渐被推向市场，实现投资回报，或者既定合作任务完成，合作合同或合作协议终止阶段。

对产学研协同创新而言，引发机制的主要功能是：在产学研合作前期，当企业或高校/科研院所的科研人员缺乏合作积极性时，由政府和高校/科研院所作为合作的引发剂，为合作创造良好的外部环境促进企业预期的创新合作为企业带来商机和利润。同时，企业外部科研人员也可以在该机制的作用下实现效用最大化，促进创新资源在更广泛范围实现优化配置。该机制将在产学研协同创新前期发挥决定性作用。催化机制是在引发机制激励合作创新利益相关者形成合作意向后，由科技中介、高校作为合作的催化剂，促进利益相关者尽快建立良性合作关系，并保证合作的顺利实施而形成的一种机制。该机制在产学研合作前期、合作中期发挥重要的推动作用。阻化机制在两个阶段发挥作用：在产学研合作前期、引发机制发挥作用之后，其阻碍不具备合作条件的合作者之间的合作，从而减少资源浪费；在产学研合作中期结束之后，阻碍不合适的参与者继续进行合作。这三种机制相互协调、相互作用，使企业在产学研合作过程中产生自催化效应或自阻化效应。

⊖ 孙福全，王伟光，陈宝明. 产学研合作创新：理论、实践与政策 [M]. 北京：科学技术文献出版社，2013.

9.2.3 研发外包

1. 研发外包的概念

外包（Outsourcing）是英文"Outside resource using"的缩写，直译为"外部寻源"，指企业整合利用其外部优秀的专业化资源，从而降低成本、提高效率、充分发挥自身核心竞争力和增强企业对环境的迅速应变能力的一种管理模式。"外包"这一术语最早是由加里·哈默尔（Gary Hamel）和普拉哈拉德（Prahalad）在1990年发表的一篇名为《企业的核心竞争力》的文章中提出的。外包的基本思想是企业致力于核心竞争力的业务，把不属于企业核心竞争力的业务交给企业以外的主体来完成，以实现企业内部资源和外部优秀资源的结合，从而获取竞争优势。

外包模式的出现依赖于市场竞争变化以及信息技术的发展。一方面，全球经济一体化使竞争区域扩大到全球范围。同时，由于顾客需求的个性化、多样化，传统的纵向一体化经营模式越来越不能适应市场的变化。任何企业都无法在经营的所有业务上做到最好。企业只能把有限的资源和精力集中在核心业务上，而将非核心业务外包出去，借助于外部优秀的专业资源和知识来增强自身的竞争优势。另一方面，信息技术的发展大大降低了企业间协同时的交易成本，企业间可以通过外包结成动态联盟，增强整个产品价值链或产业链的竞争力。

目前，国内外学者对研发外包的定义尚不统一，他们主要从关系契约理论、资源基础理论、外包理论、合作研发理论等视角对研发外包的定义进行阐述（见表9-3）。本书认为，研发外包就是企业将技术创新活动或其中某一环节外包给承包商，以进一步提高研发效率、降低研发成本并分散研发风险的过程。其中，承包商可以是供应商、高校、科研院所、竞争对手、行业协会等有技术能力和创新能力的外部资源。当前，以服务业外包和高科技、高附加值的高端制造及研发环节转移为主要特征的新一轮全球产业结构调整正在兴起。企业间竞争的焦点也逐渐转移到创新能力上，创新能力的高低直接决定了企业核心竞争力的强弱。

表 9-3 研发外包的定义

视角	定义
关系契约理论	研发外包是外包商采用合同的方式，通过提供资金从外部研究机构获得技术创新成果的合同行为
资源基础理论	研发外包是企业内部研发和研究联盟的重要补充形式，是指在企业内部资源受限的情况下，仅保留其最核心、最具有竞争力的资源，而其他资源则通过整合外部相关资源获取，从而获得持久竞争优势和巨大协同效应的过程

(续)

视角	定义
外包理论	研发外包是指企业将相关研发任务外包给其他企业、高校或科研院所,以获得技术创新、技术改进或其他探索性研究成果的活动
合作研发理论	研发外包是外包商与外部技术源(专业的研发服务供应商、科研机构、产业联合会、联盟企业)之间形成的自然的、具有特定技术合作的关系

资料来源:王金妹.开放式创新环境下企业研发外包环境与激励机制研究[M].厦门:厦门大学出版社,2018.

2. 研发外包的驱动因素

(1)节约研发成本。节约成本是企业研发外包的直接动因。面对日益激烈的市场竞争,为构建核心竞争力,很多企业加大了研发费用的投入。然而,高额的研发费用导致产品成本升高,高成本的产品在市场竞争中是不利的。埃森哲公司高科技咨询业务负责人埃伦·德拉特称:"在可控制的开支中,研发经费是目前仅存的、数目最庞大的一个项目。未来,公司要么削减研发部门的预算开支,要么提高它的生产力。"利用研发外包的方式,企业创新平台可以避己之短,利用对方独特的技术资源以及大量的高素质技术人员来为自己服务,以降低企业在研发方面的投入,从而降低项目成本。

(2)降低研发风险。首先,研发的高投入和研发结果的不确定性使企业承担巨大的财务风险。企业创新平台在进行研发时(特别是创新性的研究),一般都需要投入大量的人力、物力和财力。然而,企业创新平台的部分研发项目是一种探索和尝试性的活动,是对未来的投资,充满着不确定性。一旦研发失败,企业就要承担巨大的财务风险。企业通过研发外包与相应的专业研发机构共同合作,可以使企业创新平台与合作者共同承担研发新技术时所必须承担的风险,或将风险转移给其他机构,通过这种形式可以大大降低企业在研发新产品时所要面临的风险。例如,在通信产业、生物技术、化学材料、制药产业等复杂产品的产业和高技术含量的产业,研发项目具有很大的风险,研发过程涉及部门、研究主体较多,单个企业很难完成,必须外包以分散研发风险。其次,基础技术研究开发周期过长给企业带来了较大的研发风险。在一项新技术的开发过程中,基础技术研究很重要,而企业往往经不起这种耗时耗力的基础性研究,一旦花费了大量人力、物力和财力进行的基础性研究不能投入市场,企业将会承担巨大的沉没成本。而将基础性研究外包给专业的研究机构可以给企业节省资源,转嫁研发投资的风险。

(3)提高企业核心竞争力。提高核心竞争力是企业实施研发外包的主要目的。

首先，随着行业竞争的加剧，产品创新的压力最终体现在研发上，企业通过研发外包的形式可以获得和利用其他研发机构先进的技术资源，特别是一些具有市场领先水平的高新技术，从而提高企业技术竞争优势。根据科学技术突破性、技术研究深度和广度，企业可被分为技术先导者、技术追随者。企业无论是技术先导者还是追随者，采取研发外包模式，均可充分利用研发的外部力量，达到技术与知识的互补，满足企业获取新技术和技术供给的需求[①]。其次，实施研发外包后，企业创新平台从具有低附加值的日常的事务性业务中解放出来，集中时间、精力和资源专注于自己的核心业务和具有高附加值的业务，企业创新平台的运作更加灵活，有效地提高了企业核心竞争力。

3. 研发外包的运作

按照时间和逻辑的先后顺序，一般认为企业研发外包的整个流程分为研发外包战略分析、研发外包决策规划、研发外包设计、研发外包实施、研发外包运作和研发外包合同完成6个过程，见图9-6。

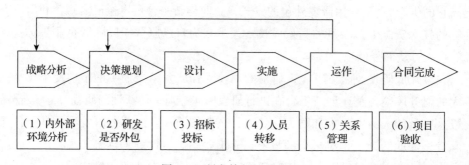

图9-6　研发外包的6个过程

资料来源：罗怀凤，郑循刚. 科技型小微企业研发外包机制研究[J]. 科学管理研究，2014，32（2）：63-66.

一是研发外包战略分析。该阶段主要是在对企业内外部环境和企业核心能力进行综合分析的基础上，选择有效的、适用的理论分析工具，进行宏观战略分析，并进一步明确企业研发外包的战略方向，确定研发外包的业务范围，明确企业研发外包理由和战略目的。正确分析企业的内外部环境，明确企业竞争优势，识别企业核心能力是关键。此外，外部市场环境的快速变化使企业的内外部环境也处于动态变化之中，在新环境下，企业先前的竞争优势可能会无从体

[①] 郑飞虎，唐蕊. 研发外包与合约选择：基于跨国公司承包方视角的分析[J]. 南开经济研究，2017（4）：93-104.

现，甚至变成自身的劣势。因此，充分地收集与企业相关的信息，系统分析企业所处的内外部环境，明确自身的竞争优势，对研发外包的战略决策有着十分重要的意义。

二是研发外包决策规划。企业研发外包的决策规划应该涵盖是否进行研发外包、外部业务选择及范围界定、需求分析、外包风险、收益评估、与合作伙伴关系定位等内容。企业需要充分利用已有的风险识别和评估的理论方法和工具，从战略、技术、财务和核心业务等方面对外包需求、外包风险、外包成本、外包范围及外包类型进行综合评价，以做出正确的外包决策[一]。然而，由于宏观的经济环境和企业环境在不断地发生变化，企业需要结合实际环境科学界定企业的核心能力，明确企业的核心能力与非核心能力的界限。可见，研发外包业务选择的基础保证是企业核心能力的确定。企业虽然可以通过研发外包获得相应的创新成果和产出绩效，但也可能随之产生一些相应的风险，如企业的创新能力减弱或丧失、业务管理控制性较差、信息技术外泄到外包关系之外等风险。因此，企业需要综合识别和评估研发外包可能产生的风险、各种风险的概率及风险的负面影响，科学权衡风险与收益的大小，明确企业对各种可能风险的承受能力，再进行研发外包的决策与规划。

三是研发外包设计。在需求分析的基础上，企业拟定需求说明书和招标书进行招标工作。潜在的研发承包商进行投标工作。企业综合考虑研发承包商的市场信誉、技术实力以及能提供的服务、价格等各方面条件，进行优化决策，选择一个综合评价最优的研发承包商。选定研发承包商之后，依据与研发承包商的关系定位，协商外包契约。

四是研发外包实施。研发外包协议一旦签订，交易双方的权利、义务便确定下来。根据商议的结果进行双方人员、资产的转移和接管，此时，研发承包商就可以接手外包的任务。

五是研发外包运作。在这一过程中，最重要的是研发项目的计划组织和控制。主要是与外包企业进行研发项目计划的拟定并安排合适的组织成员完成相应的工作。

六是研发外包合同完成。外包环境下，研发合同期满，监控组织对研发承包商提供的服务质量进行总体评价，根据绩效评测结果兑现合同激励措施和处罚措施。同时，企业可以根据测评结果决定是否继续聘用该研发承包商。

[一] NEWELL S, ROBERTSON M, SCARBROUGH H, et al. Managing knowledge work and innovation[M]. Oxford: Macmillan International Higher Education, 2009.

9.3 协同创新的实施要点

9.3.1 协同创新实施原则

从企业的角度来看，协同创新的本质是利用外部资源，提高自身创新绩效。因此，外部资源的利用只能作为提高企业创新绩效的途径，不能将外部资源利用作为目的，也不能因为利用外部资源就放弃或者丧失自己的核心竞争力。企业需要明白，直接取用外部创新成果是比较危险的。正如宝洁公司的员工"一个电话一次访问就可以轻松获得想要的信息，比自己在实验室研究要容易得多，在实验室里深入了解技术细节、分析技术数据变成一件费力而又效率低下的工作。于是，习惯性思想开始养成——内部科学家在创新上遇到阻力时，就拿起电话打给外部的合作伙伴，然后将外部合作伙伴的技术方案进行整理汇报。久而久之，对外部技术的依赖开始产生，自主思考创新的精神变得淡化"⊖。因此，企业创新平台实施协同创新时，需要注意以下几条原则⊜：

第一，促进创新原则。搭建协同创新平台，应充分考虑平台的运行能否形成一个可促进技术创新的良性循环体系，平台的结构、规模、管理制度等能否有利于技术创新等问题。协同创新平台的特点要求平台各要素之间、要素与外部环境之间不断进行各种创新资源的互动、交换和整合，使协同创新平台实现最大程度的耦合以及平台各个参与主体之间实现真正的利益共享。

第二，企业需要平衡资源获取和核心能力的关系。企业的创新体系应该包含两层，即基于强大吸收能力保持核心创新能力的核心层和与外部交互合作吸收外部创新资源的开放层。这表明开放层处于边缘，主要是为核心层的发展服务的。因此，企业不能本末倒置，专注于开放层的培养，而忽视核心层的提升。企业需要重视内部吸收能力的提升，将外部创意和技术资源在企业内部进行吸收转化，提高协同创新的效益。

第三，早期认真选取协同创新项目，采用快速迭代方法，赢得企业内部支持。由于协同创新具有风险性，因此如何赢得企业内部支持成为一个关键的问题。对刚开始实施协同创新的企业而言，需要细心选择真正适合协同创新的项目，并且确保这些项目快速出成果。再者，可以通过快速迭代的方法，在不断的迭代过程中，探索更有效的途径，提高成功率。

⊖ 陈劲, 侯英梁. 重思开放式创新 [J]. 清华管理评论, 2015 (Z2): 74-79.

⊜ 陈劲, 宋保华. 首席创新官手册: 如何成为卓越的创新领导者 [M]. 北京: 机械工业出版社, 2017.

9.3.2 协同创新实施策略

协同创新的实施，关键在于企业与其他企业、政府、科研机构等主体开展合作，整合各种创新资源，强化自身的创新能力。这一般需要经历内部需求挖掘、合作伙伴发现、合作伙伴筛选、打造 IT 协同创新平台等 4 个阶段（见图 9-7）。

图 9-7 企业协同创新平台构建策略

资料来源：陈劲，侯英梁.重思开放式创新 [J]. 清华管理评论，2015（Z2）：74-79.

（1）内部需求挖掘。内部需求挖掘是指企业确定哪些类型的创新需求适合协同创新的过程。通常，企业创新平台会选择协同创新，主要基于以下两个原因。一是通过协同创新，企业创新平台能够拓展创新机会、提高创新质量、降低创新成本、创造更大的价值，例如一些公司将通用技术以及一般技术通过协同创新，外包给其他公司，自身专门从事核心技术和关键技术的研发，并因此提高了创新质量，创造了更大的价值。二是企业创新平台内部没有创新所需的资源或者资源不足，尤其是那些迫切需要满足的创新需求。此时，企业创新平台需要重点考虑如何整合外部资源，从而助力自身的创新发展。例如本章开篇案例中提及的海尔 HOPE 创新平台，对于一些创新所需的技术，海尔集团自身缺乏相关技术，便依托外部资源的连接，获得这些资源，从而更好地进行创新。

在具体确定哪些创新需求需要进行外部合作时，一方面，企业创新平台专门负责协同创新的团队会与相关部门对接，了解对方的对外创新合作需求；另一方面，企业创新平台可能基于对协同创新部门职责的要求去分析设计创新任务，从而确定协同创新需求。接着，在确定了内部相关协同创新需求之后，企业需要选择协同创新的模式，例如决定是采用合作开发、委托开发、技术采购还是兼并投资。

（2）合作伙伴发现。在确定了内部需求之后，企业创新平台需要进行外部伙伴的选择。通常，企业创新平台选择外部合作主要是基于主题搜索、合作伙伴选择两方面的平衡。从主题搜索来看，一般具有两种途径：第一，合作伙伴拉动型，即企业创新平台对外发布合作主体，例如可以是通过合作平台、邀请以前潜在合作伙伴参加开放日等，从而选择合作对象；第二，合作伙伴推动型，这主要是由企业创新平台内部设置专门的机构，识别潜在的合作伙伴，主动联系相关合作对象，寻求可以合作的机会。从合作伙伴选择来看，企业创新平台也可能是基于先前成功的合作经验和紧密的合作关系，探索潜在的合作机会。

（3）合作伙伴筛选。在确定可能的合作伙伴名单后，企业创新平台需要对合作伙伴进行筛选，可参考以下三要素进行考虑㊀。

一是对方是否具有解决问题的技术能力和资源。这是企业创新平台选择合作伙伴的关键，通常，大规模企业创新平台和高校及科研院所有更多被选择合作的机会，主要是因为大规模企业创新平台有更多的技术资源，能够更好地解决其他企业创新平台的问题。

二是文化背景。企业创新平台在寻找外部合作伙伴时，如果合作伙伴对于彼此认同，那么将有助于保持创新合作的稳定并促进创新绩效的提升。如果没有相似的文化背景，文化距离会影响合作企业创新平台之间的理解和沟通，进而影响知识在合作双方之间的有效流通，因此，拥有相似或相同的文化背景有利于建立有效合作。

三是信息沟通。企业创新平台容易选择与自己沟通较多的企业创新平台进行合作，沟通能够增加合作企业创新平台与外部合作伙伴的互动频率，消除彼此的不信任，有助于提高企业创新平台合作意愿。例如，地缘关系可能会使企业成员之间信息、人员频繁交流，加速信息、知识传播和扩散，有利于增强企业合作意愿。

（4）打造 IT 协同创新平台。协同创新的一个关键是与外部伙伴进行合作，而企业与外部合作伙伴之间需要有进行连接的平台，因此 IT 协同创新平台的打造是促进企业进行外部合作的重要推动力。典型的 IT 协同创新平台或支持工具主要包括公司自建的协同创新平台和借助协同创新服务提供商两种。

第一，公司自建的协同创新平台。自建的协同创新平台一般在大企业较容易实现，因为这需要有较多的资金、技术等资源支持。自建的协同创新平台可以分为半开放式与全开放式两种。半开放式是指企业建立的创新平台只允许部分企业潜在创意提供方加入，而不是任何机构都能加入。在这种模式下，企业外部合作者与企业保持着较为稳定的合作关系，企业将自身价值链中的创新活动与外部长期合作、固定数量的供应商结合。宝洁公司是这种模式的典型代表。而全开放式是指企业自建的创新平台对于外部创意提供方没有限制，任何企业、研究机构以及个人都可以加入平台，提供自己的创新解决方案。这种模式下企业一般提出自

㊀ 陈劲，宋保华. 首席创新官手册：如何成为卓越的创新领导者 [M]. 北京：机械工业出版社，2017.

身的需求并将其投放至开放式创新平台上进行招标,而创新提供方则提供自己的解决方案给企业,企业进行筛选后,决定合作对象,从而建立合作关系。这种方式的典型代表如海尔开放式创新平台。

第二,借助协同创新服务提供商。一些公司无法或者没有自建协同创新平台,则可以借助协同创新服务的提供商来利用外部资源。例如,液态空间 PondSpace 是一个专业的创新经纪和创新促进机构,是我国首个第三方协同创新服务平台,其以"链接知识,合创价值"为经营理念,致力于成为我国最活跃的第三方开放式创新服务与运营平台。借助于液态空间 PondSpace 开放式创新服务提供商,企业可以通过平台构建的资源网络和专业服务导入外部的创新资源,如创意、技术、解决方案、实施能力和研发成果等。同时,客户也可以通过平台找到内部研发成果商业化的途径[⊖]。

⊖ 液态空间 PondSpace 官网. 平台介绍 [EB/OL]. [2020-08-08]. https://pond-space.com/index.

▶ 展 望 ◀

创新平台赋能企业"四效"提升

习近平总书记在党的二十大报告中指出"加快实施创新驱动发展战略",从1984年11月成立第一家民营企业算起,中国企业已经走过了近四十个年头。回顾过去,中国企业多为资源密集型和劳动密集型,依靠外向型经济增长方式,获得了极大发展。但是,随着国内经济的转型升级和国际市场竞争的加剧,中国企业不得不向创新要发展。建设企业创新平台,能够通过一定的机制引导或促成企业内部不同部门间、企业与外部不同对象间的合作,有助于达到创新效果的最大化,成为中国企业实现创新发展的重要途径。在此背景下,本书构建了企业创新平台建设的三大系统,从理念、活动、支撑给出企业创新平台建设的具体内容,旨在帮助企业构建创新平台建设的系统思维,并提供具体建设的方法论。

理念、活动和支撑三大系统的相互联系,共同构成了企业创新平台的建设框架。在理念层,明确企业创新平台的定位、目标和战略,建设相应的文化能够更好地引领企业创新平台建设,决定着活动层与支撑层的建设内容。在活动层,实现综合性、业务性、功能性三大类创新平台和数字创新平台的"3+1"建设,是企业创新平台的具体表现形式。在支撑层,实现研发队伍、管理制度、协同创新三大建设,为企业创新平台协调运行、企业集聚内外部资源、员工发挥最大创造力提供保障。企业创新平台是企业优质创新资源的聚集地,也是企业创新力量的重要组成部分。系统建设企业创新平台,能够显著促进企业效果、效率、效能和效益的提升。

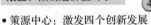

创新平台赋能企业"四效"提升

效果：做正确的事
- 基础研究：把握技术发展趋势
- 产品开发：了解用户产品需求
- 成果转化：挖掘商业转化价值

效率：正确地做事
- 综合平台：统筹各类创新资源
- 业务平台：优化创新关键环节
- 功能平台：夯实创新保障基础

效益：做创造价值的事
- 策源中心：激发四个创新发展
- 汇聚中心：加速三种资源整合
- 辐射中心：带动四个技术进步

效能：合作协同地做事
- 研发队伍：增强核创新能力
- 数字创新平台：提高流创新能级
- 协同创新：提升源创新能效

创新平台赋能企业效果提升：做正确的事

做正确的事就是要强调企业的发展方向，避免"方向不明干劲大"。本书在理念层强调了企业创新平台的战略定位，旨在强调通过基础研究、产品开发、成果转化这三种主要的活动为企业提供价值，助力企业把握发展的方向。一是企业创新平台的基础研究活动能够通过整合企业内外部资源，跟踪产业发展趋势和技术动态，组建前瞻性技术、关键技术、基础技术的研发团队，让企业牢牢把握技术发展新趋势。二是企业创新平台的产品开发活动能够广泛搜寻技术、市场信息，让企业更加准确地了解用户的需求，开发出符合用户的产品。三是企业创新平台的成果转化活动能将技术与商业的公共与关键服务相结合，让企业能够根据市场规律简单、便捷、随需、随时、随地开展成果转化，挖掘商业转化价值。

创新平台赋能企业效率提升：正确地做事

正确地做事就是要强调企业资源的快速整合和有效利用。本书中所讲述的综合性、业务性、功能性创新平台的建设，以及所强调的管理制度，能够更好地统筹、协调创新全过程。一是在综合性创新平台建设中，重点实验室的建设有助于基础研究效率的提升，技术中心能够更好地进行产品研发，工程技术研究中心能够加速成果转化，新型研发机构通过市场化制度能够更好地开展科技研发、科技成果转化、高端人才集聚和培养等。二是业务性创新平台的建设，围绕创新链的关键环节，以平台化方式，促进企业创新效率的提升。三是功能性创新平台以软基础设施建设为主，能够更好地帮助企业提高信息、知识、质量管理的效率。

创新平台赋能企业效能提升：合作协同地做事

合作协同地做事就是企业与各类创新主体进行协同研发，实现研发资源、技术成果和商业利益共享。本书强调的企业创新平台的建设，能够助力创新的全过程更好地进行协同。一是通过研发队伍建设增强企业核创新的能力。核创新是指通过技术基础研究提高创新能力的活动。企业创新平台建设能够更好地促使研发人员合作协同进行技术基础研究，增强企业核创新的能力。二是通过数字创新平台建设提高企业流创新的能级。流创新是指通过促进企业信息流、知识流、资金流、物资流、人才流和能量流的融通，提高创新能级的活动。数字创新平台打通了从技术研发到商业应用创新链条的各环节，形成数字链接、交易联动、发展联体，提高了企业流创新的能级。三是通过协同创新提升企业源创新的能效。源创新是指充分利用企业内外部资源，提升创新能效的活动。企业创新平台通过协同创新，能与企业、政府、高校与科研院所、中介机构等内外部系统进行协调合作，提升企业源创新能效。

创新平台赋能企业效益提升：做创造价值的事

做创造价值的事，就是发挥企业的经济和社会价值。本书强调企业创新平台有着"策源""汇聚""辐射"三大功能，能够帮助企业更好地实现经济与社会价值。"策源"体现了企业创新平台的知识创造功能，指的是企业基于所具备的原创能力，通过企业创新平台激发学术思想、科学发现、技术发明和产业方向的创新发展。"汇聚"体现了企业创新平台的人才、资金和知识汇聚功能，指的是企业通过创新平台汇聚人才、汇聚知识和汇聚资金，加速三种资源的聚集和整合。"辐射"体现了企业创新平台的知识传播和应用功能，指的是企业创新平台通过产出和传播先进的技术对整个行业产生辐射作用，带动生产创新、人力资本、管理模式、应用联通四个层面的技术进步。

当前，在全面建成社会主义现代化强国、实现第二个百年奋斗目标的新征程上，创新型企业始终肩负重要使命。企业创新平台建设，既是把握新一轮科技革命和产业变革机遇、抢占科技创新和产业发展制高点的必然选择，也是企业催生发展新动能、支撑高质量发展的客观要求。伴随着第四次工业革命中"云物大智链+5G"等新一代信息技术的快速崛起，在数字化技术的推动下，企业通过创新平台建设，将更加显著地促进效果、效率、效能、效益的提升。衷心希望本书能为中国企业建设创新平台提供有益参考，我们也期待与更多读者一起领略企业创新平台建设的奥妙！